新兴体育项目在
高校发展的思考与探索

安大庆　著

吉林人民出版社

图书在版编目（CIP）数据

新兴体育项目在高校发展的思考与探索 / 安大庆著
. -- 长春：吉林人民出版社，2022.8
ISBN 978-7-206-19502-0

Ⅰ.①新… Ⅱ.①安… Ⅲ.①体育教学—教学研究—
高等学校 Ⅳ.① G807.4

中国版本图书馆 CIP 数据核字（2022）第 205496 号

责任编辑：刘　学
封面设计：皓　月

新兴体育项目在高校发展的思考与探索

XINXING TIYU XIANGMU ZAI GAOXIAO FAZHAN DE SIKAO YU TANSUO

著　　者：安大庆
出版发行：吉林人民出版社（长春市人民大街 7548 号　邮政编码：130022）
咨询电话：0431-85378007
印　　刷：廊坊市海涛印刷有限公司
开　　本：787mm×1092mm　　　　1/16
印　　张：14.25　　　　　　字　　数：216 千字
标准书号：ISBN 978-7-206-19502-0
版　　次：2023 年 1 月第 1 版　　印　　次：2023 年 1 月第 1 次印刷
定　　价：58.00 元

如发现印装质量问题，影响阅读，请与印刷厂联系调换。

前 言
PREFACE

当今社会，体育事业的发展受到了越来越多的关注，我国更加注重新兴体育的发展，促使新兴体育运动走进大学校园。随着高校引入新兴体育运动项目，面向全体学生开展选课制教学，可以有效缓解当前高校体育教学改革中体育项目拓展的困境。

基于此，本书以"新兴体育项目在高校发展的思考与探索"为题，全书共设置六章：第一章阐述高校体育教学的目标与特点、高校体育教学的内容与环境、高校新兴体育项目的发展、新兴体育项目的开展价值与保障；第二章分析跆拳道运动的特点及影响、跆拳道运动的教学体系与实施、跆拳道运动中的品势教学、跆拳道运动技术与战术教学；第三章讨论攀岩运动基础及装备、攀岩运动人工攀登技术、攀岩运动教学训练的开展、攀岩运动的安全保护技术；第四章探讨定向运动的分类与装备、高校定向运动的开展价值与条件、高校定向运动的教学与评价、定向运动的竞赛与体质保障、高校定向运动的安全与科学研究；第五章论述极限飞盘运动的起源、极限飞盘运动的特点与规则、极限飞盘运动的价值与可行性、极限飞盘运动融入高校体育的策略；第六章通过帆船运动项目、击剑运动项目、轮滑运动项目、高尔夫球运动项目在高校的发展，探讨其他新兴体育运动项目在高校的开展情况。

全书秉承较为新颖的理念，内容丰富详尽，逻辑结构清晰，客观实用，从高校体育教学及新兴体育项目基础理论进行引入，系统地对跆拳道、攀岩、定向运动、极限飞盘等进行解读，力求在当下的教学改革中，开发优秀体育教学内容与资源，希望将新兴体育运动项目引入课堂，对高校体育课堂的内容进行拓展。

　　本书的撰写得到了许多专家学者的帮助和指导，在此表示诚挚的谢意。由于笔者水平有限，加之时间仓促，书中所涉及的内容难免有疏漏与不够严谨之处，希望各位读者多提宝贵意见，以待进一步修改，使之更加完善。

目 录
CONTENTS

第一章　高校体育教学及新兴体育项目

第一节　高校体育教学的目标与特点

一、高校体育教学的目标

体育教学的目标是人们为达到体育教学的某个目的在行动过程中设立的各个阶段预期成果以及最后的预期成果。

对高校体育教学目标的功能进行分析，能够帮助人们更好地了解与掌握体育教学目标，并为体育教学目标的设计提供科学依据。具体而言，体育教学目标的功能主要包括：

（1）定向功能。高校体育教学目标是对体育教学目的的反映，在体育教学的开展过程中，体育教学目标发挥着方向性的作用，即体育教学活动是在体育教学目标的指导下开展的。基于此，体育教师在开展体育教学活动时，必须要以体育教学目标为指导。

（2）激励功能。就体育教师来说，当体育教学的目标确定之后，会激励其为实现这一目标而全身心地投入体育教学工作，并在工作中始终保持较高的热情，确保体育教学目标能够实现。就学生来说，当体育教学的目标确定之后，会激发其参与体育教学活动的兴趣和积极性，这对于体育教学取得良好的效果具有积极的意义。

（3）规范功能。高校体育教学相比其他学科教学，要更为复杂。再加上新课程标准对体育教学提出的新要求，使得体育教学的难度进一步加大。在此影响下，一些体育教师在开展体育教学活动的过程中，很可能出现无法保证体育教学科学性的现象，继而导致体育教学无法取得理想的效果。要避免这种情况的发生，一个有效的举措便是让体育教师确实明确体育教学目标的规范作用，即要切实依据体育教学目标来选择教学内容、实施教学行为等，以确保体育教学的科学性和有效性。

（4）评价功能。所谓体育教学目标的评价功能，就是可以体育教学目标为标准来评价体育教学活动的效果。比如，足球课程教学的目标之一是让学生掌握足球运动的相关知识与技能，那么在评价足球教师是否完成了教学活动时，就需要考虑其所教授的学生是否掌握了相关的足球运动知识与技能。

二、高校体育教学的特点

（一）内外合一的健身系统性

体育教学的对象是学生，因此其教学效果需在学生身上体现出来。学生具有很强的可塑性，体育教学的每一个构思和步骤，将直接影响学生成长。好的教学效果在学生身上的体现，不仅是外在肌肉的力量和肌肉线条的流畅，骨骼的完善发育，内脏器官的健全，而且包括整体的匀称、协调发展，并且是按照生长发育的先后有序而全面地发展。

体育教学是增强学生的体质，提高其健康水平的过程，不仅具有使学生精力充沛、顺利完成各项学习任务的近期效益，而且具有奠定终身体质基础、延年益寿和提高民族素质的长期效益。故体育教学中的全面性体现在以提高健康水平为目标，使学生身体各个部分、各种运动能力、身体素质及生理机能都得到均衡、对称、协调发展，克服对局部肌肉力量、筋骨强壮和意志磨炼的片面追求，避免对人体局部机能的强化和单项运动能力的强求。在生物学指标（遗传因素）、医学指标和生理指标的监督下，尊重学生的先天条件，分析学生的兴趣爱好和性格特征，区别对待，因人施教，不拘一格地促其全面发展。

（二）身心合一的健身统一性

体育对人自身自然的改造，不仅是形态结构与生理机能的统一，也是身与心的统一。体育教学要在追求学生身体改造的同时，注重学生无形的心理发展。因此，体育教学要善于营造不同于智育教学的、生动活泼的教学气氛，为学生的心理健康发展提供良好的环境。要善于利用体育活动自身所蕴含的吸引力，并通过合理的教学组织，使这种吸引力倍增和放大。体育教学应该是一种快乐的教学，重过程的主动参与，重情绪的积极体验，重个性的独立解放，使人际关系宽松和谐，使学生在轻松愉快的环境中，在欢快愉悦的心境下，自由自在、无忧无虑、不知不觉地获得身心的健康发展。

体育教学中身心合一的健身统一性体现在以下三个方面：

第一，在体育教学中选择教材时不仅要注重教材对学生身体各部分、各种运动能力和各种身体素质的积极影响，而且要注重教材对学生心理的影响，尽可能从心理学、美学和社会学方面使学生得到良好的体验，在完成动作的过程中，不知不觉地感受协调、默契、流畅和成功的欢喜与愉悦。

第二，体育教学的组织教法必须克服一体化的固定模式，体现体育教学生动活泼的教学形式，让学生活动得更自由、更自在、更开心、更充分，从而达到身心和谐和内外兼修的目标。

第三，在注重学生生理负荷起伏变化的同时，还要注重心理活动起伏变化的规律。在体育教学中，学生的身心同时参加活动。在反复的动作和休息交替的过程中，学生的生理机能变化有一定的规律：当进行练习时，生理机能水平开始上升，达到一定水平后，保持一定时间，然后再开始下降。在一定范围内，由于练习与休息进行合理的交替，所以学生的生理机能变化呈现出一种波浪式的曲线。与此相适应的，学生的心理活动（主要指思维、情绪、注意力、意志）也呈现出高低起伏的曲线图像。这种生理、心理负荷波浪式的曲线变化规律，体现了体育教学鲜明的节奏性和身心的和谐、统一。

（三）体育教学过程的教育性

教学过程永远具有教育性，这是任何教学过程的一条基本规律。古今中外的体育教学，概莫能外。体育教学的教育性主要体现在以下两个方面：

第一，在体育教学中组织每一项活动，均有一定的目的任务、组织原则、规则要求、需要学习和掌握的相应动作技术，以及克服各种各样的困难等，这些是构成体育环境的基本因素。学生在这一环境中进行学习、锻炼或参加比赛，就会受到直接的影响。同时，体育环境还包括教师使用的教材、采用的教学方法、教学环境、教学条件、学校传统和班级风气等，这些都会有力地吸引，潜移默化地熏陶、感染和教育与之有关的人；提供了许多学生乐于自愿接受的很多情况下是不知不觉接受的、有利于个性品质形成的机会和情景，并可促进良好的思想品德和个性品质迁移到学习、生活和工作等各个方面去，以促体育之效。

第二，在体育教学中，学生的思想感情和作风，很容易自然地表现出来。这有利于教育者把握学生的思想实际和特点，从而对他们进行有针对性的教育。高校体育教学中，进行思想品德教育的内容是极其丰富的，概括地说，主要包括：培养热爱集体的情感和意识，培养团结友爱、关心他人、互助合作的思想和意识，培养竞争意识、胜不骄败不馁的精神，培养坚忍不拔、勇敢顽强、机智果断等优良意志品质，以及心情开朗和愉快活泼的良好性格。

（四）授课活动的复杂性

为提高教学的有效性，体育教师课堂教学特点非常突出，不仅需要组织有序得当，还需要调控学生的运动负荷；不仅需要言传指导，还需要动作示范；不仅需要具备一定的教学素养，还需要掌握运动技能。体育教师的教授不仅是体力活动，也是智力活动。体育教师不仅是知识技术的传授者，也是活动的组织者。由此可见，体育授课活动看似简单，其实较理论学科的授课活动更为复杂。

（五）环境管理的重要性

体育教学大都在室外或体育场馆里进行，这些场地环境受外围影响比较大，特别是户外，还受季节和气候的影响。另外，学生在体育活动中流动性的特点，也使开放性的教学环境的管理更加复杂。教学的安全性、健康性、有效性等都要求重视教学环境的管理。

第二节　高校体育教学的内容及环境

一、高校体育教学的内容

体育教学内容可以说是以有关身体运动的学习和身体运动的技能形成为主要培养目标的内容；是以运动为媒介，以大肌肉群的活动状态进行教学的内容。简言之，体育教学内容是运动实践，是通过实际练习完成教学的。正因如此，体育教学不同于其他教学，一方面它在传授体育技能的过程中锻炼了学生的学习和认知能力；另一方面在实际训练中还带动学生身体练习，使其生理机能也得到加强。学生在参加体育学习的过程中，要通过运动中的肌肉本体感觉的形成与动作的记忆，来判断自己是否真正掌握了教学内容，因此在体育教学内容中，学生的学习是要将思维和行为联系起来的。所以，体育教学内容的学习尤为强调练和做等实践行为，会呈现出运动实践性的特征。

（一）体育教学内容的编排

（1）体育教学内容的编排方式。体育教学内容的编排主要有以下两种方式：

第一，螺旋式编排方式。螺旋式编排的体育教学内容，是指某项运动项目的教学在不同的年龄或学段重复出现、逐步提高的一种设置方法。

第二，直线式编排方式。直线式教学内容的编排是说某一项体育运动项目的理论学习和身体练习是一过性的、不间断的，一旦学过之后就不会再重复。

（2）体育教学内容的编排要领。在编排体育教学内容的工作中，要注意以下问题：

第一，充分考虑学生的基础与实际需要。体育教学的对象是学生，因此必须要对学生的身体基础和理论基础有一个全面的了解，同时还要考虑到学生的实际需求，这样才有可能产生实际的教学效果。与此同时，体育教学在难度上的安排也需要做缜密的规划，要保持一定的紧张度，但又不能超出学生所能承受的负荷范围。

第二，高度重视不同的体育运动和身体练习的特征。在对体育教学的内容进行编排时，由于不同运动项目的运动技能的具体要求不一样，因此需要对其进行学习、巩固并做一定的改进，在领会其运动练习的核心特征的基础上能够灵活运用。

（二）体育教学内容的开发

1. 体育教学内容开发的意义

体育教学内容的开发将会对整个教学过程产生十分重要的作用，具体表现如下：

（1）使体育教学内容体系更加丰富。开放体育教学内容，不仅可最大限度地保障体育教学目标得以有效实现，还能确保学生在未来可实现全面发展，成为对家庭、对社会、对国家有用的人。体育教学内容在传统体育教学思想以及体育教学大纲的影响下，内容所涵盖的范围会相对较为狭窄，不仅忽略了各地经济、文化、教育以及学生发展的不均衡性和特殊性，还忽略了地方、民族和学校本身所具有的特色。此外，课程内容的选择置换功能在上述种种因素的影响下也变得相对较为缺乏，只能适用部分地区。学校体育课程内容开发可进一步丰富、拓展以及充实体育教学内容体系，促进体育文化的传递、创新和发展。

（2）对体育教师的专业发展起到促进作用。事实上，开发学校体育教学内容的实际过程，也是体育教师不断提高专业素质、积攒教学经验的过程。因此，开发程度以及范围势必会对体育教师的专业化程度以及水平产生重要甚至决定性影响。传统体育教学在选择以及安排教学内容时十分重视内容与内容之间的逻辑性，所以存在过分重视运动技能的系统性和完整性这一弊端。在教育改革持续深化的今天，素质教育倡导学生的全面成长，体育教学深受其影响，在内容的安排上更加丰富全面。因此，当下学校体育教学内容的开发，大胆突破传统体育教学的不足，以期将体育教师的能量更加充分地释放出来，使其真正成为体育教学的主导者。

（3）培养学生创新能力。大胆地对现有体育教学内容进行开发、开拓以及延伸是一件对学生极其有益的事情，除了可以极大程度地培养学生参与体育运动以及学习的兴趣，还可以使学生能够以极强的热情投身到这一过程中。此外，丰富并开放的体育教学内容还可以以其丰富的形式和手段为学生打造一个良好的学习环境，使学生们在感官、信息以及思维上获得刺激，可在自身主观意愿的驱动下积极主动地投身到体育学习之中，在逐步理解和掌握体育知识、技能的同时，培养其吃苦耐劳、不畏艰辛的高尚情操。另外，体育教学内容的开发，还可以改变学生的学习方式，引导学生主动探索体育理论以及技能中蕴含的奥秘。倘若学生能够以主动、合作、探究的方式走进体育课堂，将对学生的实践以及创新能力的培养十分有益。

2. 体育教学内容开发的途径

（1）改造竞技体育项目。目前，竞技体育项目已经成为学校体育教学内容的主要部分之一。因此，开发或者革新学校体育教学内容，势必要对竞技体育项目加以改造，这点是重要且必要的。有一点值得注意的是，以体育教师为代表的相关人员在改造项目时，一定要基于体育教学所具有的独特特点、规律、目标与要求来进行，使其成为被学生喜欢的体育项目。

（2）改造新兴运动项目。在国际大众体育持续发展的今天，更多国际流行的新兴体育项目涌入我国，这些项目不仅新颖，而且趣味十足，可以很好地满足学校和学生的实际需求。由此可见，学校引进这些新兴运动项目，势必会给学校体育教学注入新的活力，使体育教学在内容上花样更多，满足学生的实际需求。但是有一点需要特别注意的是，因为很多新兴运动项目通常都源于西方发达国家，因此对于运动设施或场地条件具有特别的要求，甚至还有一些项目在安全方面存在一定隐患。针对这类新兴项目，体育教师在改造时一定要基于学校自身的场地、器材，以及现代新兴运动项目设定的运动规则、原理及方法来对教学内容进行设计，使其可以和学校体育教学进行融合，更加具有适用性以及实效性。

（3）改造民族传统体育项目。不管是蒙古族的摔跤、藏族的歌舞还是维吾尔族的舞蹈等，均是我国历史积累下来的宝贵财富，深受广大人民群众的欢迎。在开发学校体育教学内容时，体育教师应该积极主动地对于上述这些民族传统项目进行改良。

3. 体育教学内容的发展要点

现如今，我国越来越重视对学校体育教学内容的挖掘、革新和应用。具体来说，各个学校可从以下方面具体入手展开：

（1）注入终身体育的理念。伴随着生活水平的提高，人们越发重视健康，体育运动在此理念下越来越受人们的欢迎，甚至可以说已经成为人们生活的重要组成部分。终身体育这一理念，已经深深地扎根在人们生活中，成为人们的重要认知。学校体育教学也同样应该坚持终身体育这一理念，以此来引导学生在体育技能的学习过程中建立起终身体育的意识。终身体育这一目标能否实现主要取决于：学生在参与体育活动这一过程中所需具备的技能、知识以及态度。在挑选学校体育教学内容时，体育教师一定要重视选择那些带有终身参与性质的运动项目，重点教授其运动方法和文化，引导学生对体育参与产生强烈的兴趣，进而养成终身体育的习惯。

（2）加倍重视学生的主体性。在过去，学校挑选以及设计体育教学内容时，通常情况下都以教育工作者的价值取向作为侧重点，而不重视学生的价值取向。现在越来越多的学者以及教育工作者已经意识到这一不足，开始转变观念，根据学生的实际需求来安排教学内容，学校体育教学内容也因此越发科学合理。

（3）重视学生发展的全面性。以往的体育教学在传统教学理念和模式的影响下，单一地重视挑选那些对学生身体素质以及运动技能培养有益的体育课程，不重视对学生的心理、社会化等方面素质的提升。在教育改革步伐逐渐深化的背景下，素质教育已经成为一个不可逆转的发展方向，现代学校承担着促使学生得以实现全面发展的重任。因此，这就要求体育教师一定要基于素质教育对学校体育教学内容加以选择与确定，保证学生可以更好地实现全面发展，促使素质教育的目标得到真正践行。

（三）体育教学内容的选择

1. 体育教学内容选择的依据

（1）体育课程目标。体育课程目标是体育教学活动的导向，因此体育教师对此要始终引起注意。体育教师可以根据体育课程目标寻找或筛选合适的教学内容。

体育课程目标为体育教学内容提供了先导和方向，所以体育课程目标的设立都必须经过专家的多方考证，以确保其科学性和可行性。体育科学化目标具有多元化特征，体育教学内容丰富多样，许多运动项目从某种程度上来说具有一定的共性，因此要对体育教学内容的主要特征进行分析，从中选出最具有代表性和最能够体现体育教学目标的教学内容。

（2）客观教学规律。选择体育教学内容要注意体育教学的一般规律。这也就是说在各个教学阶段都要选择与学生的年龄、身心发展规律、技能习得规律以及他们的认知发展规律相匹配的体育教学内容。此外，要获得良好的体育教学效果离不开学生的主动参与和积极配合。对于青少年而言，他们对于自己有趣味的、喜欢的内容，学习的热情就会大大增加，同时学习的效率也会倍增。因此体育教师要充分利用这一点，在体育教学过程中加强师生互动，添加一些趣味性的元素，同时还要注意采用多样化的方式进行教学。

（3）学生发展需要。体育教育教学的对象是学生，学校体育教育的意义在于使学生身体素质和认知能力都能够获得相应的发展。体育教学内容要考虑学生的喜好和他们的适应性，将学生的切实需求与趣味性相结合，设置学生乐于接受的体育教学内容，促使学生获得全方位的提升。

（4）社会发展需要。学生的个体发展是存在于一定社会环境下的，其不可能脱离社会发展的实际状况而独立存在。因此，在选择体育教学内容时除了考虑学生在健康方面的需求外，社会发展的客观需求也应当被纳入考虑的范围。

社会是实现个人价值的归属地，体育教学内容必须要有鲜明的时代性，要能够清楚地洞悉社会对人才有着什么样的要求，并以此来设立与之相适应的体育教学内容，提高学生的社会适应性。

2. 体育教学内容选择的原则

（1）教育性原则。

1）从育人的基本观点出发，对体育教学内容进行合理选择。

2）将健康第一的思想落实到体育课程目标的设定和体育教学内容的选择上。

3）重视体育教学内容能否体现积极向上的、优秀的文化内涵，促使学生获得体育运动技能方面的提升，同时也可以在文化修养方面有所提升。

4）考虑体育教学内容产生的效益是否具有均衡性和全面性。这里主要是指体育教育要促进学生的智力水平、思想品德、身体素质等方面的全面发展；同时还要注意不同年龄、不同学段学生的身心发展特征和学生之间的差异性特征，这些因素都是在体育教学内容选择中需要予以关注的问题。

5）体育教学内容选择还要与社会发展和普遍性的价值观相一致，这将有利于学生的社会性和时代性的发展。

（2）科学性原则。体育教学内容的科学性选择可以说是举足轻重的，其主要对体育教学质量的好坏以及学生发展的快慢产生不可估量的影响。

1）体育教学内容必须是对学生的身心发展都有积极作用的。如果一项体育教学内容对于学生的思想层面有消极的影响，那么即使它具有再大的健身价值我们也不能选入体育教学内容当中来，而是应当予以摒弃。

2）促进学生提升科学锻炼的意识，并对科学锻炼的原理和方法形成一定的认识，有了健身意识和科学锻炼的理论指导，学生就会自然而然地参与体育锻炼活动。

3）注意选择设计科学的体育教学内容。

4）体育教学内容应当与学校的师资以及硬件设施等客观条件相结合。

（3）趣味性原则。兴趣是提高学习效率的最好帮手。可以说兴趣是决定学生体育学习效果的一个主导性因素，因此体育教学应当突出其趣味性。

1）有的体育教学内容过于强调竞技水平，应予以摒弃或对其进行改良。不可否认多数竞技项目具有较高的健身价值和教育价值，但是如果一味地用培养专业运动员的方法来进行日常的体育教学会使得学生对体育课产生抵触的情绪。

2）注重体育运动多样化、方向性的兴趣培养，为学生的多元化发展创造条件。

3）充分考虑学生的喜好，尽量选择有一定趣味性的教学内容，同时还要积极选用游戏、竞赛、角色互换等多样化的课堂形式展开教学。

（4）实效性原则。实效性，就是指教学内容的选择要简单易行，能够带来较大的实际教学效果，同时又能够促进学生的身心健康发展。符合这些条件和要求的体育教学内容可以说都是比较好的选择范围。

1）实效性就是要讲究实际的教学效果，杜绝照本宣科的本本主义。过去有的教学内容存在偏、难、旧的问题，在体育教学改革的进程中，这些问题被提出，国家相关文件要求，一是改变过去教学过于依赖教材的现象，二是重视体育教学的实践，着重提升体育教学的实际效果。

2）体育教学的娱乐性与实效性。体育运动项目种类繁多，五花八门。体育教师在进行甄选时要注意时下流行什么、哪些项目是受青年学生所喜爱的、是否具有较高的健身价值和教育意义，只有注意这些问题才能够将体育教学与学生的生活联系起来，有效促使学生形成正确的、积极健康的体育观。

（5）适应性原则。适应性原则的根本要点就是要求体育教学内容的选择因地制宜。这主要是由于不同地区的地理环境、气候条件、文化习俗、经济发展水平存在一定差异性，因而对体育教学内容的诉求也就不一样，因此需要区别对待，以实现体育教学效果的最优化。

（6）民族性与世界性相结合原则。体育教学内容要体现出民族性特征，也要与世界体育发展理念和发展趋势完美对接，这样才能把我国建设成为名副其实的体育强国。

我们要以客观的眼光看待任何事物，既不能对自己民族性的东西盲目自信，也不能对舶来品盲目崇拜，当今体育教学的宗旨是既要跟上世界发展的潮流又要体现民族的特色。因此，我们在保持传统体育优秀部分的同时，要选择性吸收和借鉴国外的体育教育课程精华，形成具有时代性、先进性和中华民族特色的体育教学内容。

3. 体育教学内容选择的过程

（1）评估体育素材的价值。体育教师平常要多关注社会生活和社会的发展变化，以便于在选择体育教学内容的时候可以根据社会生产和科技、教育等方面的发展对人们产生的影响以及人们在体育健身方面的需求较之过去发生哪些变化对已有的体育素材进行具体分析。需要注意的是，选择合适的体育教学内容需要进行科学的论证，要看其是否能够促进学生的身心健康发展、是否能激励学生自主进行体育锻炼、是否能够提升学生的思想意识水平，然后依据所选的内容展开体育教学活动。

（2）整合运动项目与练习。体育运动项目种类繁多，运动的形式也各式各样，对人体产生的作用也是有所差异的。基于以上事实，在体育教学中，在选择体育教学内容时，就必须在学校体育教学目标的基础之上，分析出各个体育运动项目对学生身体机能和体能素质具有哪些方面的促进作用，以及其中的原理是什么，然后将不同侧重点和功能的体育运动项目进行整合、筛选、加工，最后形成具有全面增强学生身体素质的体育教学内容。

（3）选择体育运动项目。事实上大部分的体育运动项目都适合于作为学校体育教学的素材，关键问题就在于对这些体育素材怎么进行选择和组合，在有限的时间和空间内发挥出体育教学的最大效能。学校体育教学内容可选择的范围巨大，要完成全部项目的学习是不现实的，因此就需要在学校客观条件和学生全面发展的需求基础上选择那些具有代表性的体育健身项目作为教学的重点内容。

（4）分析所选内容的可行性。选好体育教学内容，就需要对地理环境、气候特征、体育场馆、器材设施等做一个全面的考察，并分析体育教学内容实施的可行性，制定出与之对应的弹性实施政策，以便在可控的范围内完成体育教学内容，保证教学的质量。

二、高校体育教学的环境

体育学科的上课场所具有多变性。对于体育教学活动来讲，学生和教师参与的场所大多在室外，且需要具备一定的体育教学器材和教育硬件设施，并且要求学生积极参加到活动中去。体育教学环境具体可以分为人文层面环境、物质层面环境。对于人文层面环境来讲，体育教师需要充分考虑学生的实际条件开展教学活动，充分提高学生参与的主动性和积极性，并且给予人文关怀，合理安排教学时间、教学内容；对于物质层面环境来讲，体育教师应为学生营造良好的体育学习场所，并且为学生提供比较完善的体育教学设施，促进学生身心健康发展。

（一）高校体育教学环境的设计原则

体育教学环境的设计，应该"对教学过程实时记录，掌握学生的情感感知、社会感知和位置感知，提升教学环境的全面性、适应性、可操作性"[①]。

进行教学环境设计时要考虑体育这门学科的具体特点，科学地设计。与此同时，也要考虑学生的心理需要、学习需要。具体来讲，应该遵照以下几方面的原则：

第一，整体化和协调化原则。教学环境设计过程当中涉及很多方面，所以，要求在设计教学环境的时候从整体角度出发，注重不同方面之间的协调，也就是要按照整体化原则以及协调化原则展开相应的设计工作。教学环境设计所涉及的主体是学校和教师，因此要求学校和教师认真分析、综合规划，将不同的影响因素充分地考虑到设计过程当中，保证不同的因素可以协调发挥作用，最终设计出优秀的教学环境。

综合考虑教学环境设计的影响因素，需要学校领导以及教师观察学生的学习和生活。例如，应该注意师生之间和谐关系的构建，应该注重学生之间的友好相处，应该注意教室的构造安排、班级风气的营造等。这些因素都是环境设计需要考虑的因素，而且不同的因素之间应该协调处理。与此同时，环境设计还要参考教育目标、美学目标。

第二，教育化原则。设计教学环境的主要目的是让学生有更好的学习环境，间接促进教学质量和教学效果的提升。因此，环境设计一定要体现出教

---

① 高嵩，黎力榕.智慧体育教学环境建设发展趋势研究[J].广州体育学院学报，2019，39（04）：121-124.

育化原则。学校是学生学习的重要场所，教学环境设计过程中也主要把学校当作设计对象，也就是说，教学设计应该针对有限的学校教学环境进行科学规划，要综合地利用校园的各个空间，让学生能够感受到校园传递出的浓厚的学习氛围。

第三，自然化原则。教学是针对学生开展的，所以，在进行环境设计时要综合考虑学生的心理活动以及学生的个性特点。为了让学生和大自然更亲近，在教学环境设计过程当中应该加入更多和自然景观有关系的要素，这可以让学生和大自然之间的关系更为亲近，而且大自然要素的增多也有利于学生身心健康发展，可以使学生更好地释放学习压力、精神压力，让学生始终在相对轻松的心理环境下学习。

第四，人性化原则。教学环境设计是为了让学生有更好的学习效果、学习成就，因此设计教学环境的时候要关注学生的需求，考虑学生的想法，也就是要体现人性化原则，要让环境设计符合学生的学习需要，让学生认为学习环境是舒适的。

第五，社区化原则。学生生活在校园当中，而校园是一个巨大的集体，存在于社区系统当中，因此社区环境会影响学校环境的发展，也会影响学校的发展。而且，当下非常提倡学校教育和社区教育之间的联合，非常注重学校社区环境的一体化发展，所以，学校在设置教学设施的时候也要考虑周围的社区环境，学校不仅仅为学生服务，它还会为社区当中的公民提供一定服务。在进行教学环境设计的时候要考虑到社区环境，要考虑社区居民的要求，而社区环境也应该在设计的时候更多地考虑学校学生的需求，也就是说，二者要相互理解相互考虑，通过联合的方式共同发展。

"在互联网背景下，充分运用先进技术手段实现智慧体育教学环境设计，对于营造智能化体育学习环境、打造个性化体育教学具有重要的意义。"①

---

① 于海. 互联网背景下智慧体育教学环境设计策略 [J]. 武汉冶金管理干部学院学报，2021，31（02）：81–83.

（二）高校体育教学环境的优化策略

1. 自然环境的优化

（1）自然环境对体育运动教学的影响。自然环境包含很多种因素，例如空气、阳光、水、树木、花朵、雷电、雨水、风雪等，这些自然因素都会影响体育活动的开展。如果空气当中包含很多灰尘烟雾，可能会刺激人的鼻子、咽喉、眼睛，在这样的情况下就可能引发咽炎、哮喘或者急性支气管炎。除此之外，如果人体保持安静状态下每小时大概会产生二十多公升的二氧化碳，但是，如果人体处于运动状态，二氧化碳的产生量就会增加，产出的二氧化碳以及运动过程当中排出的其他气体都可能污染周围的气体环境。而且，一个教室当中如果有很多学生共同上课，那么一定会出现灰尘。基于此，教师应该保持空气的正常流通，如果运动场所是相对封闭的，而且室内温度相对较高，那么学生在运动过程中就可能感觉到非常疲劳，心跳加快，很难在体育运动当中坚持过长时间，这会导致学生对体育活动失去兴趣，不利于体育教学活动的开展。

学生在参与体育教学活动的时候会因为外在环境当中气压或者温度的变化而发生心理状态、生理状态的变化。通常情况下，体育教师会在上午10：00后开展体育教学，如果学生参与教学的时候运动环境温度比较高，紫外线照射过于强烈，那么学生就会感觉心跳和呼吸加快，而且会口干舌燥，无法将注意力始终放在学习当中，很容易出现身体疲劳。如果学生的身体没有办法调整这样的发热变化，那么，学生就可能中暑，出现热痉挛的现象。

如果学生在参与运动教学活动的时候，环境温度很低，学生就会选择穿更加厚重的衣服参与运动，虽然达到了保暖的目的，但是对于体育锻炼活动的开展却是不利的。而且寒冷的情况下，肢体关节会变得僵硬，关节很难展现出更好的弹性和延展性，这会使得学生身体疲劳，也容易受伤。除了温度会影响运动过程之外，气压也会影响运动过程，气压比较高，心脏承受的压力就比较大，集体活动的开展效率就会比较低。如果外在环境中沙尘和风比较大，也会刺激学生的喉咙，容易导致咳嗽或者咽喉痛。

如果在上述提到的环境当中开展体育运动，那么学生没有办法集中注意力，没有办法作出准确的判断，就会导致学生对体育学习的兴趣变低，不利于体育教学活动的开展。

（2）体育运动教学自然环境的优化策略。一般情况下，如果所在的地理位置不同，那么面临的自然环境也会有所差异。学校在对自身的自然环境进行分析和考量的过程当中，可以很快地找到自然环境具有的优势。例如，北方地区在冬季的时候有很大的降雪量，所以可以更多地开展与冰雪有关的运动；山区学校周围的场地非常多样化，所以可以为学生开设更多的越野活动或者登山活动；海边城市可以为学生开设更多的水上运动项目。

想要为学生提供更好的体育教学环境，学校需要致力于构建室内体育场馆或者风雨操场，这样才能避免恶劣环境对体育教学活动的影响。不仅如此，还应该在场地周围建设更多的绿植草地，这样可以让运动场地的空气质量得到明显改善，降低噪声污染，而且这样绿色健康的环境也会让师生的教学活动更加愉悦。

2. 设施环境的优化

体育教学活动的开展离不开体育教学设施，体育教学环境的设计也需要考虑到教学设施。教学设施包括参与教学的教师、使用的运动器材、活动开展的操场或者体育场馆等，这些设施直接影响教学活动，并且会影响到最终教学活动获得的教学效果。不同的学生对于教学设施的外观特征会有不一样的想法或者感觉，例如，体育场馆内部的灯光设计、颜色设计、设置安排会影响学生的感官，也会影响到教学效果。

（1）合理布置场地和器材。合理配置教学设施可以让学生的身体以及学生的心理得到更好的发展，也可以让教学取得更好的教学效果，还能让学生对体育运动投入更多的精力。例如，在进行体育活动的时候，学生会看到体育场地的各种器材，如果体育场地的环境是非常整洁、干净的，那么学生也会想要快点加入体育活动；如果场地是比较杂乱的，那么学生可能就会抗拒参与体育活动。

除此之外，在体育器材投入使用之后会产生一定的磨损或者老化，有一些需要螺丝连接的体育器材也可能出现松动的情况，这会对体育活动的安全开展产生一定的威胁，所以，需要注重运动设备的维护，要经常检查运动场地是否有安全隐患。除此之外，还要对发现的老化器材或者磨损器材进行定期保养，只有教师做到了日常检查、日常维护，学生参与体育活动的安全才有保障。

（2）完善体育场地设施条件。学校除了提供更加优质的场地条件之外，还要考虑到场地当中的采光设置、照明设置以及声音设置。通常情况下，体育课的开展需要依赖室内场馆，所以，室内场馆的照明设计、采光设计或者声音设计都会影响到教学活动的效果。如果场馆内部光线比较暗，那么学生很难看到老师写在黑板上的体育知识，这会直接影响学生知识的吸收和理解，进而影响体育学习的效果。如果场馆内部的光线非常强烈，那么就可能导致出现反光，这会导致学生运动过程当中视力受到影响，最终影响教学效果。

除此之外，场馆应该为学生提供安静的学习环境，避免噪声的影响，这样学生才能集中注意力。如果学生的注意力没有办法集中，那么学生就容易产生运动疲劳，而且情绪波动也会波动，难以稳定地开展体育活动，有的时候甚至会发生危险。如果是在室外开展体育活动，那么噪声的影响是一定存在的，学校应尽其所能为体育教学活动提供安静的环境。

（3）搭建体育场地设施色调环境。体育教学环境的色调也会对教学效果产生一定的影响。一般情况下，色彩会影响到学生的心理状态或者情感状态，如果色彩是红色或者深黄色，那么学生更容易处于激动状态，如果是绿色或者蓝色，学生可能会感觉很轻松。也就是说，相比之下，暖色调更容易激发学生的兴趣，例如，在双杠运动当中学生更喜欢红色的双杠，而不喜欢木制的双杠。体育设施本身设定的颜色以及学生体育运动服装的颜色也会对教学效果产生影响，如果班级着装统一，那么班级学生在体育活动当中的凝聚力就比较强。

第三节　高校新兴体育项目的发展

一、高校开展新兴体育项目的简要历程

（一）高校开展新兴体育项目的时代背景

体育运动如同一面屏幕，可以展现社会生活的方方面面；它又如一扇窗户，透过它可以观察一个时代的变迁。改革开放政策的实施使我国快速摆脱了贫困落后的面貌，人民物质文化生活在短时间内大幅提升。20世纪90年代中期，改革开放成果进一步显现，我国开始大力发展教育，高校大幅度扩招，满足人们享受高等教育的迫切需求的同时，保证高等教育人才质量培养成为重点。体育作为学校教育的重要组成部分是我国教育方针所确定的，必须确保其发挥应有的作用，不断推进高校体育教学改革。体育运动，特别是新兴体育项目，与年轻人有着天然的不解之缘，其进入大学校园、进入体育课堂既能满足青年学子的需求，又有利于更好地实现体育育人的目的。于是，始于20世纪90年代中期并持续至今的高校新兴体育项目快速发展成为必然。

（二）高校开展新兴体育项目的发展阶段

（1）零星发展阶段。新兴体育项目是相对于在高校中普及较早、开展历史较久的传统运动项目而言的，其中一些项目在个别学校基于自身特有的场地、师资、文化传统等条件，已发展多年。如中山大学在20世纪80年代就已在体育课程中开始了网球和击剑教学。但受制于当时社会经济水平，新兴体育项目的这种发展只能是点状的、零星的，无法实现更大范围的推广和普及。

（2）加速开发阶段。随着我国大力发展高等教育和高校快速扩招，为了跟上时代发展的步伐和满足学生旺盛的体育需求，高校体育课程改革不断推进，教学模式和内容不断更新，各界都在努力创造条件，各地名校因地制宜地大力开设新兴体育项目课程。至今，选项教学或必修与选项相结合的教

学模式已成为高校体育课程的主流，而选项教学就是由传统运动项目和数量更为庞大的新兴体育项目共同构建的。然而，新兴体育项目在地区和学校间发展的差距还非常明显。

（3）量、质提升阶段。如今，中国已跃居世界第二大经济体，教育投入稳步提升。未来，解决发展过程中不平衡、不充分的问题成为主要任务，这为新兴体育项目在高校中进一步发展奠定了坚实的经济基础和思想基础。新的项目还会继续进入校园，不同地区、不同学校间新兴体育项目发展水平的差距将会缩小。数量增加的同时，发展质量更为重要，特别是作为体育课程内容的新兴体育项目，需在师资、场地、教材建设和教学研究方面全面加强。

二、高校新兴体育项目课程的发展现状

（一）高校新兴体育项目的来源

（1）新兴体育项目的引进。将国际上比较流行的、学生喜欢的、适合在学校开展的运动项目较为完整地引入，是新兴体育项目开发利用最为常用和最简单的方法。按其引进的内容范围分为部分引进和全部引进，按其引进方式可分为间接引进和直接引进。目前，高校开发利用的新兴体育项目课程一般采用的是直接方式的全部引进，即将其项目内容直接引进，如赛艇、击剑、街舞、瑜伽、定向运动、跆拳道等项目，在引进全部动作的同时，其运动项目的文化内涵也一并引入并加以吸收。源于古印度、享誉国际的瑜伽运动，包括瑜伽的体式动作、瑜伽的音乐、瑜伽的动作名称都是依据国外瑜伽的内容来进行教学。在锻炼身体的柔韧性、灵活性、协调性和平衡感的同时，力求心灵合一，实现其修身养性的功能。在引进运动项目内容的过程中，不仅引进了运动项目的外在运动形式，同时也引进了该项目所表达的文化内涵、人文思想和健康理念等。

（2）区域性传统运动项目的推广。我国地域广阔，各地传统文化灿烂多彩，形成了许多在当地盛行和流传的区域性传统运动项目。随着地域间交流日益频繁，一些区域性运动项目在全国范围流行起来，成为新兴体育项目

的组成部分，也成为体育课程内容的来源，如舞龙舞狮、龙舟等运动已在部分高校成为体育教学内容。

（3）新兴体育项目的国内创编。运动项目的创编就是根据锻炼身体、增强体质的运动目标要求，创编出符合参与运动者接受能力的内容，其中包括运动项目的名称、运动的方法、运动的目的、运动的场地、运动的器材以及运动的规则等要素。开设国内创编的、具有民族特色的新兴体育课程，在促进学生锻炼身体的同时有利于我国文化和民族精神的传承与发扬。

（二）高校新兴体育项目课程的设立

新兴体育项目的不断产生已成为当今体育运动项目结构体系发展的主要趋势，它的产生体现了人们对日益增长的物质和文化的需求，体现了人们对休闲、娱乐生活的需求，是当今社会形态发展的结果。随着新兴体育项目的涌现，越来越多的新兴体育项目在高校体育课程中开展，然而作为教授给学生的知识和技能，并非所有的新兴体育项目都能够搬来教给学生。

高校应根据教育部推行的相关指导纲要，由体育部门领导听取教师的意见和建议，了解学生对体育的需求情况和开设的新兴体育项目课程的作用、意义和价值，根据学校地域和自身的特点安排适合本校开设的新兴体育课程。体育部门向学校有关方面提出申请开设课程，并有计划地引进有关人才或培训本校教师；根据教学目标安排开设课程的教学计划，制订教学内容，以便新兴体育项目课程的教学能够正常进行。这种开设途径也正符合当前我国体育教育体制的特点。

（三）高校新兴体育项目的课程设置

我国高校必须设置体育必修课，其中可以包括基础课和选项课；在此基础上，大多高校还设置了体育选修课，多以选项课的形式呈现。基础课多采用田径、大球类、武术等传统运动项目，选项课则更能照顾学生的兴趣爱好，由新兴体育项目担当主力。

（1）两年选项课模式。两年选项课模式给学生充分自由的选择上课内容的权利，满足学生的学习兴趣。学生在大一、大二两学年开设的体育课程内容中自由选择所要学习的内容。该模式在目前高校体育课程设置中最为常见。

（2）基础课+选项课模式。基础课一般在大一上学期或者大一一学年学习，学校规定学习内容、授课教师和上课时间地点。选项课是学生在学完规定基础课学时后，根据自己的兴趣爱好和意愿选择上课内容。此方式首先为学生的体育技能打下基础，后续再选修提高技能。但是限定了学生自由选择项目的范围，若规定的基础课学生不感兴趣会直接影响学生参与运动的积极性。

（3）四年一贯制模式。目前，部分高校已经将两年的体育必修课延伸至四年，如清华大学和中山大学均已启用这种课程设置模式。但两校之间又有所不同，清华大学在一年级设置基础课，之后为选项课；中山大学则为四年一贯制模式，均为选项课。

（四）高校新兴体育项目的组织形式

（1）个人或小群体自发。大学生个人或与同伴形成的小群体自发从事某些新兴体育项目的练习或游戏，是这些运动项目在高校存在的最基本形式。通常由曾经练习过相关运动项目或参加过相关培训、具有一定特长的学生引入校园，经过传播发展，也可能形成社团、运动队等其他形式。也有些项目受安全、场地、组织难度等因素的限制，可能只适合个人或小群体练习，如极限滑板、小轮车、冲浪等极限类运动。但无疑在这个层面上的新兴体育项目是最为丰富多彩的。

（2）体育社团。体育社团是新兴体育项目从出现走向普及的重要一步。体育社团须符合学校社团管理的有关规定，活动内容、组织形式、组织者资质、成员数量要达到一定要求，通常被要求周期性开展活动，并能得到学校在场地、经费方面的一些支持，为这些项目在更大范围和向更高水平发展提供保障。

（3）课余训练竞赛。课余训练竞赛是新兴体育项目在高校中向更高竞技水平发展的形式。课余运动训练竞赛是高校体育工作的重要组成部分，是提升大学生体育竞技水平、弘扬体育精神、丰富课余文化生活的重要手段。随着全国大学生体育协会和各省学生体育协会或联盟的发展壮大，各种新兴体育项目的竞赛活动在高校蓬勃开展，极大地促进了相应运动项目课余训练的发展。

（4）体育课程。体育课程是新兴体育项目在高校全面推进和发展的最重要形式，是学校课程体系的重要组成部分，是高等学校体育工作的中心环节，是实施素质教育和培养全面发展的人才的重要途径。因此，体育课程内容既要丰富多彩、满足学生身心需求，又必须经过严格筛选、精心设计、严密组织。新兴体育项目为体育课程的发展提供了大量有益的补充，体育课程则使新兴体育项目在高校中的发展进入了快车道。

（五）高校新兴体育项目的师资力量

教师是知识的传授者，在学校教学活动中处于主导地位，对学生的发展起着重要的作用。新兴体育项目课程通常基于选项教学模式而设置，除对体育教师的常规要求外，还要求教师具有较好的专项运动技术水平。

（1）新兴体育项目教师的专项背景。目前，新兴体育项目教师的专项背景分为两种类型：一种是专项型，所从事的教学项目正是大学期间专门学习的运动项目，有着良好的专项技术基础、较高的运动技术水平，能够较好地胜任专项教学；另一种为兼项型，原来从事传统运动项目教学，在新兴体育项目兴起和部分传统项目课程萎缩的背景下，结合个人爱好或接受相关培训后进行新项目的教学，如很多原田径专项的教师目前都从事着新兴运动的教学。很多兼项型教师能够成功转型，在新项目教学中表现出色，但也有部分教师转型乏力、表现不佳，导致教学效果一般，影响学生学习的积极性。为提高新兴体育项目的发展水平，各校的师资状况有待改善。

（2）高校新兴体育项目课程的教师来源。本校原有其他专项教师通过培训和进修等途径学习新兴体育项目后承担新兴体育项目课程的教学，是新兴体育项目教师的主要来源。以新兴体育项目为专业进校授课的教师则相对较少，通过外聘教师来校任课的情况在部分学校也占一定比例。高校新兴体育项目课程教师中大部分是本校教师经过学习和培训后进行教学，这样获得的技能知识基本上能胜任新兴体育项目的教学活动，但是与外聘教师和专任新兴体育项目教师相比，其在教学方法和手段等方面还存在明显差距。因此，新兴体育项目课程建设中关于教师来源的问题应做到外聘教师、本校专任教师、本校兼项教师合理化地发展和引进，以促进新兴体育项目课程在高校的良性发展。

（六）高校新兴体育项目的场地与器材

场地、器材设施是保证正常开展体育活动、进行体育锻炼不可缺少的客观条件和重要载体。高校体育场地器材等硬件设施的配备情况直接涉及教学的环境条件，影响学生参与体育活动的热情，影响教学的效果和质量，必要的场地设施也是学校体育教学得以开展的重要保障。这些现状一方面是相对于过去有了极大的改善和提高，另一方面则是在不同地区和学校之间还存在明显差异。

（1）地域差异。我国地域广阔，有海岸、湖泊、平原、山地，覆盖寒带到热带，不同地区具有不同的地理环境和气候条件，这种差异取决于不同的地理位置，具有一定的必然性。各地应利用有利条件、克服不利因素，因地制宜地开发和利用新兴体育项目资源，如厦门大学的帆船运动、中山大学的龙舟和赛艇、中国地质大学的定向运动，以及北方众多高校开展的冰雪运动，都是通过利用自然条件、配置相关器材得以开展的。

（2）学校间差异。在重点建设的高校与一般高校之间，由于经费投入和基建力度的不同，新兴体育项目的场地、器材会呈现一定差异。对于场地设施要求不高的项目，如街舞、瑜伽一般能够利用学校现有的场地设施开展教学；但很多学生喜爱的项目如攀岩、拓展运动、水上运动等，由于很多高校基本上没有此类设施，因而无法开展。目前，新兴体育项目的专门设施建设得比较少，一般高校中则更少。这种学校间发展不平衡的现象主要受制于社会经济发展水平，相信随着我国发展进程的快速推进，这种差异将会逐渐弥合。

三、高校新兴体育项目课程的发展趋势

新兴体育项目课程在我国高校中经历了多年的快速发展，其中很多已广泛开设，形成了完善的课程体系，在体育课程改革中扮演着主要角色，为发

挥体育在人才培养中的重要作用做出了不可替代的贡献。但在整体发展向好的前提下，依然存在地区、学校和项目间发展不平衡，项目潜力挖掘不足、发展不充分等问题，有待在教学改革中不断推进和完善。未来，新兴体育项目课程的发展将主要围绕课程内容和课程质量两个方面展开。

（一）高校新兴体育项目课程内容的发展趋势

（1）课程内容将不断丰富。国际和国内流行的新兴体育项目数量众多，而且随着时代发展，还会继续产生新的运动项目，新项目资源可谓用之不竭。青年学生勇于探索、乐于接受新事物，对新兴体育项目有着迫切的需求。国家对高等教育的投入持续增加，场地器材对新兴体育项目发展的制约减小，甚至部分已突破地域、气候的限制，如新型体育馆的建设有可能实现冰雪运动在南方地区的开展。

（2）课程内容出现分化与淘汰。体育教学改革过程中，新兴体育项目不断增加，在面对有限的受众时，不同项目的被接受度势必出现分化，一些曾经受欢迎的项目也可能随着时间推移而不再吸引学生，甚至暂时或永久地退出体育课程。

（二）高校新兴体育项目课程质量的发展趋势

（1）师资水平提高。随着新兴体育项目在全社会的开展，体育院系的人才培养方向和专业设置正在发生变化，为体育专业学生提供了更多学习新项目的机会，将为高校输送越来越多的新兴体育项目教师。高校中原有兼项体育教师，随着不断学习和积累，新项目教学能力在持续提高。体育教师教学能力的进步为新兴体育项目课程质量提升提供了最有力的保障。

（2）课程设置多元化。体育课程设置方面将为学生创造更大的选择空间和更多的选择机会，选项课占比继续加大，选修课数量不断增加。学生对所选运动项目的兴趣会更加浓厚、参与热情会逐渐提高、投入运动时间会逐渐增加，从而使课程质量提升得到直接体现。

（3）教学目标综合化。新兴体育项目教学将围绕国家教育方针和体育教学指导政策，把运动参与、技能提高、促进身心发展等目标紧密结合，对一些不能完全实现综合目标的课程进行内容的调整和补充，使之更全面地促进学生发展。

第四节　新兴体育项目的开展价值与保障

一、新兴体育项目的开展价值

（一）给人们提供更多选择

中国特色社会主义进入新时代，在人们追求美好生活的时代背景下，新兴体育运动的快速兴起为人们参与体育运动提供了更多选择，丰富了人们参加体育运动的方式和途径。群众的健身需求开始转向集"休闲、时尚、旅游"为一体的多元体育文化活动。同时，数字技术、智能技术与体育产业的深度融合延伸出"体育+""+体育"的体育发展新业态。人们由主要参与"三大球""三小球"、游泳、田径等传统体育项目向极限、冰雪、电子体育等新兴体育项目转变。

随着新兴体育运动项目在不同地域的大量落户，地区优势资源和特色民俗文化得到有效整合，不断充实着新兴体育运动的价值内涵，也给当地群众带去了别具一格的参与体验。例如，近年来国家加大对冰雪体育设施的投入，冰雪运动已经逐渐从冬季走向四季，以"南展""西扩""东进"的战略带动上亿人参与冰雪运动。

（二）服务全民健身战略大局

我国正在积极培育冰雪、山地、水上、汽摩、航空、极限、马术等具有消费引领特征的时尚休闲运动项目，打造具有区域特色的健身休闲示范区、健身休闲产业带。在进入国民收入稳步增长、生活质量快速提升的新发展阶段之后，人口老龄化、医疗体系过度开支等情势相伴而来，群众对生命健康的需求成为新时代关系长远的重大现实问题。在人们对健康生活需求日益迫切，政府不断完善顶层设计的背景下，新兴体育运动与健康产业密切结合，形成了推动"体医融合""体医渗透"的创新发展新理念。

此外，新兴技术广泛应用于全民健身行业，全民智能化健身设备的逐渐普及，让使用者能够即时监测运动状态和健康水平，形成系统的运动记录，并通过数据分析，为其自身量身定制科学的运动计划，改变盲目、无序和低效的运动方式。由新兴体育科技助力的新兴体育运动，为群众参与体育活动提供了更加科学、有效、便捷的选择，为人民群众提升身体素质、打造健康体魄奠定了更为坚实的基础。

（三）满足人民对美好生活的向往

美好生活强调人是生活的主体，生活是美好与人统一于现实世界的存在形式。从物质文化需要到美好生活需要凸显了人的需要的历史性、丰富性和层次性。通过参加体育活动，人们能够提高生活水平和品质，从而实现自我价值，增加生活的满意度和满足感。因此，体育与美好生活密切相关，成为美好生活中不可或缺的元素。

随着大学生走向社会，他们是具有强烈社交意识和专业健身需求的人群代表，更加重视参与体育活动的体验和感受。故此，传统体育项目对于青少年的吸引力则远远不够且难以持续。新兴体育运动在推广中通过不断翻新花样、创新玩法，既可以满足一般人群的体育锻炼需要，也能适应青少年群体的新兴需求，引领新时代体育发展的方向。

新兴技术的应用激活了电子体育运动的发展潜能，通过不断扩大参与人群和项目类别，增强人们在新兴体育运动中的投入度和融合度，引导人们不断感受美好生活和幸福生活带来的乐趣。

二、新兴体育项目的开展保障

（1）政府是新兴大众休闲体育项目推广的主导力量。政府一直是其发展过程中的主导方面，在协会的建设、企业的合作、赛事的举办等方面，政府部门都发挥了重要作用。因此，当前乃至今后长久时期内，政府仍是新兴大众休闲体育项目推广的主导力量，无论是项目普及还是产业化发展，都离不开政府部门的主导。

（2）社会组织是新兴大众休闲体育项目推广的必要条件。社会组织不仅能密切联系社会群众，还能通过组织建设、培训交流、修订法规、组织赛事推动新兴大众休闲体育项目迅速发展。在新兴大众休闲体育项目发展过程中，社会组织拥有技术能力、引导手段，在活动组织中发挥重要作用，可以构建适用于老、中、青、少共同参与的体育氛围，从而保证新兴大众休闲体育项目的科学化、高效化发展。

（3）社会资本是新兴大众休闲体育项目推广的重要资源。社会资本不仅为运动项目发展提供了充足的资源，同时也为其发展提供了丰富的社会网络，开发了市场资源，为新兴大众休闲体育项目产业化发展奠定基础。因此，推广和发展新兴大众休闲体育项目，要与社会资本充分合作，保证合作质量，开辟多渠道合作，利用好社会资本的各种资源以便促进新兴大众休闲体育项目快速发展。

（4）赛事、媒体是新兴大众休闲体育项目宣传的主要途径。赛事活动的开展为项目发展提供了良好的氛围，极大地调动了人们参与活动的积极性，使活动参与者逐年增多。媒体的宣传就像"助燃剂"，通过宣传、包装让项目的发展更进一步。所以，推动新兴大众休闲体育项目快速发展，离不开赛事的推动和媒体的宣传。通过赛事扩大影响力、通过媒体扩展传播渠道，是今后新兴大众休闲体育项目发展的主要方式。

（5）校园普及是新兴大众休闲体育项目可持续发展的根本途径。校园内的普及，是为项目后续的发展培养充足新生力量的根本途径。新兴大众休闲体育项目校园课程的开发为年轻人的参与创造了良好氛围，不仅为学生的体育课增添趣味性，提高了学生参与体育运动的积极性，符合国家素质教育理念，而且为项目的可持续发展提供了后续保障，使新兴大众休闲体育项目在社会发展中一代代传承下去。

第二章　跆拳道运动项目在高校的发展

第一节　跆拳道运动的特点及影响

一、跆拳道运动的特点

（一）礼之重

"礼"是指礼节、礼仪，"重"是指注重，注重礼节和礼仪是跆拳道运动的特点之一。"礼节"和"礼仪"这两个词，既有相同之处，也有不同之处，相同之处是对"礼"的表达，不同之处是"礼节"的重点，即行礼的动作方式，"礼仪"的重点是指行礼的对象和场合。跆拳道行礼的动作方式是右手放在胸前，上体前俯弯腰行鞠躬礼。这种动作方式从行礼者的角度来讲，做起来比较自然、轻松、方便，表达的是尊敬、谦恭、礼让的信息；从受礼者的角度来讲，会产生亲切、欣慰、赞许的感觉。

跆拳道行礼的对象主要是平辈和尊者。平辈包括同行、同伴、同事等；尊者包括老师、教练、长者、上司等。行礼场合分为个人、集体、正规三种情况。个人场合除了经常在一起生活的人可以不拘礼仪外，其他的只要是谋面就需要行礼，平辈之间行礼必须还礼，对长者行礼，长者可以还礼也可以不还礼。集体场合需要实施礼仪时，有专门的人喊口令集体行礼。正规场合是指参加比赛、会议、集会等公众场合，个人出面时需要向特定的对象行礼。

（二）技之简

"技"是指技术，"简"是指简单，技术简单是跆拳道的特点之二。跆拳道从自身的技术内容来讲并不简单，它由品势演练、竞技比赛、功力展示、艺术表演四个独立的技术体系所组成，跆拳道技术简单主要是与中国武术经过比较以后得出的结论。跆拳道的品势与武术套路的表现形式相同，跆拳道从太极一至八章，到高丽、金刚、太白、平原、十进、地跆、天拳、汉水、一如等套路，无论是单个动作的组成结构、套路组成的动作数量，还是套路的种类等，其复杂程度都无法与武术相比。武术套路有上百个不同风格、不同流派的拳种，其中很多拳种又有一系列的拳术和器械套路，而跆拳道的套路动作除了编排的内容结构不一样以外，演练风格大同小异。

竞技跆拳道与武术散打的表现形式相同。竞技跆拳道使用的技术是以腿法为主，可以攻击的部位是头部和躯干，头部只能用腿踢而不能用拳攻击。武术散打不但拳法、腿法、摔法都可以用，而且上至头部、中至躯干、下至腿部都可以被攻击，这样从时间和空间上为使用人体格斗的技击方法提供了最大的活动空间。运动员使用技法的实践过程是技术发展的孵化器，可以不断产生出无穷无尽的技术内涵。

跆拳道的功力展示与武术功法的表现形式相同。从目前跆拳道功力展示的内容来看，主要有彰显动作击打力度、高度、远度、准确性四种类型，每一种类型基本上都是用同样的动作来完成。武术除了这四种类型之外，还有各种人体抗击打能力和各种器械使用技巧的展示，武术功法展示的技术手段远远多于跆拳道的功法展示。例如，头撞石碑、脚踢钢柱、头顶开石、身卧钉床、俯卧钢叉等数十种之多。器械使用技巧的展示有飞镖、飞刀、流星锤、钢针穿刺、鞭梢裁纸等。武术功法全面、充分地展示了人体的攻击能力、抗击打能力和器械的使用能力。

跆拳道的艺术表演与武术艺术的表现形式相同。从目前跆拳道艺术表演的内容来看，是以拳法和腿法动作为技术基础，打破品势、竞技、功力分类的格局，增加音乐、灯光、布景等舞台表现元素，重新进行动作编排和包装以求达到最佳的观赏效果。

（三）道之深

"道"是指道理，"深"是指深邃，"道之深"是跆拳道的特点之三。跆拳道之"道"包括做人和做事两个方面，关于做人的道理在跆拳道特点之

一 "礼之重" 中已经做了简要阐述, 这里的 "道之深" 主要是讲跆拳道人体机能做功规律、运动项目活动规律、竞技能力训练规律方面的道理十分深邃。一般来讲, 在人体徒手对抗运动项目中, 技法动作使用多的运动项目, 技术研究的领域需要向横向和纵向两个方向同步发展; 而人体格斗技法动作使用少的运动项目, 技术研究的领域除了需要向横向发展之外, 重点是需要向纵深方向发展。虽然跆拳道的技术简单, 但是为了达到发出动作就要击中对方的目的, 对动作技术的合理性和有效性要精益求精, 对事物规律认识的深度有很强的依赖性。

如果教练员和运动员对跆拳道人体机能做功规律、运动项目活动规律、竞技能力训练规律的认识只是满足于 "形于外", 而不能深入 "形于内", 就永远不能说进了跆拳道之 "门", 入了跆拳道之 "道"。

二、跆拳道运动的影响

在中华人民共和国教育部倡导 "阳光体育工程" "德育教育和中国传统文化回归" 之际, 跆拳道运动凭借其对人的身体素质、思想道德素质和心理素质等多方面的培养和锻炼, 为当前的素质教育添上了浓墨重彩的一笔。跆拳道运动的教学内容简单、目的性明确, 有清晰的教学大纲和考核要求, 并极大地促进学生的身心健康。同时, 跆拳道注重以身体运动带动学生良好心理品格的形成。从知、情、意、行四个方面入手, 通过丰富学生科学文化知识和塑造学生强大的心理素质, 培养学生的健康人格。

"跆拳道运动是一种从国外引入中国的体育项目。在一定程度上, 跆拳道运动有助于我国公民改善身心素质。"[①]跆拳道是一项优秀的传统体育项目, 也是东方民族文化的重要组成部分, 将其列为素质教育的核心内容之一, 对当代大学生身心健康、美育素质等均具有重要促进作用。

（1）培养良好的意志品质。跆拳道是把人类生存的本能意识用肢体有

---

① 刘稳, 胡毅, 刘振. 我国跆拳道运动发展现状与对策研究 [J]. 当代体育科技, 2019, 9（19）: 231–235.

力的动作表现出来的一种方式，要求人们把精神的欲求具体化。它从消极的防御动作发展到积极的进攻形态，要求学生在训练和比赛时自觉战胜拳脚交加、激烈对抗产生的疼痛。良好的意志品质是学习跆拳道真谛的保证。跆拳道的精神是"礼仪、廉耻、忍耐、克己、百折不屈"，学习跆拳道可以培养学生顽强拼搏、坚忍不拔、积极向上的意志品质。

（2）提高审美能力。随着跆拳道表演在奥运会开幕式上的亮相，它以独特的、不同凡响的魅力让世人惊叹，而现代跆拳道运动集竞技、健身、娱乐、表演为一体，为美育素质教育提供了基础。跆拳道练习不仅可以让学生从人体美塑造、行为美培养、运动美创造等不同角度提高审美能力和创造美的能力，更重要的是它能培养当代大学生正确的审美观念、健康的审美情趣，美化人的心灵，提升人的精神境界。

（3）培养集体主义精神。跆拳道推崇"以礼始，以礼终"的宗旨和"礼仪、廉耻、忍耐、克己、百折不屈"的尚武精神，通过跆拳道运动可以培养学生坚忍不拔、勇敢无畏、顽强坚毅的意志品质。通过跆拳道竞赛，可以培养学生的勇敢顽强、灵活机智、不甘落后的进取精神和互助合作、团结友爱的集体主义精神。

第二节　跆拳道运动的教学体系与实施

跆拳道的教学是在教师指导下，学生掌握运动技术和技能的过程，同时，还要对学生进行思想教育，培养学生共产主义道德观和顽强不屈的意志品质；开发学生的智力，全面发展学生的身体形态、素质和机能。

跆拳道运动的教学主要是通过跆拳道技战术的学习和掌握，形成一定的运动技能，更好地促进学生德、智、体、美的全面发展，从而为进一步提高技战术的运用能力打好基础。教师应以人为本，以学生为主体，充分调动学生的积极性与主动性，同时发挥教师的主导作用。

一、跆拳道运动的教学体系

（一）跆拳道运动教学的任务

（1）掌握与提高跆拳道运动的理论知识、技战术水平。

（2）提高身体素质，改善身体机能，增强体质。

（3）使学生初步具有跆拳道运动的教学、训练、竞赛组织、裁判和科研工作等能力。

（4）培养优良的思想和道德情操，锻炼勇猛、顽强的意志品质。

上述的四方面任务是相互联系、相互影响、同时并进、共同完成的。教学的任务是教学工作的首要问题，只有明确任务，采取有效方法，付诸实践，才能得以实现，达到一定的教育目的。培养的目标不同，具体的教学任务也有所不同，有所侧重。

（二）跆拳道运动教学的内容

跆拳道运动的主要教学内容是技术动作、战术方法及其相关的理论知识。在跆拳道技战术的教学实践中，要特别注意基本技术动作的规范化和基本战术手段的掌握，同时，向学生传授跆拳道运动的基本理论知识，使学生正确理解技战术的概念、运用时机、动作方法和要领等。要在实践的同时，促进学生身体机能的全面发展，增强体质和提高运动能力，结合跆拳道运动的特点，加强学生的礼仪、组织和纪律性的教育，培养勇敢、顽强、积极拼搏、敢于克服困难的意志品质和优良的体育道德风范。最终目的是使学生成为一个德、智、体、美全面发展的社会主义建设需要的人才。

（三）跆拳道运动教学的原则

跆拳道的教学是以教育学和体育理论为指导，遵循运动技能的形成规律和人体机能活动变化的规律，通过学生身体的反复练习，不断激发学生思维并与身体练习紧密结合，掌握跆拳道运动技术的技能、技巧及制胜规律。多年来，在跆拳道教学训练实践中，逐渐形成了自己的教学特点和一整套适合跆拳道运动特点的教学阶段、步骤以及独特的教学方法与手段。

1. 学生主体性

学生主体性教学原则是指在体育教学过程中，学生始终是学习的主体，教师的一切活动应根据学生主体的需要和特点来安排，学生应在教师的指导下积极主动地参与教学活动，充分发挥学生的自主性、主动性和创造性。它符合现代教育改革的需要，符合素质教育的发展需求，是跆拳道教学客观规律的反映。

跆拳道的教学过程不仅仅是体能教育、技能教育，也是一种情感教育和人文教育。教学中应体现出学生的主体地位，从学生的心理特点和实际需要出发，精心设计跆拳道的教学目标和教学过程，采取不同的教学措施，为每个学生的创新提供成功的机会，帮助每一个学生获得成功的体验，确保每一个学生受到良好的教育。

作为个人项目，跆拳道的教学需要学生对技战术动作进行学习、吸收和消化，然后再通过他们的训练、比赛展现出来。而个人对技战术的理解与运用能力是最终能否在赛场上充分发挥及确保实效性的关键性因素，学生的主体位置显而易见地成为重中之重。因此，在贯彻落实学生主体性原则时有以下要求：

（1）学生要以明确的学习目标来激励自身主体意识的不断增强。学生是学习的承担者，是保障其主体地位的决定者。学生为了能使自己在教学活动中充分发挥主体作用，把自己置于主体地位，需做到以下几点：首先，明确跆拳道学习的目的，真正增强自己的主体意识；其次，正确认识自己在跆拳道学习中的作用，必须认识到跆拳道的教学是一个由外及内，再由内及外的过程；最后，善于自我激励学习动机。有强烈学习动机的人，才有强大的学习动力，也才能主动地投入跆拳道的教学训练中去。

（2）教师要以正确的教学理念促进学生主体地位的体现，不断更新跆拳道的教学观念。一是转变教师角色，改变接受性学习的现实，打破跆拳道机械训练的实践模式，建立起主动的、探究性的自主学习模式，变被动、消极参与型的学习方式为主动参与型的学习方式；二是确立跆拳道"为学而教"的指导思想。要把以"教"为重心逐渐转移到以"学"为重心，把以"研究教法"为重心逐渐转移到以"研究学法"为重心，由"关注教师的成功感"转到同时"关注学生的成功感"，使学生的"苦学"变"乐学"，把

"要我学"变成"我要学";三是激发学生对跆拳道的学习兴趣,帮助学生形成积极向上的学习动机;四是在跆拳道教学中,教师要承认学生的个体差异,重视学生个性发展,需要根据学生的实际情况因材施教,考虑到个体的差异,使得教学效果最大化。

2. 身心全面发展

身心全面发展教学原则是指在体育教学中,教学的重点不仅指向学生的身体,而且更要指向学生的心理。它是人体整体联系性所决定的,是源于生物进化论"用进废退"的原理,更是跆拳道教学的要求。从身心发展上来说,跆拳道在锻炼意志品质和防身健体上有很大作用。因此,在贯彻落实身心全面发展原则时有以下要求:

(1)跆拳道教学注意合理选择和搭配训练内容。跆拳道项目的不同训练内容对人体的影响不同。学生在学习时要注意学习的全面性,避免单从兴趣出发,即自己喜欢什么就只学(练)什么,形成单性发展。如在进行准备活动和整理活动时,搭配一些活动不足部位的专门练习;再如按季节变化,交叉采用对应身体发展的项目,使身体各部位、器官系统得到周期性锻炼。

(2)既要使身体全面发展,又要使教育、教养全面发展。进行严格的礼仪、精神和行为规范的教育,是跆拳道运动重要且必修的内容;是跆拳道精神的基本体现;是所有跆拳道修炼者发自内心地对跆拳道的尊崇与敬意。作为一个以对抗为表现形式的运动项目,在训练比赛中,无论对抗程度如何激烈,它始终是一个载体,承载的是跆拳道博大精深的文化内涵;它始终是一种形式,是修身养性和完善人格的过程。通过这种形式来达到提高运动技术水平、磨炼意志品质的目的。

(3)跆拳道教学需要内外结合。跆拳道项目从外部看是外部肌肉活动组成的动作,而实际上它是由身体各组织器官和系统相互配合共同完成的。在跆拳道运动训练中,不仅要注意练习动作的准确优美,而且要注意体内组织器官和系统的反应,发现问题及时加以调整。

(4)教学训练要实现"形神一致"。"形"指身体、动作,"神"指精神、心理。所谓形神一致,是要求锻炼中要意念专注,精神集中,使思想与动作紧密配合，如品势练习时要求"意动身随""劲力包蓄于内，而不露于形表"。这样不但可以提高身体的锻炼效果，而且能促进心理素质的完善与发展。另外，也可根据自己的身心特点，有针对性地选择品势或竞技抑或是跆拳道舞蹈。如为克服孤独感，可选择一些集体跆拳道的舞蹈活动项目；要培养自制力，要选择遵守比赛规则的集体竞赛项目等。

3. 技能为主

能力是指人在顺利完成某一活动时所表现的身心统一、协调配合的才能。能力是掌握知识、技术与技能的必要前提，而且是影响一个人活动效果的基本因素。技能为主的教学原则是指在体育学习过程中，根据体育学科的特点，学生一般以身体活动为手段来掌握体育运动技能，并在此过程中进行体育能力的培养。跆拳道的技能由技术、战术、心理、智能组成。它是由体育运动的本质特点、跆拳道教学内容及教学的目标所决定的。

因此，在贯彻落实技能为主的教学原则时有以下要求：

（1）协调竞技能力各要素之间的关系。跆拳道的竞技能力各要素（技术、战术、心理、智力）之间有着密不可分的联系，应注意培养学生各项要素的能力，并在理论上和实践中对其进行专题性的讲解和训练。

（2）掌握动作技能应注意循序渐进。跆拳道的练习需要注意循序渐进，从基础的步法、腿法、拳法开始，一直到单个技术的连接、组合技术的连接、实战的准备，都是需要长时间训练才能达到渐进的目的的。因此，跆拳道练习需要从基础做起，循序渐进。

（3）跆拳道教学中要注意合理安排运动负荷。跆拳道的运动负荷，是指在跆拳道练习时所承受的生理负荷。运动负荷包括运动量和运动强度两个方面。在锻炼时只有运动负荷保持适宜，才能收到较好的效果，运动负荷过小过大都不行。过小，达不到锻炼的目的；过大，则超出了人身心所能承受的限度，对人身心健康和教学任务的完成都十分不利。因此，要学会合理地安排和调节运动负荷。

（4）明确跆拳道的学习目的，防止过分追求竞技结果。竞技跆拳道是一项竞技体育运动，它是以体育竞赛为主要特征，以创造优异运动成绩、夺取比赛优胜为主要目标的社会体育活动。未来中国竞技体育的可持续发展是建立在竞技体育本质基础上的价值选择。在跆拳道教学中如果过分追求竞技化，会淡化体育本身的目的和要求，对体育的功能认识产生偏差。跆拳道的主要功能还是防身健体，锻炼意志品质。

4. 兴趣先导、实践强化

兴趣先导、实践强化教学原则是指在跆拳道教学过程中，首先要着力培养学生的学习与训练兴趣，只要学生产生了兴趣，这种驱动力就会成为学生学习的动力源泉，然后再在教学实践中有意进行强化，使这种动力保持终身，使学习训练得以顺利进行。否则，在学习训练中会产生许多"身顺而心违"的现象。因此，在贯彻落实兴趣先导、实践强化教学原则时有以下要求：

（1）了解学生兴趣，合理安排教学任务。跆拳道的教学内容丰富多彩，针对不同的学生兴趣和特点，可以安排不同的教学训练任务激发学生对跆拳道产生浓厚的学习兴趣和潜能。兴趣对一个人的个性形成和发展、生活和活动有着巨大的作用。兴趣不但使得学生在学习跆拳道的过程中为未来的训练比赛做准备，更能对正在进行的训练起推动作用，与此同时，对跆拳道的创造性思维起促进作用。

（2）激发学生兴趣，引导学生方向。激发出学生对跆拳道的学习兴趣，引导学生形成正确的价值观。在跆拳道教学中时刻谨记"以礼始、以礼终"，强调学生重视武德，注重对自身的修炼，领会跆拳道"礼仪、廉耻、忍耐、克己、百折不屈"的精神。

（3）避免学生单从兴趣出发而忽视全面发展。学生对自身未来的把握并不明确，往往会因自身兴趣去学习，极易在受到外在的心理暗示或影响后，对自身优势项目或者是自身感兴趣的项目表现得特别偏爱，淡化其他项目的学习。例如，学习实战的学生往往品势能力不佳，而品势练得好的学生往往实战能力并不突出。所以如何取长补短，需要教师的引导，也需要学生自身的重视。

5. 终身体育

终身体育原则是指在教学训练过程中，学生要注意培养自己的终身体育意识，养成终身进行体育锻炼的习惯。教师在教学时应时刻注意渗透终身体育思想，以此来指导教学训练。它是人体自身发展和现代社会发展的需要。

因此，在贯彻落实终身体育原则时有以下要求：

（1）跆拳道的学习是一生的修炼过程，针对身体发展的不同阶段，需要有不同的侧重和变化，养成终身研习的良好习惯。要教会学生学习跆拳道的方法，培养学生对跆拳道知识、技术、技能的认识，培养自我学习、自我锻炼、自我评价的能力，以适应和协调不断变化的情况，取得预期的练习效果。了解自我，认识自己，从自身的实际出发，取长补短，有针对性地进行学习和锻炼。

（2）注意特长培养，培养终身跆拳道意识。自我体育意识是在反复实践中形成的。在反复不间断的实践中，引导学生加深对跆拳道的情感体验，不断提高跆拳道的技能水平、修为境界，使跆拳道研习成为自觉主动的行为，提高对跆拳道的理性认识。

6. 全面效益教学评价

全面效益教学评价原则是指在教学评价中要根据教学目标、教学过程和学生的生理、心理、技能、智力因素发展水平以及非智力因素发展等多方面进行全面的评价。跆拳道作为一项体育运动，不单单是呈现一个运动员的竞技水平，更是全面地展示了学生的生理、心理、智力的发展状况，它是跆拳道教学过程的教育性及跆拳道的规律性所决定的。

因此，在贯彻落实全面效益教学评价原则时有以下要求：

（1）科学客观地评价学生在跆拳道活动中的表现。

（2）跆拳道教学评价要与学生的自我实际相结合。在进行评价的时候，要与学生进行沟通与交流，尤其对自己成绩非常重视的学生。

（3）跆拳道教学全面效益的评价。跆拳道教学评价应该是公正的、客观的全面性评价。

（四）跆拳道运动教学的方法

1. 示范教学法

示范教学是学生通过观察教师正确的示范动作并通过视觉感知来接受技术的最生动具体的方法，是跆拳道教学中常用的主要方法之一。教学过程中，教师通过技术动作示范学生可以生动形象了解所学技术动作的结构特征、技术要领和完成动作的技巧等，从而较快地建立动作表象。同时，标准、协调、优美的示范还可以激发学生的学习兴趣。该教学法对示范的要求主要有以下五点：

（1）示范要规范熟练。教师在做示范时一定要保证动作的质量，做到规范、协调、流畅，从动作的运行轨迹、发力顺序到身体的配合等都要做到准确无误。熟练的示范不仅便于学生掌握正确的动作，而且还可以使学生产生轻松愉快的感觉，激发学习兴趣，避免畏难情绪产生。

（2）示范具有针对性。首先，针对学生实际情况的需要做示范，不可盲目示范使学生不知该着重学什么，从而造成分散其注意力进而失去示范的作用；其次，根据不同的教学阶段、教学目的与任务进行重点示范。

（3）示范方法的多样性。根据学生的实际情况和教学的目的要求，灵活选择相应的示范方法，如对于简单的动作或基础较好的学生，可采用完整示范；对于复杂的动作和基础不好的学生，可采用分解示范；为了便于观察，可采用慢动作快示范、快动作慢示范；为了加深对正确与错误动作的认识，可采用两种动作的对比示范等。

（4）示范要有利于学生观察。教师的示范应以全体学生都能看得到为原则，灵活选择和运用不同的示范方位、示范速度及示范面。

（5）示范与讲解、启发学生思维相结合。示范常常结合讲解进行，或先讲解后示范，或先示范后讲解，或边讲解边示范。在示范中可以设计小问题让学生回答，借此启发学生对动作的思考与对比。无论哪种形式的示范，它们都是互为补充、相得益彰的。

2. 讲解教学法

讲解教学法是跆拳道教学中经常运用的一种形式和方法，是教师运用语言向学生讲解说明教学任务、动作名称和作用及完成动作的要领、方法、要求等。教学讲解的具体要求如下：

（1）对动作的讲解要简明扼要，重点突出，逻辑性强，由表及里。针对动作的关键技术点要加重语气，重点强调，同时要善于运用形象生动的语言来启发、诱导学生，在轻松愉快的氛围中，使学生尽快地理解、掌握动作。

（2）讲解还应根据不同的教学步骤而有所侧重，例如，同是横踢，初学时以讲解动作要领要求为主，熟练后则以讲解运用方法为主。讲解应有目的、有针对性地进行，如针对教学内容的重点和难点讲解、针对学生存在的问题讲解等。

（3）做到讲解与示范有机结合，使看、听、想、练结合，充分发挥学生的视觉、听觉等多种感觉的综合功能，使学生学有目的，练有动力。

3. 完整教学法

完整教学法是从动作的开始到结束，不分段落、完整连续地进行教学和练习的方法。完整教学法的优点是能保持动作结构的完整性，易于使学生对动作技术形成整体概念和动作之间的联系；缺点是对有一定难度的动作不易较快地掌握好动作中较难的环节和要素。因此，对于简单容易掌握的动作和不易分解的动作应多采用完整教学法，对于有一定基础的学生也多采用这种方法。运用完整教学法的要求如下：

（1）突出教学重点。进行完整教学时，要做到重点突出，把握好动作的快慢与速率。这是因为每个动作都有其技术关键点，掌握好这个点，以点带面，其他细节就容易掌握了。同时，完整动作的过程相对较长，动作细节较多，速度过快易导致出现错误动作；速度过慢则失去动作的连贯性。

（2）适当降低动作质量。初学时，学生动作完成的质量往往是不尽如人意而错漏百出的，特别是难度较大且复杂的动作，这时在练习中可适当降低质量要求，待学生能较熟练地进行动作的完整练习后，再逐步提高对动作质量的要求，循序渐进，以便学生较快地建立完整动作的条件反射。

（3）与分解练习法相结合。对于难度较大且繁杂的动作应先进行分解练习，待学生对动作的各个环节、要素比较熟悉后，再将分解开的动作结合在一起进行完整练习。

4. 分解教学法

分解教学法是把完整动作按其技术结构分成若干段或按身体活动部位分成几部分进行学习，最后掌握完整动作的方法。分解教学法的优点是动作难度低，便于突出重点，强化了对难度大的动作的学习，有利于加速教学进程；缺点是有可能养成学生分解练习的习惯，从而妨碍掌握完整动作。

分解教学法适用于动作相对复杂而又可分解，但用完整法又不易掌握的动作或某部分动作需要较细致学习时采用。对分解教学法的要求如下：

（1）动作分解要易于连接。划分的部分或段落要易于连接，以不破坏动作的整体结构为原则。应遵循人体的运动规律、动作的结构特征，使分开的动作易于衔接与连贯。

（2）突出分解段落的重点。当完整动作需要分解教学时，对划分的段落，一定要向学生讲明这个段落的动作要点、它在完整动作中的地位与作用以及与其他动作之间的相互联系。

（3）与完整教学法结合运用。在跆拳道基本技术教学中，不应将动作分解得过于细化而撕裂动作间的有机联系，同时较长时间的分解练习，极易养成学生分解练习的习惯，从而破坏动作的连贯性。只要学生通过分解练习初步掌握动作后，就应尽快地向完整动作练习过渡，以保持动作结构的完整性及动作练习中的快速性、连续性。

5. 模拟教学法

模拟教学法是为了不断提高学生的技战术动作在实战中的运用能力和心理承受能力，有针对性地模拟实战中所表现出来的技战术状况和场景气氛等进行练习的方法。模拟教学的要求如下：

（1）具有针对性。模拟教学要根据教学任务的需要和学生的实际情况及动作的要求，有针对性地进行练习。模拟的内容可随学生的训练进展情况和效果及时视情势调整，使教学训练的内容、方法与手段最大限度地满足学生的不同需求。

（2）具有真实性。进行模拟教学时一定要强调动作逼真，无论是动作的速度、力量、距离、时机，还是临场氛围、观众情绪以及对学生心理的要求都必须尽可能地贴近比赛或实战，这样才能达到理想的练习效果。

6. **纠误教学法**

纠误教学法是教师为了防止和纠正学生在学习中出现错误动作而采用的方法。在跆拳道教学中，经常要用到纠误法。学习与练习中，学生出现错误动作是不可避免的。但如果让错误动作形成动力定型后再去纠正就会付出更多的精力和代价。因此，对错误动作及时进行纠正和预防是至关重要的。在纠误时，首先要对错误动作进行分析，找出原因，然后根据主要原因选择适当的纠误方法。

（1）错误动作产生的原因：①学习目的不明确（积极性不高、缺乏信心、怕难、怕苦、怕受伤等）；②技术动作的概念不清楚（完成动作的顺序、要领、要求等）；③能力低，身体素质较差（特别是灵敏性、协调性）；④心理承受能力不好（紧张、畏惧等）；⑤教学过程中教师组织教法不当。另外疲劳、环境干扰等原因都会导致错误动作的发生。所以要根据产生错误的原因，分别选用适当的方法进行纠正。

（2）错误动作纠正的方法。

1）提高动作示范和讲解的质量，让学生建立正确的动作概念，清楚完成动作的顺序、路线、动作要领和要求，明确动作的技术关键点，建立正确的动作表象，并利用各种诱导性练习、转移性练习和启发性的语言预防和纠正错误动作。

2）教学中由于学生的身体素质情况不同，应根据学生的实际情况，适当降低对动作的要求，同时选择适当的辅助性练习和专项身体素质练习来进行过渡性练习，弥补差距，为专项技术训练夯实基础。

3）在进行对抗和难度练习时，要考虑到学生心理可能会产生的惧怕和紧张情况，为此要进行积极的心理诱导训练和适当降低对抗的难度，多采用辅助性练习来消除学生的紧张情绪和畏惧心理。

4）教师要根据运动技能形成的规律，认真钻研教材教法，提高教学水平，合理安排教学过程，全面细致地了解学生的情况，对可能产生的动作错误要做到心中有数，并根据错误动作的性质有针对性地采用切合实际的教法纠正。

5）为了避免疲劳的发生，应合理地安排运动负荷和组间间歇，并采用暗示、转移等方法集中学生的注意力，提高学生的自控能力，排除和克服外界环境及不良因素的影响。

（3）错误动作纠正的要求。

1）抓住主要矛盾，针对动作的主要错误反复纠正，在学生练习中不断以语言来提示应该注意的问题，使学生的练习过程始终处于教师的监控之下。

2）纠误时要讲清楚其中的道理，循循善诱。告诉学生错误的原因、带来的后果及自我监控、检查动作对错的方法，对动作要多问几个为什么。

3）当学生形成正确的动作表象后，应及时进行强化训练，以便巩固已形成的动力定型。

（五）跆拳道运动教学的练习形式与手段

1. 跆拳道运动教学的练习形式

在初步掌握动作之后，学生技术动作的运用尚未具备和达到娴熟与稳固的程度，需要在教师的监控和指导下进行反复强化练习，才能逐步形成正确的动力定型直至达到完成技术动作的自动化。在跆拳道教学过程中经常采用的练习形式有单人练习、双人练习、分组练习和集体练习。

（1）单人练习形式。单人练习，就是学生独立进行练习的方法。练习时学生可以自己体会技术动作的要领、路线、方向、角度以及发力顺序等动作要素；也可以有目的地根据自己的实际情况进行动作速度、击打力量和击打准确性的练习。此时，教师一定要注意观察学生的技术动作，及时发现动作错误，并及时进行纠正和个别辅导。

单人练习的优点在于：能够培养和发挥学生的个人思维能力和想象能力，调动个人的主观能动性；而且可以自我调节运动节奏与运动负荷的强度、密度；特别有利于技战术及训练的个性化发展。

（2）双人练习形式。在跆拳道教学训练中，双人练习既是最重要的练习形式之一，也是跆拳道教学中经常采用的练习方法。双人练习要在教师的指导下，结合教学课的目的与任务，有针对性地安排练习。它要求练习双方一定要积极有效地配合，相互取长补短，互帮互助，共同提高技战术水平。

双人练习的优点在于：其形式更加符合跆拳道比赛和实战的特点，有利于学生运动技术技能的快速形成，特别是在培养学生对时间、距离、空间、时机等一切与比赛实战相关因素的判断能力方面，有着其他形式无可替代的地位与作用；同时也有利于学生间的相互帮助、相互学习，培养学生的团队精神和集体荣誉感；更有利于形成独特的个人技战术风格与特点。

（3）分组练习形式。分组练习就是根据实际情况将学生分成若干个小组进行练习。练习时可以挑选学生中技术较好的技术骨干轮换进行指挥。同时应鼓励学生对技术动作进行分析研究，发表自己对动作技术的看法与体会，充分发挥学生的主观能动性；各组之间也应互相学习与交流，在条件许可的情况下，组与组之间可以以比赛的形式来激发学生的学练兴趣与激情；在进行分组练习时，教师应加强对全局的掌控，抓住共性，分别指导，对学生的练习要进行全程监控与指导，保证学生能按质按量地完成教学任务。

分组练习的优点在于：能充分发挥学生中技术骨干的示范带头作用，对技术较差的学生进行帮助和指导，充分培养小组长的组织与指挥能力，有利于培养学生的集体主义精神和互相帮助的良好学风。

（4）集体练习形式。集体练习是在教师（或技术骨干）领做或用口令指挥法进行集体统一练习。领做的实质是一种示范形式，要注意选择合理的示范面和示范位置。同时口令指挥的声音要洪亮、干脆、利索，节奏感强，必要时可以穿插简单扼要的讲解或提示。对于错误动作一定要及时纠正。

集体练习的优点在于：方便教师整体观察和了解全貌，抓重点、抓规律、抓共性，有利于建立正确的动力定型。同时也有利于教师灵活掌握练习的次数、频率及总的运动负荷；另外，对培养学生的集体主义精神也有积极的作用。

2. 跆拳道运动教学的练习手段

（1）空击练习手段。空击练习就是不借助任何辅助条件而徒手进行的练习，是熟练掌握技术动作的重要训练手段之一。它能有效地使技术动作形成动力定型，加强条件反射意识，提高动作的速度，且可进行单人、双人、分组或集体练习。进行空击练习时要注意循序渐进，遵循单个技术动作—组合技术动作—随机组合技战术动作、原地的空击—结合步法的行进间空击—自由移动空击，这样一个由易到难、由简到繁的训练规律与过程。

另外，进行空击练习时，为避免运动损伤，要注意做好各关节的热身活动，注意控制击打力量。练习中，教师应在一旁仔细观察，一旦学生出现错误动作及时进行纠正，也可以进行镜面练习，以便学生自己随时监控、检查技术动作的规范性。

（2）攻防练习手段。攻防练习是两人一组，依据攻防运动的规律和训练课的具体任务，有针对性地进行练习的手段。初练时可以进行指定单个技术动作的一攻一防练习；然后再逐步过渡到指定组合技术动作的攻防练习。随机性的攻防练习，是两人攻防练习的最后一站，无论是单个还是组合技术动作的攻与防练习，都是一方无规律、无预兆地发出动作而另一方视情况做出相应防守动作的练习，目的在于提高双方攻防动作的突然性和应变能力，最终做到随意组合，灵活运用。

攻防练习能有效地提高学生进攻技术动作和防守技术动作的规范性，较快地建立和培养学生正确的本体感觉和攻防意识。由于攻防练习是有条件限制（一攻一防而不可反击）的练习手段，因此在教学的初级阶段有利于消除学生的害怕心理而较多采用。应该强调的是，尽管是攻防练习，也应要求学生在防守之后必须要有反击意识，并在练习过程中有意识地思考反击的形式与动作，这样才有利于防守—反击条件反射的建立。

（3）踢靶练习手段。

1）脚靶练习。在不同的训练阶段，脚靶练习有不同的要求和目的。在教学训练的初、中期，踢脚靶练习主要是为提高学生动作的反应速度、动作速度和熟练程度以及规范动作质量的一种练习手段。当学生技术动作形成稳固的动力定型后，踢脚靶练习就是为了达到某种技战术意图而由教师或同学借助脚靶来帮助学生提高技战术质量与运用能力的练习手段。

2）护具靶练习。护具靶与脚靶练习的不同之处在于护具靶更能接近实战时的攻防距离，更能培养、提高学生的脚感和脚与靶的吻合度。因此，学生在经过一段时间的脚靶练习后，应尽快过渡到护具靶练习或脚靶、护具靶交替练习，进一步提高学生对距离、空间、时机的感觉，加快过渡到实战训练阶段，满足实战训练的要求。

脚靶、护具靶练习，其练习形式有固定的、移动的、事先约定好的、随机而发的；其内容有进攻的、反击的、防反的、反反击的；还有专门为调动对手而出示的假动作靶以及专为击打落空而改变动作的反应靶等。无论是脚靶练习还是护具靶练习，练习中给靶的距离、方向、角度、位置以及节奏的设置与变化，都必须保证与比赛实战相近似，以提高学生动态击打能力和临场应变能力。它要求给靶快速、逼真、及时、到位，学生踢靶练习要快捷准确、转换迅速、衔接流畅；强化战术意识和运用能力，提高对击打时机与距离的掌控能力，发展跆拳道的专项比赛实战素质。

（4）变换练习手段。变换练习法是指一种对运动负荷、练习内容、练习形式及其条件实施变换，以提高学生积极性、趣味性、适应性及应变能力的训练方法。变换训练法是根据跆拳道实际比赛过程的复杂性、对抗程度的激烈性、运动技术的变异性、运动能力的多样性、中枢神经系统的灵活性等一般特性而提出的。通过变换训练，可使机体产生与跆拳道专项匹配的适应性变化，可使学生在运动素质、运动技术和运动战术中得到系统训练和协调发展，从而提高承受跆拳道比赛时不同运动负荷的能力和实际运动的应变能力。在这里主要论述以下三种练习手段：

1）加难练习。加难练习主要是为了在高于比赛实战的条件下，提高技战术动作的质量、运用能力、攻防动作的成功率和培养学生良好的心理品质而进行练习的方法。其核心是在原来正常要求的基础上，提高动作完成质量的要求，增加练习的密度、强度和心理负荷。练习时可以安排能力较强的对手进行配对练习或实战，也可以用车轮战的形式，安排不同技战术风格特点的学生来进行条件实战或比赛实战的练习,以增加实战的局数、延长实战的时间,提高实战能力和耐久力。加难练习能有效地提高学生的技战术水平,加大对神经系统的刺激强度,从而建立稳固的运动条件反射,提高学生的比赛实战能力,培养学生顽强的意志品质和敢打敢拼的训练作风。但应特别强调的是,加难练习时必须对学生的实际能力和水平进行全面考量,科学合理地安排,循序渐进,切不可盲目从事,否则只会适得其反,甚至会发生不应有的教学事故或伤害。

2)变易练习。变易练习与加难练习相反,变易练习是在原来正常要求的基础上降低对动作完成的质量、练习密度与强度、心理负荷等方面难度的练习方法。变易练习可以增加学生学习训练的兴趣和信心,对那些已经初步掌握动作,但自信心不强,总是担心做不好的学生,在初级阶段为尽快建立条件反射和巩固动力定型而采用变易练习是很有必要的。例如,某学生刚刚学会后踢技术动作,但在实战中不能有效地阻击对手时,可安排前横踢差一些的对手进行配对练习等。

3)想象练习。想象练习是学生在每次练习前,回忆教师讲解和示范的动作情景,使动作的主要环节在脑海中形成表象,从而使学生练习的动作更趋于规范的学习与练习的方法。它对于提高学生的自我学习、自我训练、自我竞赛等综合能力十分重要。在跆拳道训练中,想象练习就是要求学生在练习时有意识地去想象对手的技战术风格和打法特点;想象某一比赛的场景;对某一技战术进行思维、表象等。无论是进行空击、踢靶、踢沙包练习还是步法练习都应时刻告诉自己,对手就在面前。在想象练习时可通过对完成动作的思维、想象和体验活动来作用于心理、生理系统,加快神经系统的条件反射过程,促使完成动作的过程和概念迅速得到熟练与加强,这样无数反复就可以达到自动化程度。

进行想象练习,学生一定要技战术概念清楚,动作到位,意识准确,时机和节奏的变化也要符合实战的特征。要引导学生在安静、放松的状态下进行练习,尽量排除外界环境和意识的干扰,以达到最佳的练习效果。同时,想象练习没有危险,能够消除学生的恐惧心理,减少运动损伤的发生。想象练习不受时间的限制，业余闲暇时间也可以进行想象练习，想象练习重复越多，其作用越大。

（5）模拟练习手段。模拟练习就是从实战的角度出发，模仿实战中的某些技战术运用特征和打法特点或某一实战场景的氛围，有针对性地进行练习的方法。模拟练习对培养学生战术意识、提高学生心理承受能力以及临场应变能力等诸多方面有着很好的效果。练习中对模拟对象的把握必须要形象、逼真，动作要准确、到位。练习时严格要求学生必须根据具体的情况迅速作出相应的反应，这种反应的选择要合理、正确，只有合理而正确的技战术动作才能取得预期的进攻、防守与反击的实际效果。因此，在练习中，对时机的把握、距离的控制、空间判断的能力以及动作的速度与击打力量等一切与比赛实战相关的诸多方面，都要从难、从严、从实战出发来保证练习的质量，从而满足比赛实战的要求。

（6）踢击沙包练习手段。踢击沙包练习就是利用沙包作为击打目标的一种练习方法，是跆拳道教学中经常采用的练习方法和手段。踢击沙包练习可以提高击打力量、连续进攻的频率和专项耐力素质。同时对近距离实战时运用组合技术动作攻击能力的培养与提高，具有显著的效果。

踢击沙包练习的目的与任务的不同，其方法亦不相同。无论出于何种目的，都应结合实战的实际需求进行合理的统筹安排。其练习内容可以是针对某一特定任务而专门进行的练习；也可以是带有一定条件限制而进行的练习；还可以是综合性的练习。根据需要，沙包可以是固定的，也可以是活动的。踢击沙包的练习中要调整好击打距离，使练习的动作频率、节奏和强度凸显出比赛实战的特点。

（7）条件实战练习手段。条件实战是指在有一定条件限制的情况下进行的有针对性的实战对抗练习。其表现形式有：一攻一防、进攻—防守反击、进攻—迎击、进攻—抢攻、进攻—反击—再进攻—反击等练习。条件实战主要是为了提高学生某一特定的技战术的运用能力而采用的一种练习方法，具有很强的针对性，是实战初期经常采用的练习方法。条件实战可以使学生在较低或没有心理压力的状态下进行实战练习，也可使学生更能集中精力来专心提高单个或组合技战术，尽快形成特定的链条式攻防条件反射。

条件实战的配对要根据训练的任务和要求，合理地进行配对组合，对配对双方的技战术能力与水平要做到心中有数，并制定严格的要求和规定，练习时应严格按照规定和要求进行，告诉学生在练习中要相互理解、相互帮助、相互切磋，共同提高技战术水平。

（8）实战练习手段。实战是两人按照跆拳道的竞赛规则进行实战对抗的练习，是有效提高技战术水平和检验技战术运用能力的重要方法，同时也是总结、积累比赛实战经验和反馈训练方法与手段实效性的有效措施。实战练习应以竞赛规则为准绳，也可以根据具体的情况增加新的要求。如由教师或学生担任裁判员，依照竞赛规则和裁判法按程序进行真实裁决，使实战的激烈程度更接近真实的比赛，更能保障技战术运用的有效性。它要求学生对待实战就像对待比赛一样，要全力以赴，在力争打好每一场实战的同时，排除对胜负结果计较心态的干扰，敢于大胆使用高、新、难的技术动作和尝试运用新的战术，在成功与失败的反复过程中不断地总结经验教训。如果遇到的对手比自己强，可有意识地提高自己的优势技术；如果对手弱，可锻炼自己的弱势技术，使自己的弱势技术得到加强与改善。

需要特别提出的是，由于实战是身体的直接对抗，对每个人都会产生一定的心理压力，也难免发生受伤事故，尤其对低年级和技战术能力稍差学生的心理压力更大，因此，实战练习的安排一定要适时、适度，绝不能过早、过频；配对组合必须合理，避免因技战术实力相差过大而造成学生的心理障碍和伤害事故的发生。

二、跆拳道运动课堂教学的组织实施

跆拳道专项教学课共分四个部分：开始部分、准备部分、基本部分与结束部分。各教学环节的组织实施如下：

（一）跆拳道课堂教学的开始部分

开始部分在课堂教学的开始，约占课堂教学时间的3%～5%。此部分的主要内容是常规教学的整队、组织学生；检查出席人数、见习生人数、服装

（跆拳道道服）；宣布本课教学任务与课堂教学要求。

组织实施过程如下：

（1）班长整队，点名报数（记录见习生姓名），检查道服、道带、道鞋。

（2）值日生立于队前，发出口令带领班级学生向国旗敬礼、向任课教师敬礼，师生互礼后，教师宣布上课。

（3）教师处理一般常务（检查出席情况、处理见习生问题等）后，根据教学进度宣布本课教学任务，提出相应教学要求。

（二）跆拳道课堂教学的准备部分

继开始部分之后，课程的准备部分也属于教学中心内容开始之前的准备。准备部分大约占课堂教学时间的15%～20%，主要完成基本部分所需要的身体准备活动，同时调动学生情绪使其达到适度兴奋。除一般的身体准备活动之外，还要根据本课教学内容与要求，进行专项的身体准备活动。

组织实施过程如下：

（1）慢跑、加速跑、变速跑，可配以跑动能进行的游戏。①时间：约3分钟；②目的：一般热身；③要点：跑动的速度由慢到快，跑动中应有方向和速度的变化。

（2）定位操或行进间操。①时间：约5分钟；②目的：在热身基础上，使身体各关节肌肉大幅度活动；③要点：由上到下活动各关节，拉伸肌肉、韧带。特别注意下肢髋、膝、踝关节的活动幅度应由小到大，逐渐加大关节的活动范围。

（3）专项准备活动。①时间：约7分钟；②目的：调动身体机能、神经系统的兴奋度，达到可完成基本部分教学任务的精神与身体要求；③要点：应做步法、腿法与专项技术结合紧密的速度、动作频率逐渐加快的练习，变换动作方向。注意做动作时配以发声，以提高身体的兴奋度。

（4）柔韧性牵拉练习。①时间：约5分钟；②目的：进一步拉开关节、肌肉和韧带。根据个人情况，补充完成身体未活动开的部位；③要点：髋、膝关节充分拉开，达到可完成任一跆拳道技法的要求。

（三）跆拳道课堂教学的基本部分

跆拳道课堂教学的四个部分中，基本部分是教学的重点，所有的教学任务也都是在基本部分完成的。所需时间占一节课的60%～70%，即50分钟～60分钟。一般采用的组织练习方法有个人练习法、配对练习法、分组练习法、集体练习法和模拟比赛实战练习法。根据不同课时的教学内容，各课基本部分的安排不同，但组织实施方法基本相同。课堂教学内容大致有三个方面：基本腿法、组合练习、专项身体素质练习。

1. 组织实施

（1）集体按队形练习。保持队形，用口令指挥学生在原地或移动中进行各种基本技术的踢法练习，如横踢的空击等。规定练习时间或动作次数，或在一定距离内集体依次前进，或向各方向移动完成练习。

（2）集体双人练习。双人在原地或移动中进行各种踢法单个技术或组合技术练习。可执靶或徒手空击对练；模拟实战对练时，可身体接触，也可着护具，按照课堂教学任务以及技术要求，做实战攻防对练。攻防练习时，还可作出规定，一方只攻另一方只守，或不做限制地实战对练等。

（3）个人自由练习。每节课可安排适当的时间留给学生，学生可根据个人对课堂教学任务的完成情况、掌握程度，做一些个人的补充练习；或是学生之间自由组合，互相取长补短，互相进行学习心得的交流与指导。

2. 要点指导

（1）教学开始前，做完整技术示范，然后讲解技术动作要领，并指出技术完成的关键。

（2）根据学生的学习情况，对普遍易犯的错误进行适时集中讲解，并指出纠正办法，进行具体指导与相应练习。

（3）教学中应始终充满热情，并以自己的示范作用影响学生，调动学生的学习积极性，使课堂教学始终在欢快的气氛中进行。

（4）培养骨干学生，发挥骨干学生的有效作用。以学生的互帮、互练完成教学任务，提高教学效果。

（5）整个课堂教学中，应始终对每个学生给予鼓励、关心与帮助。利用可能的间隙，对学生巡回指导。

（6）随时注意对学生进行安全教育，使学生集中注意力进行练习。随时检查，及时发现不安全因素，并及时解决问题，以免发生伤害事故。

（四）跆拳道课堂教学的结束部分

本环节是整个课堂教学的最后一个部分，其作用是对身体的关节、肌肉等进行整理与放松，总结本课教学任务的完成情况，对学生的学习情况进行讲评。占用全课时间的10%，约10分钟。

组织实施过程如下：

（1）放松跑或集体做整理活动。①时间：约6分钟；②目的：基本部分的快速用力，使肌肉紧张僵硬，放松整理活动可使疲劳尽快得到恢复；③要点：对下肢肌肉与腰部进行重点放松，做牵拉练习。

（2）集中讲评，对本课教学任务的完成情况进行概括总结。对班级整体优点进行表扬；对存在问题给予提示，引起学生注意。

（3）整理场地，按跆拳道礼仪规定，向国旗敬礼，师生互礼道别。

第三节　跆拳道运动中的品势教学

跆拳道品势（又称之为型）是以技击动作的攻防进退为素材，通过特定运动的规律变化而编排的整套练习形式，是进行跆拳道格斗对抗训练的基本训练形式和基础。它类似于中国武术运动中的套路练习形式，即将一定数量的动作串联编排起来而形成固定模式的套路。

跆拳道品势内容丰富且形式多样，基本品势有基本一式、基本二式、太极的一至八章和八卦的一至八式；高段品势（黑带品势）有高丽、金刚、太白、平原、十进、地跆、天拳、汉水、一如。通过品势练习，可促进学生身体各部位的全面发展，达到强身健体、磨炼意志的目的，为将来的实战比赛打下良好的格斗对抗基础。

一、跆拳道品势教学的特点

（一）注重基本功的练习

跆拳道品势的基本内容丰富多彩、形式多样，基本功和基本动作一般包含手型、手法、步型、步法、腿法、拳法、肘法、脚法、跳跃等内容，正是由它们形成了多姿多彩、多种形式的品势套路。通过品势练习，能有效提高学生的力量、速度、灵敏、柔韧、平衡等身体素质，同时也是培养学生坚强的自信心、顽强的意志品质和健康的心理素质的有效途径与手段。

跆拳道的品势是学习跆拳道的方法之一，在安排教学内容时，要根据学生的具体情况以及教学任务，尽可能地做到系统化、多元化；遵循运动技能形成的规律，循序渐进，由简到繁，由易到难，要根据品势的内容和技术特点，在教学中不断强化基本功、基本动作的练习，使学生更好地掌握正确的基本功和基本动作。扎实的基本功能增强各关节及韧带的柔韧性和灵活性，提高肌肉的控制能力和保持必要的弹性，这一点对提高动作质量、预防受伤及延长运动寿命有着十分重要的作用。

扎实的基本功能够使学生在整套品势练习和比赛实战中熟练掌握、运用各种技术动作。因此，将基本功、基本动作的练习贯穿于品势教学的全过程，是品势教学在内容选择与安排上的特点之一。

（二）动作规格的直观教学

跆拳道品势的内容繁多，动作复杂，但路线、方向相对变化较简单，多以直线转折为主，它外形要求全身协调配合，内重精神与意识、呼吸与劲力相统一，并伴有发声来振奋精神，以气催力。因此，在教学中必须依据人类认识事物的规律来组织、实施教学。品势教学首重动作规范，教师准确、连贯地示范，会给学生留下非常深刻的第一印象，对建立正确的动力定型极其重要。品势不同，动作的规格要求也不同，所以教学重点也不一样。以单个动作为例，首先，强调该动作姿势的准确；其次，强调该动作方法的正确；最后，力度、速度及演示路线的准确。

（三）突出特点，抓住重点

攻防技击是跆拳道运动的显著特点，品势则是跆拳道运动在漫长的历史发展演变过程中对技击动作精华的浓缩。因此，在品势教学中应紧紧抓住技击这个特点对动作进行分析，逐个剖析动作的攻防含义和劲力的使用方法，强调动作的速度、力度及节奏，使学生明确每个动作的作用及用法，加深对动作攻防技击内涵的理解。每一个品势，每一个动作，都有其区别于其他品势、动作的技术特点，在演练中会表现出不同的风格与技巧，抓住其特点，将之作为重点来进行教学，就能使学生清晰地认识动作的精髓，从而牢固地掌握它。

（四）内外合一，形神兼修

在品势教学中，提高演练技巧是其重要特点之一。品势的观赏价值较高，给人以刚劲有力的阳刚之美，并通过品势演练展示出跆拳道深厚的文化内涵和礼仪礼节。内外合一，形神兼备，将其身心和谐之美通过演练来体现，这都需要有扎实的基本技术和高超的演练技巧来支撑。因此，品势演练并不是单个动作的简单重复，而是外在动作的精细规范、劲力顺达、力点准确和内在的精神、意识、气质的高度协调一致，以此来共同演绎出跆拳道所包含的全部文化内涵和价值。

二、跆拳道品势的训练方法

严格的训练是为了比赛而准备的，"训练中对身体、技能及专注能力等方面的要求，都是为了让比赛能够在不分伯仲的对手间更加持久，在体能相差较大的对手间有获胜的机会"①。

（一）品势发力训练方法

（1）练习手臂进攻与格挡的瞬间发力。

第一步，类似于拳面撑，即用拳头做俯卧撑，但要求落下时稍慢，吸气。身体到最低时停留一会儿，时间不宜过长，因人而异。撑起时尽量快速，爆发而起，呼气。

第二步，将脚垫起约50厘米，依前法进行练习。

---

① 刘林青.微探跆拳道运动训练特点及其发展[J].当代体育科技，2021，11（23）：47–49.

第三步，重新回到平地上，一手呈拳状，一手用五指撑地，每次练习时左右手轮换，共四组，每只手两次，按此方法坚持练习。

第四步，专项训练。①冲拳：跆拳道中最基本的拳法，也是比赛中唯一允许使用的拳法。打冲拳时，两脚站成马步，手以拳面为力点向前冲出，冲拳高度为道服胸标高度，另一只手握拳置于腰间。②手刀砍：分为仰掌砍击和俯掌砍，也就是手刀的内格和外格。使用手刀时（以右手为例，左手正好相反，下同），两脚开立，以品势起式站立，左脚向前成弓步，右手由拳变掌上举至右前方与耳同高，随即右臂前伸并外旋由外向内向左前方略向下砍，大约在对方颈部位置，掌心向上。③贯手：也叫插掌，分为立插掌和横插掌。起式，左脚向前变为左弓步，同时右手从腰间由拳变掌向前伸臂插出，左手握拳于腰间。如果双手同时插出则称为双插手。④劈掌：起式，右手握拳经腹前经左上向右下抡臂向下劈击，左手握拳置于腰间。⑤弹拳：起式，右脚向前上步，左脚经右腿后侧上步成交叉步，同时右拳内旋由内而外向下弹击，左拳置于腰间。

（2）格挡训练。①下格挡：起式，左手伸直，右手握拳上提至左肩，右手以小臂外侧为力点沿左手臂向下格挡，手臂微微弯曲，左手握拳于腰间。②中格挡：起式，双手向右侧上提，右手提至耳部，左手至道服胸标处，随即右手以腰带臂从右向左格挡，左手收于腰间。③上格挡：起式，右手在上，左手向下，内收于左腰间，右手沿身体中线挥臂上提，拳心向前，以小臂外侧向上格挡，左手握拳于腰间。④中外格挡：起式，右脚向前成右弓步，双手上提至腹前，右手在上，左手在下，随即右手小臂外旋，以腰带臂向外格挡，左手收于腰间。⑤高十字格挡：起式，左脚向前弓步，双手握拳上举至颈部时双手交叉呈"十"字，肘关节用力举过头顶向上格挡。⑥低十字格挡：起式，左脚向前成弓步，双手握拳交叉呈"十"字用力向下格挡。

（3）练习踢腿动作的瞬间发力。

跑步法：学生可以每周安排一次短跑练习，要计时，这样在每次练习后就能知道自己的爆发力是否有所提高。

跳跃法：跳跃法是以跳跃为基本运动方式来增强腿部力量的方法。跳跃时主要以克服自身重力来锻炼腿部力量。主要的方式包括：①原地展腹跳；②脚前掌踮地，进行行进跳跃，要求一次跳跃的距离不要太远，以此练习力达前脚掌的感觉。重复这样的训练。

击打实物法：①踢击树形桩，要求力量由小到大，速度由慢到快；②踢击沙袋，要求力量由小到大，速度由慢到快；③踢击脚靶，要求力量由小到大，速度由慢到快。

（4）品势专项的练习。

前踢：学生初学时，可以先平躺在地上，双手放松，把大小腿折叠，再迅速弹出小腿，保持不动，模拟前踢的动作，再主动折叠收回小腿，以此为一次练习。

横踢：学生身体侧躺在地上，同前踢方法练习。注意横踢时学生要把胯展开，不能收缩。

（5）结合腰部，利用身体拧转来练习手臂与腿的瞬间发力。学生在完成以上练习之后，可以开始运用腰部结合来进行一个完整动作的练习。如冲拳动作，学生在冲拳时，腰部先做一个小幅度向后拉腰的动作，同时上身稍微向后侧，然后两者同时以最快的速度向前拧转，配合手臂冲拳，这样能达到很好的训练效果。

（二）品势体能训练方法

1. 一般体能训练方法

（1）一般耐力训练。一般耐力的训练主要提升的是运动员机体的心肺功能，使身体在激烈运动中，内脏器官的活动能够满足运动器官的需求。在跆拳道品势比赛中，良好的耐力素质是技术动作完美表现的基础。

主要的训练方法：通常以长跑为主，400米跑道，女子每次跑15圈，男子每次跑20圈，要求匀速进行，每圈时间不得超过1分30秒，每周建议进行2~3次；400米跑道，女子每次跑8圈，男子每次跑10圈，要求变速进行，直线跑道冲刺，弯道放松慢跑，每周建议2~3次，每次2组，每组间隔休息10~15分钟。

（2）一般力量训练。力量素质是指人体神经肌肉系统在工作时克服或对抗阻力的能力。在品势的练习中，无论是冲拳、格挡还是侧踢，都要依靠良好的爆发力才能得以表现，所以，在日常训练中应加强爆发力的训练，从而实现肌肉能够以最快速度来克服阻力。

主要的训练方法：以腿部训练为例，经常采用负重半蹲的方法，建议每周2~3次，每次3~5组，每组15~20个，每组间隔时间为3~5分钟。在力量训练中，重复的次数和组次与负荷的重量有关，负荷量大，强度则大，次数应相应减少，反之则增加。

（3）一般柔韧训练。柔韧素质是指人体关节在不同方向上的运动能力以及肌肉、韧带等软组织的伸展能力。跆拳道品势是一项对腿部与髋部柔韧性要求极高的运动项目，增强肩、髋等部位的柔韧不仅有助于我们完成基本动作，提高运动素质，还能增强个人对自身的保护能力，减少运动损伤。

主要的训练方法：以髋部与下肢韧带为例，坐位体前曲，以拉伸大腿后侧韧带为主；坐姿分腿，双腿尽可能张开，身体俯贴地面，主要对大腿内侧及髋部进行抻拉；横叉和竖叉，是对韧带训练最主要的手段，也是测评运动员下肢及髋部柔韧性的重要指标。要求每节训练课前后都要进行柔韧训练，这样不仅可以提升柔韧素质，还能有效地放松紧张的肌肉。

2. 专项体能训练方法

（1）专项耐力训练。专项耐力训练是指与提高专项运动成绩有直接关系的耐力，具体地讲是指持续完成专项动作或接近比赛动作的耐力。在品势比赛中，通常分为三个阶段：预赛、半决赛和决赛。由于赛制时间较长，需要运动员长期保持良好的运动状态，故应安排长时间的专项耐力训练，有时甚至安排超过正常比赛场次的训练。

主要的训练方法：①重复训练法，指定一套品势进行练习，通常进行8~10次，间隔休息2~3分钟；②循环训练法，在比赛中会涉及6套品势，把这6套品势进行5~8次循环，每次循环间隔休息5~8分钟。

（2）专项力量训练。专项力量训练是根据运动项目的不同要求，提高完成技术动作时所必备的肌肉能力的训练。专项力量往往针对的是特定的肌肉群，有利于直接提高技术动作的质量。

主要的训练方法：①在上肢训练的过程中，利用皮筋进行下格挡、中格挡、冲拳等动作，要求在指定数量的前提下，尽可能迅速完成，建议每周进行3~4次，每次8~10组，每组30~50次，每组间隔时间为3分钟；②在腿部训练时同样利用皮筋进行，建议每周4~5次，每次10~15组，每组每腿10~15次，每组间隔时间为1分钟；③进行侧踢与横踢的控腿练习，建议每周3~4次，每次5组，每组每腿3~5分钟，每组间隔时间为30秒。

三、跆拳道品势的教学步骤

跆拳道品势约有二十多套组成，每个品势的动作、路线不同，所表达的意义也不同，每个动作都包含着多个要素，如结构架势、方向路线、劲力方法、节奏起伏及内在的精神、意识、气质等。教学中应根据运动技能形成的规律和跆拳道品势教学的特点，通过一定的步骤使学生逐步掌握动作。跆拳道品势教学一般可分为以下步骤：

第一步，主要任务是使学生掌握动作的运动方向路线。通过教师的正确示范和简介要领，使学生弄清楚每个动作的方向路线。对于动作的姿势可作一般要求，反之容易引起学生疲劳，分散学生对方向路线的注意力，从而降低学生学习的效率，影响教学任务的完成。

第二步，主要任务是使学生形成正确的动作姿势和工整的架势。在学生掌握了动作的方向路线后，教师示范正确的动作，并组织学生反复练习，在练习中不断纠正错误动作，严格要求，强调动作的节奏、姿势和细节，消除动作的僵硬、身体不协调等不良反应，使学生初步形成正确的动作定型。

第三步，主要任务是使学生能够完整准确地演练整套品势。教师要根据每个品势的不同动作进行完整的示范，使学生了解并学会动作之间衔接的技巧与方法，重点强调动作协调、连贯完整、劲力顺达。

第四步，主要任务是使学生理解和掌握品势动作的特点、内涵及不同品势的演练风格。通过教师对每个品势性质、意义的深入仔细分析，进一步完善跆拳道品势的精神、意识与身体动作的结合，体验跆拳道品势刚劲有力的演练风格。使学生的演练真正做到"神形兼备""内外合一""以气催力"，充分展示跆拳道品势技术的风格特点。

第五步，主要任务是通过训练来继续提高与巩固动作质量。教师认真组织学生训练，强化动作规格，提高演练水平，使学生练习中在不断纠正错误的同时，进一步巩固正确的动力定型。

四、跆拳道品势的比赛规则

（1）比赛方式，使用金字塔排除系统。

（2）计分原则，个人赛的评分标准。

（3）技术准确度、力量、速度、平衡和呼吸调节。

（4）计分原则：合作和设计编排10分；技术准确度10分；力量5分；平衡5分；呼吸控制5分；速度控制5分。

（5）裁判标准。裁判长根据裁判的5个旗帜判定胜者：

1）得到3个或3个以上旗帜的一方获得胜利。

2）当一方得到两个旗帜，另一方得到一面旗帜，还有两面旗帜显示平手，则得到两面旗帜的一方获胜。

3）3人或3人以上给予平手旗帜，则本局平手。

4）双方各得两个旗帜，还有一个旗帜显示平手，则本局平手。

5）如果平手则由裁判长再指定一个特尔继续比赛，直到分出胜负。

除上述比赛规则以外，团体品势比赛的参赛队应完成一个自选套路和一个由评委选择的指定套路（不包括自选套路）。团体赛由5人组成一个团队来完成。选定自选套路时，应按团队中最低段位（级别）队员段位标准来选定套路。

队伍进入比赛场地后应展现团队合作精神，在展现技术的同时，还应考虑套路的设计编排。套路中包含的快、慢、连续、连接动作应按规定展现。

第四节　跆拳道运动技术与战术教学

一、跆拳道技术教学

拳头是人最基本的攻击武器，往往代表着一种力量。在竞技跆拳道中，手法主要有正拳（也称平冲拳或直拳），在品势中则有正拳、锤拳等。

（一）跆拳道的实战姿势

实战姿势是指在实战对抗或者比赛中的姿势，是一切攻击技术的起点。有些跆拳道选手出于实战技术的考虑而产生独特的姿势。实战姿势受跆拳道选手的身高、提醒、技术风格与比赛经验影响，在实际应急情况下，要因势利导变化实战姿势。现将竞技跆拳道实战姿势介绍如下：

（1）动作说明（以右势为例）：两脚前后开立与肩同宽，横向距离相距一个脚掌，脚尖30°斜向右方，后脚跟抬起，膝关节微屈，重心落在两脚中间；上体自然直立侧对对手，双手握拳，拳心相对，两臂弯曲置于胸前；头部直立向前，目视正前方。

（2）动作要领：①身体自然，肌肉放松；②两膝关节松而不懈，富有弹性；③心无杂念，无意为有意。

（3）易犯错误：①肌肉僵硬，全身紧张；②重心偏前或偏后，不利于起动；③膝关节不弯曲，缺乏弹性；④身体完全侧向，前后脚在一条直线上。

（4）与对手的站位方式主要有开式与闭式两种。

（5）运动指导：侧对对手，两肘自然下垂内夹；双拳指向对手，保持指关节对着对手的鼻子。在对抗实战中，实战姿势的拳或者手的位置可以进行一些变化，这不仅对进攻有利，而且对防守时的格挡会有较好的效果。

（二）跆拳道的基本手法

1. 基本拳法

（1）冲拳。

动作方法：两脚左右开立成马步，距离与肩同宽，两膝微屈并向内收，两拳抱于腰间，拳心向上，随即右手以拳面为力点向前冲出，冲拳的高度约与肩平，左手握拳置于腰间。冲拳左右动作方法相同，但方向相反。

动作要点：力达拳面部位，用力要顺达。

易犯错误：过于向外送肩，造成重心不稳。

纠正方法：冲拳时要保持肩平，上体正直不要过于前送。

实战作用：用于击打对方头部或躯干。

（2）劈拳（也称锤拳）。

动作方法：两脚左右开立，双手握拳于腹前成品势预备姿势站立，左手握拳由腹前经右上方向左下抡臂劈击，右手握拳置于腰间。劈拳左右动作方法相同，但方向相反。

动作要点：力达拳轮部位，用力要顺达。

易犯错误：动作过于僵硬或幅度过大。

纠正方法：身体放松的情况下由慢至快反复练习。

实战作用：可用于攻击对手头部、颈部和锁骨。

（3）抄拳。

动作方法：两脚左右开立，双手握拳于腹前成品势预备姿势站立，左脚向前成弓步；同时，左手前伸抓住对方的衣襟，右手握拳收于腰间，步型不变，重心前移，身体左转，成左弓步；同时，左手回拉，右拳从腰间由下向上抄起，用拳面击打对方的下颌部。抄拳左右动作方法相同，但方向相反。

动作要点：力达拳面部位，用力要顺达。

易犯错误：动作过于僵硬或幅度过大。

纠正方法：身体放松的情况下由慢至快反复练习。

实战作用：可用于攻击对手下颌或腹部。

（4）弹拳。

动作方法：两脚左右开立，双手握拳于腹前成品势预备姿势站立，右脚向前上步，左脚经右腿后侧上步脚尖着地成叉步站立；同时，右拳内旋由内向外向下弹击，左拳置于腰间。弹拳左右动作方法相同，但方向相反。

动作要点：力达拳背部位，用力要顺达。

易犯错误：动作过于僵硬或幅度过大。

纠正方法：身体放松的情况下由慢至快反复练习。

实战作用：可用于攻击对手面部或锁骨。

2. **基本掌法**

掌法在传统跆拳道及品势练习中也是比较常见的，具有代表性的掌法有以下四种：

（1）砍掌，也称手刀砍，按其方法可分为仰掌砍击和俯掌砍击两种。

动作方法：两脚左右开立，双手握拳于腹前成品势预备姿势站立，左脚向前成左弓步，右手由拳变掌上举至右前方与头同高位置，随即右臂前伸由外向内以右手为刀向左前方平砍，掌心向上。砍掌左右动作方法相同，但方向相反。

动作要点：力达手刀部位，动作要连贯。

易犯错误：动作幅度过大没有控制。

纠正方法：面对镜子或在同伴的帮助下，由慢至快反复练习。

实战作用：可用于攻击对手颈动脉、锁骨和两肋。

（2）插掌，也称掼手，按其方法可分为立插掌和横插掌两种。

动作方法：两脚左右开立，双手握拳于腹前成品势预备姿势站立，左脚向前上步成左弓步；同时，左拳由腰间变掌向前伸臂插出。插掌左右动作方法相同，但方向相反。

动作要点：力达指尖，动作要连贯。

易犯错误：动作不规范。

纠正方法：要体会腰、腿、肩、臂的协调用力。

实战作用：可用于攻击对手心口、面部和两肋。

（3）抵掌掐击。

动作方法：两脚左右开立，双手握拳于腹前成品势预备姿势站立，左脚向前成左弓步；同时，右拳由腰间变抵掌向前伸臂掐击，左手握拳于腰间。抵掌掐击，左右动作方法相同，但方向相反。

动作要点：力达指尖，动作要连贯。

易犯错误：掐击动作不明显。

纠正方法：体会抵掌的动作方法，重点是利用大拇指和其余四指掐击对方咽喉。

实战作用：可用于攻击对手咽喉。

（4）掌根推击，也称为熊掌推击。

动作方法：两脚左右开立，双手握拳于腹前成品势预备姿势站立，左脚向前上步成左弓步；同时，右拳由腰间变掌，以掌根为力点向前伸臂推击，左手握拳于腰间。掌根推击左右动作方法相同，但方向相反。

动作要点：力达掌根，动作要连贯。

易犯错误：力点错误。

纠正方法：先体会掌根的推击方法，然后再练习。

实战作用：可用于攻击对手的面部、胸部和腹部。

（三）跆拳道的步型与步法

1. 基本步型

跆拳道的步型是指在跆拳道练习或实战中，站立位置的姿势和脚步的形状。步型是和步法紧密联系的，特别是品势练习的基础。

（1）并步。两脚并拢，两脚内侧贴紧，身体直立，目视前方。

（2）并排步。两脚左右开立，距离与肩同宽，两脚尖向外，身体放松，目视前方。

（3）预备势。两脚左右开立，距离与肩同宽，两脚尖外展，双手握拳于腹前，拳面相对，拳心向内。

（4）弓步。弓步也称为屈立步，两脚前后开立，距离大约为本人脚长的3.5倍，前腿屈膝半蹲，后腿蹬直。左脚在前时称为左弓步，右脚在前时称为右弓步。

（5）走步。走步也称为高前屈立或探步，动作方法是两脚前后开立，姿态与平时走路相似，两膝微内扣，两腿之间的距离为本人脚长的1～1.5倍，重心置于两腿之间。左脚在前时称为左走步，右脚在前时称为右走。

（6）马步。两腿左右开立距离略大于肩宽，两脚尖向前，重心落于两腿之间。

（7）三七步。动作方法是两脚左右开立，距离为本人脚长的3.5~4倍，后脚脚尖外展约90°，两膝微屈，前脚脚尖向前，身体重心70%在后腿，30%在前腿，左脚在前称为左三七步，右脚在前称为右三七步。

（8）虎步。两脚前后开立，两膝微屈，前脚脚尖虚点地面，身体重心置于后腿。左脚在前称为左虎步，右脚在前称为右虎步。

（9）鹤立步。一腿提起，另一腿支撑体重。

（10）交叉步。交叉步也称为十字步，一脚向另一脚的后面插步，脚掌着地，两膝关节交叉称为后交叉步。

2. **基本步法**

跆拳道技术在实战运用的过程中，无不是通过各种步法得到实施的，而使用的步法也都有意或无意地组合起来运用。步法是保持重心平衡，体现出学生力度、刚猛和坚硬自信的外在形式。在训练之初，先把步法单一分解练习，熟练以后再把它们结合起来。运用步法的目的是调整距离，抓住战机或躲避对手进攻，步法的组合应根据实际情况的改变而改变，成为进攻、防守、反击进攻的有机连接技术。

（1）弹跳步：左实战基本姿势站立，身体放松，两脚向下蹬地，脚跟离地，上下弹跳。

（2）跳换步：左实战基本姿势站立，两脚同时向下蹬地，左右脚同时前后交换、落地，变成右实战姿势。

（3）上步与撤步。

上步：左实战姿势站立，后脚蹬地向前一步，成为右实战姿势。

撤步：左实战姿势站立，前脚蹬地向后撤一步，成为右实战姿势。

（4）前进步与后退步。

前进步：由基本左实战姿势开始，先将左脚向前滑进一步，右脚随即跟进，两脚仍保持原来的部位和距离。

后退步：由基本右实战姿势开始，左脚蹬地，右脚向后退步，左脚随即跟进，两脚仍保持原来的基本姿势和距离。

（5）前滑步与后滑步。

前滑步：左实战姿势站立，两脚同时蹬地向前滑进一步，两脚仍保持原来的部位与距离。

后滑步：左实战姿势站立，两脚同时蹬地向后滑进一步，两脚仍保持原来的部位与距离。

（6）前交叉步与后交叉步。

前交叉步：左实战姿势站立，右脚向前交叉，落于左脚前，同时左脚立即跟上，即两脚先后向前交叉走一步，保持左实战基本姿势站立。

后交叉步：左实战姿势站立，左脚向后交叉迈步，后脚跟上，保持左实战姿势。

（7）左移步与右移步。

左移步：左实战姿势站立，右脚蹬地，重心左移，左脚向左跨出一小步，随后右脚向左跨出同样距离，保持左实战姿势。

右移步：左实战姿势站立，左脚蹬地，重心右移，右脚向右跨出一小步，随后左脚向右跨出同样距离，保持右实战姿势。

（8）垫步：左实战姿势站立，随后右脚向前脚靠上一大步，同时左脚提膝。

（四）跆拳道的基本格挡技术

格挡主要指的是接触性防守技术，以下重点介绍跆拳道品势中的基本格挡方法。实际练习时也可以结合步法进行，如马步格挡、弓步格挡等。

1. 上格挡（上段防守）

动作方法：两脚左右开立，双手握拳于腹前成品势预备姿势站立，随即左手在上右手在下内收于腹前，左手沿身体中线挥臂上提，拳心向前以前臂外侧向上格挡，右手握拳于腰间。左右动作方法相同，但方向相反。

动作要点：力达前臂外侧，上格有力。

易犯错误：力点错误。

纠正方法：反复体会发力和接触对手的部位，然后由慢到快反复练习。

实战作用：可用于格挡对手对自己头部以上的攻击。

2. **下格挡（下段防守）**

动作方法：两脚左右开立，双手握拳于腹前成品势预备姿势站立，随即右手伸直，左手捵拳上提置于右肩前，左手以前臂外侧为力点沿右手臂向下格挡，右手握拳于腰间，左右动作方法相同，但方向相反。

动作要点：力达前臂外侧，下格有力。

易犯错误：力点错误。

纠正方法：反复体会发力和接触对手的部位，然后由慢到快反复练习。

实战作用：可用于格挡对方对自己躯干正面及由下向上的攻击。

3. **中格挡**

可分为向内中格挡和向外中格挡两种。

（1）内中格挡。

动作方法：两脚左右开立，双手握拳于腹前成品势预备姿势站立，右手向右侧平举至耳部，然后右手向右侧平举至耳部，随即右手由腰带臂由右向左格挡，左手收于腰间。左右动作方法相同，但方向相反。

动作要点：力达前臂外侧，向内格挡有力。

易犯错误：动作幅度过大，没有制动体现的力道。

纠正方法：格挡时右拳高度在鼻子和下颌之间，肘关节的角度为90°～110°。

实战作用：可用于格挡对方对自己躯干的攻击。

（2）外中格挡。

动作方法：两脚左右开立，双手握拳于腹前成品势预备姿势站立，左脚向前上步成三七步，双手上提至腹前，右手在上左手在下，随即左手前臂外旋以腰带臂向外格挡，右手收于腰间。左右动作方法相同，但方向相反。

动作要点：力达前臂内侧，向外格挡有力。

易犯错误：动作幅度过大。

纠正方法：格挡时，右拳高度在鼻子和下颌之间，肘关节的角度为90°～110°。

实战作用：可用于格挡对方对自己躯干的攻击。

4. 十字格挡

可分为高十字格挡和低十字格挡两种。

（1）高十字格挡。

动作方法：两脚左右开立，双手握拳于腹前成品势预备姿势站立，左脚向前上步成三七步，双手握拳上举至颈部时双手交叉成十字，肘关节用力举过头顶向上格挡。

动作要点：力达双手前臂外侧，上格有力。

易犯错误：上举高度不够。

纠正方法：面对镜子由慢到快逐渐体会保护头部的意识。

实战作用：可用于格挡对手对自己面部及头部的攻击。

（2）低十字格挡。

动作方法：两脚左右开立，双手握拳于腹前成品势预备姿势站立，左脚向前上步成弓步，双手握拳交叉成十字用力向下格挡。

动作要点：力达双手前臂外侧，下格有力。

易犯错误：双臂于腹前的距离过大。

纠正方法：双臂距腹前的距离应是20～30厘米。

实战作用：可用于格挡对手对自己裆部及腹部的攻击。

5. 手刀格挡

动作方法：两脚左右开立，双手握拳于腹前成品势预备姿势站立，左脚向前上步成三七步，双手由拳变手刀上举至右侧上方，上臂与肩平，随即上体微向左转以腰带臂，左手经体前由右向左外侧格挡，格挡时掌心向前，右手置于腹前。左右动作方法相同，但方向相反。

动作要点：力达双手前臂外侧，下格有力。

易犯错误：左臂夹角过大或过小造成格挡发力不充分。

纠正方法：左臂夹角应在130°左右。

实战作用：可用于格挡对手对自己躯干的攻击。

（五）跆拳道的基本肘法

肘关节是人体硬度最大的关节之一，使用肘关节击打威力很大，尤其是贴身近战时，运用得当会给对手重创。

1. **顶肘**

动作方法：两脚左右开立，双手握拳于腹前成品势预备姿势站立，左脚向前上步成左弓步；同时，左右臂曲肘上提至胸前，右拳变掌抵住左拳拳面，以左肩关节为轴，向前顶击，力达肘尖。顶肘的左右动作方法相同，但方向相反。

动作要点：力达肘尖，动作要连贯。

易犯错误：力点错误。

纠正方法：要注意动作方向，应向侧顶击而不是向左右。

实战作用：可用于攻击对手的面部、胸部和腹部。

2. **挑肘**

动作方法：两脚左右开立，双手握拳于腹前成品势预备姿势站立，左脚向前上步成左弓步；同时，右手自腰间上举，肘关节夹紧，肘尖由下向上挑起。顶肘的左右动作方法相同，但方向相反。

动作要点：挑肘时要拧腰顺肩以增加挑肘的力量。

易犯错误：力点错误。

纠正方法：要注意动作方向，增加肘关节的灵活性。

实战作用：可用于攻击对手的下颌、胸部和腹部。

3. **摆肘动作方法**

两脚左右开立，双手握拳于腹前成品势预备姿势站立，右手以肩关节为轴，将肘关节夹紧抬平，由外向内或由内向外用力摆击，左手变掌压住右臂配合摆动。摆肘的左右动作方法相同，但方向相反。由外向内摆击时称为内摆肘，由内向外摆击时称为外摆肘。

动作要点：摆肘时要拧腰顺肩以增加摆肘的力量。

易犯错误：力点错误。

纠正方法：要注意动作方向，增加肘关节的灵活性。

实战作用：可用于攻击对手的下颌及胸部。

（六）跆拳道的基本膝法

膝关节也是人体硬度较大的关节之一。膝法动作简单、杀伤力大，在品势练习和实用技术中主要为顶膝。

动作方法：两脚左右开立，双手握拳于腹前成品势预备姿势站立，左脚向前上步成左弓步；同时，双手自腰间向前举，右膝迅速向前顶击。顶膝左右动作方法相同，但方向相反。

动作要点：力达膝关节部位，动作要连贯。

易犯错误：动作幅度过大没有控制。

纠正方法：面对镜子或在同伴的帮助下由慢至快反复练习。

实战作用：可用于攻击对手裆部、面部和腹部。

（七）跆拳道的基本腿法

腿法技术是跆拳道的重点技术，跆拳道比赛中的基本技术也跆拳道品势练习中腿法的基本技术。

跆拳道以其变幻莫测、优美潇洒的腿法著称于世，被誉为"踢的艺术"。在比赛中，交战双方采用踢、劈、旋、摆、踹、蹬等各种腿法技术，你来我往，常常有出人意料的精彩动作出现，极具观赏性，充分展示了跆拳道的艺术美，给人以美的启迪和享受，是跆拳道有别于其他搏击类项目的显著特点。

1. 前踢

在实战姿势的基础上，左腿支撑，右脚蹬地屈膝提起，髋前送，小腿快速由屈到伸向前弹击，力达脚背，迅速落下成原姿势。

（1）身体形态。

头：目视对手，向上顶。

躯干：面对对手或略向侧转，上体保持正直或略向后倾。

支撑腿：微屈（膝关节），脚尖略外转，击打接触对手的一瞬间蹬伸膝关节，以利整体发力。

上肢：两手臂自然置于体侧。

击打腿：向前提膝过腰，由屈至伸向前击打，高度为对手下颌处。

（2）讲解。前踢是跆拳道最简单的基础腿法。在练习中，要注意膝关节夹紧不外翻；髋要前送，增加击打距离；击打时小腿放松，富有弹性，快打快收。易出现的问题是大小腿折叠不够，弹击时有直腿抛出的感觉，无力量。在不破坏动作结构的前提下，加强分解动作的练习，提高动作质量。

（3）拿靶方法。握靶柄的前端部位，靶面分别在水平位置，靶柄后端与靶前边缘在拿靶人的左、右方。

（4）重点。在竞技比赛中前踢使用率不高，以前脚背为击打点；在品势中较为常见，属基础性腿法，以前脚掌为击打点。动作连贯、流畅、快速。此技法主要攻击的部位有面部、腹部、裆部。前踢亦可用于防守。将前踢发力部位由脚尖改为脚跟时，前踢动作就变为前蹬动作，动作方法要点相同，只是脚的形状发生了变化。前踢主要是辅助性的练习腿法，但在自卫中，可踢击对手裆部、下颌，达到出奇制胜的效果。

2. 横踢

在实战姿势的基础上，右腿蹬地，屈膝向前提起，同时左脚以脚前掌为轴，主动向左拧转约180°，右腿膝关节结合拧髋动作抬至击打高度时向左侧内扣，小腿由屈到伸快速向左侧踢出，同时拧腰转髋，增大力度，击打目标后自然放松，收回小腿迅速落下成原姿势。

（1）身体形态。

头：目视对手，向上顶。

躯干：侧向左90°，上体略后倾40°。

支撑腿：微屈（膝关节），动作完成过程中支撑腿脚尖主动拧转，击打接触对手的一瞬间蹬伸膝关节，以利整体发力。

上肢：两手臂自然置于体侧。

击打腿：向前提膝过腰，由屈至伸的过程中，膝关节扣向内侧，击打时，膝关节完成伸直抽打动作。

（2）讲解。在横踢练习中要注意夹紧膝关节，面向对手屈膝提起，髋关节微向前送，击打的一瞬间，肩、髋、膝、踝各关节形成一条直线。更为重要的是，支撑脚的拧转与拧髋扣膝要同时进行，不可分解。击打的力量点应在正脚背。

易犯的错误主要表现在踢击时腿的外摆幅度太大，大小腿折叠不够，给人一种直摆的感觉，从而影响击打力量和准确性。当出现这些问题时，我们可以采取贴墙壁的练习方法，逐步克服错误动作。同时，在练习中减少分解练习，不可对动作分解太细，以免影响动作的完整性。应有目的、有计划地对横踢的不同踢击高度进行交替训练，提高动作的准确性。

（3）拿靶方法。握靶柄的前端，靶柄与水平面成15°～45°夹角，靶的两面在拿靶人的左、右，靶前边缘在斜上方。

（4）重点。击打腿蹬地、支撑腿外旋、拧髋扣膝这三个动作要同时启动、同时完成，更为重要的是完成这三个动作时的整体性、主动性。分解练习时，可将动作分成两部分，第一步完成击打准备动作，肩、髋、膝成一直线，髋、膝、踝成一平面。这就是"三点成一线、三点成一平面"，它既是教师观察学生动作是否规范到位的标志，也是学生镜面训练或同伴相互纠错的标准。第二步注意击打腿在击打发力时膝关节的伸直动作，一是确保击打位置的准确性，二是防止完成动作过程中过度拧转。

支撑腿在外旋拧转的过程中易出现拧转过度的现象，因此，在拧转到位时可利用放下脚跟的动作来实现"刹车"，避免因过度拧转造成的动作变形，进而影响动作质量和击打效果。横踢击打的部位是头部、胸腹部及两肋。

横踢在跆拳道实战中可根据与对手的对峙距离、攻击角度而不断产生各种远近距离的横踢技术，能屈伸有度、打高踢低，令对手防不胜防。

3. 后踢

在实战姿势的基础上，左脚以脚前掌为轴向内旋转约120°（背对或侧对对手），上体旋转时重心移至左腿，同时右腿屈膝抬起，脚靠于左膝内侧，用力向后直线蹬出，力达脚跟，迅速落下成原姿势。

（1）身体形态。

头：头正，目视对手，随动作旋转而旋转。

躯干：启动时，垂直向后旋转；击打时，躯干略向前俯，双肩转向不可过度。

支撑腿：重心在支撑腿，启动时支撑腿外旋135°左右时，脚跟制动，击打时发力支撑腿膝关节有伸直的过程，以利全身发力。

击打腿：身体向外旋时，击打腿勾小腿，脚跟经过腘窝（支撑腿）由屈到伸后蹬出，膝关节有伸直的瞬间过程。

（2）讲解。在后踢练习时，需掌握一个方法：与对手成直线面对，以支撑腿为准星瞄准对手的击打部位，攻击腿的膝盖向下与地面垂直来控制击打方向，上体与大小腿折叠成一团，击打时攻击腿沿支撑腿所瞄准的方向迅速向后蹬出，身体与攻击腿形成一条直线，快打快收。后踢动作由于需要转体来完成动作，故所需时间较长，因此，转体、抬腿、出腿等动作应一次性连贯完成，不可停顿。

易出现的问题是腿在蹬出时膝关节外展，击打路线成弧线而旋转发力，同时上体跟着旋转，这样极易造成击打不准、攻击力量减弱和给对手以反击之机的问题。上体的前后倾斜或重心的左右摇摆，也是初学者易犯的错误之一。出现这类问题可以由同伴拉住右（左）手进行专门的分解练习，也可以在练习中有意将右（左）手或右（左）肩向出腿的反方向牵拉，体会正确动作的感觉，保持身体适度的倾斜，直至纠正错误动作为止。

（3）拿靶方法。双手握靶柄的前端，两个靶心紧贴，位置在胸线以下、腰带以上，靶在拿靶人的正前方。

（4）重点。转体、移动重心、击打腿的勾小腿，三个动作同时启动、同时完成，尽量减少中间环节，压缩完成动作的时间。

以支撑腿为准，击打腿在完成击打动作时要顺着支撑腿直线击打（练习初期可以体会大腿之间的摩擦或贴近的感觉），确保击打的准确性。为防止身体过度旋转而影响击打准确性，首先支撑腿旋转时脚跟要"刹车"制动（旋转到位时脚后跟着地）；其次是肩部的牵拉控制作用，双肩与对手平行而非垂直状态；最后是练习初期双眼尽可能不要观望对手。

击打成一直线、击打成一点：击打成一线是过程，击打成一点是击打部位和效果。当击打未完成时，不可转髋。只有保证了击打一条线，才能保证击打一个点。当后踢技术动作达到自动化时，对线的要求主要表现在速度与个人习惯上，对点的要求则主要表现在准确性上。只要点的击打是快速的、准确的、有效的，就可以放宽对线的要求。当基本技术动作形成并动力定型后，应以强调击打腿的出腿速度来倒逼前面动作完成的速度，进而提高整体动作的速度。后踢的击打部位是头部、胸腹部及两肋。后踢在实战中对于进攻者具有一定的威胁作用，常用于反击，攻击目标主要是胸腹部和头部。

4. 下劈

在实战姿势的基础上，重心移至左腿，右脚蹬地，大腿尽量上举至对手头部上方（出腿方向在对手头部的左侧或右侧约10厘米处），由上向前下方用力劈下，上体略后仰，同时向左侧拧髋前送，快速以脚掌击打目标，迅速落下成原姿势。

（1）身体形态。

头：向上顶，略后仰，目视对手。

躯干：启动时，正面对手，微后仰；发力时躯干向外侧拧转，配合拧髋发力，同时躯干向后仰，保持重心。

支撑腿：腿跟提起，膝关节伸直，配合头、躯干向上顶起，发力时配合躯干、髋部的拧转动作，脚尖向外旋转。

击打腿：屈膝上提，大腿尽量贴近胸部，小腿放松，脚部自然放松，随大腿的上提向上抛出，直至最高。

（2）讲解。下劈是由上向下快速"砸"击的腿法，因此要求在练习、运用过程中，尽量抬高身体重心，攻击腿尽量上举（以脚略超过对手头部为宜），大腿与上体贴紧，以提高腿的高度，增加击打距离。起腿要快速、果断；落地时可选择贴靠对手或后撤分开。

易犯的错误有：起腿不高；出腿太慢；直腿下劈时，出腿的方向即使腿能够提起，击打距离过远和时间较长，对手也可轻易防守或反击；屈腿下劈时，若小腿没有抛至最高点，则无法完成动作。针对这些问题，首先应加强身体的柔韧性练习，提高腿部的伸展能力；其次可采用橡皮筋等工具辅助练习来提高动作速度；最后可利用墙壁等障碍物进行屈膝高举大腿、抛小腿的练习，逐步缩短人与障碍物之间的距离，使运动员能在近距离完成屈腿高举的动作。

（3）拿靶方法。靶柄向正上方，靶前边缘向下方，与水平面成垂直方向。

（4）重点。提倡屈腿下劈动作，其相对直腿下劈具有快速、短距、易控的优势，且在启动过程中兼具防守功能。下劈的击打高度因对手不同而显现差异，应以略高于对手的头部为基准，在击打腿上举的过程中，用双眼观察到击打腿的脚步略高于或平行于对手的头部时，可以发力完成击打动作。

当击打时，应结合下劈动作完成拧髋动作，一是加大击打力量，二是增加击打面积。劈腿的击打部位主要是头部和胸部。

5. 双飞踢

在实战姿势的基础上，先由右腿踢出一个横踢动作，当右横踢尚未完成时，左腿迅速再踢出一个横踢动作，迅速落下成原姿势。

（1）身体形态。

头：目视对手。

躯干：完成动作过程中，躯干略向后仰。

支撑腿与击打腿：快速交换完成横踢动作（拧髋是重点），后腿追前腿。

（2）讲解。双飞踢的要求基本同横踢一样（主要指腿的动作），唯上体略后仰，身体重心应随腿的击打向前平行推移；当前一腿完成动作一半时，后一腿迅速跟进踢出，衔接紧凑，快速果断；在此我们特别强调：当双腿在交换踢出时，髋与腰的左右拧转非常重要，它们拧转速度越快，两腿交换就越快。在比赛中我们常常可以看到，双方运动员会运用更多的组合动作，如"三飞""四飞"等来完成进攻，其实，他们的目的不在于使用了多少动作，而是在于打乱了对手的阵脚，当对手手忙脚乱之际，才会打出真正的一击。因此，我们可以将前面的动作看作假动作，是扰敌之计。

双飞踢经常出现的问题是两腿交替踢出时出现脱节和腾空过高的现象，极大地影响了击打速度和动作的连续性、完整性。针对这种现象，在训练中的解决方法为：一是原地或行进间低姿双飞踢的反复练习，重点是体会左右拧髋动作。二是原地先出一腿悬空（高度由低向高逐步过渡），另一腿迅速完成横踢动作，重点是加快两腿交换的速度。

（3）拿靶方法。左右手各拿一个靶，握靶柄的前端，靶柄与水平面成15°～45°夹角，靶的两面在拿靶人的左、右，靶前边缘在斜上方。

（4）重点。双飞踢的关键环节是双腿交替时转换的快慢，它不仅决定动作完成的质量，更是击打效果的保证。因此在双飞踢训练中一定要强调、贯彻、落实"后腿追前腿"练习理念，即当前腿接近完成动作时后腿迅速跟上。为确保双飞踢动作的速度，在双腿交替击打中，左右拧髋的动作应是一个整体，左右交替拧髋动作中间绝对不能出现停滞现象。在使用多飞动作时，最后一击的时机要掌控到位，要确保最后一击的实效性（前面的动作可视为干扰对手思维判断、打乱对手防守阵脚的诱惑性动作）。双飞踢在国内外各类比赛中是最为常见的一种腿法，具有连续性、快速的特点，双飞踢的击打部位是头部、胸腹及两肋部。

6. 后旋踢

在实战姿势的基础上，重心移至左腿，左脚以前掌为轴内旋，身体旋转360°，同时右腿屈膝提起，向对手头部右侧踹出，在脚接近对手头部右侧的瞬间，用力向右侧屈膝勾小腿，以脚掌击打对手头部，迅速落下成原姿势。

（1）身体形态。

头：目视对手，头部沿纵轴做水平旋转，转动迅速。

躯干：重心移至支撑腿，随头部沿纵轴做水平旋转，启动、击打时略向后仰。

支撑腿：膝关节微屈，脚后跟提起，以前脚掌为支点做360°旋转。

击打腿：随身体的旋转提膝屈腿，旋转至180°时，向目标右侧踢，接近目标时勾小腿以脚掌击打目标。

（2）讲解。后旋踢实质上就是转体的勾踢，与其他旋转性腿法一样，要求转体、出腿快速果断，连贯流畅，一气呵成。旋转的速度，重心的稳定，直接影响到后旋踢动作的准确性、实效性。因此，在训练中一定要加强旋转能力的培养，把握好旋转中的身体重心，提高动作速度，保证动作的完整性和连贯性。

（3）拿靶方法：双手握靶柄的前端，两个靶心紧贴，位置在头部高度，靶在拿靶人的正前方。

（4）重点。旋转时以头部的转动来带动身体的转动。后旋踢的关键是旋转，而旋转的稳定性与身体纵轴相关。因此，保持旋转中身体纵轴的垂直至关重要。衔接流畅是快速完成后旋踢的保证，所以在整个动作的运行过程中要一气呵成，不可出现停滞现象。严格掌控勾小腿击打的时机，过早或过晚均会影响击打的实际效果，甚至无法击中目标。后旋在实战中对于进攻者具有一定的威胁作用，常用于反击，后旋踢的击打部位是头部。

7. 侧踢

在实战姿势的基础上，重心移至左腿，右腿屈膝提起，膝向左侧内扣，勾脚尖，快速向前方直线踹出，力达脚跟，快打快收，迅速落下成原姿势。

（1）身体形态。

头：目视对手，向上顶。

躯干：侧向左转90°，上体略后倾。

支撑腿：微屈（膝关节），动作完成过程中支撑腿脚尖主动拧转，击打接触对手的一瞬间蹬伸膝关节，以利整体发力。

上肢：两手臂自然置于体侧。

击打腿：向前提膝过腰，由屈至伸的过程中，膝关节扣向内侧；大小腿折叠夹紧，勾脚尖；击打时，膝关节完成伸直击打动作。

（2）讲解。踢动作力量大，攻击距离远，可攻可守，封堵对手作用明显。它要求提膝后大小腿完全折叠，收束成一团，踝、膝、髋三关节尽量保持在同一水平面，击打时这三关节应成一条直线，力达脚跟，快打快收。易出现的问题是击打时髋关节伸展不充分，发力不完整，影响动作效果；在练习中提醒运动员在击打的同时要右脚蹬地使支撑腿挺立，使身体各部位充分伸展，将全身之力汇集到一点——脚跟。

（3）拿靶方法：握靶柄的前端，靶柄、靶前边缘与水平面成垂直方向，靶面微往内侧倾斜。

（4）重点。击打腿屈腿提膝时，髋、膝、踝成一平面。使之"三点成一平面"，击打腿蹬地、支撑腿旋转、屈腿提膝这三个动作要同时启动、同时完成。屈腿提膝时要尽量收缩身体，抱成"一团"，大小腿夹紧，形成合力。侧踢时一定要勾脚尖，以脚后跟击打。侧踢的击打部位是头部、胸腹及两肋部。后踢侧踢动作是跆拳道实战中少见的腿法，具有相当大的攻击性，主要应配合步法进行攻击，击打部位有头部、胸部、腹部和肋部。

（八）跆拳道运动的组合技术

踢法进攻是跆拳道实战中最具进攻力和杀伤力的技术，也是竞技跆拳道中使用率最高的技术。竞技跆拳道中的踢法必须按照规则要求的方法和攻击部位选择使用，规则中规定踢法进攻时只准用脚踝关节以下的部位踢击对方，而且允许踢击的部位限制在人体躯干部位的髋关节以上和锁骨以下，以及两肋部；头部只是允许踢击以两耳为基准的头部前面。人体的背面和髋关节以下部位是禁止踢击的。所以在踢法进攻时，必须按照规则中选择具体的方法和技术使用，使踢法进攻合乎规则要求。

组合技术，就是根据比赛的攻防情况变化，将两个以上的动作组合在一起的连接技术。跆拳道有以下动作组合。

（1）左侧踢+右劈腿。左势实战姿势开始，右脚后蹬向前，垫一步落到左脚原来位置，同时，左脚提起向左侧前方踢出。左脚落地，身体重心前移至左脚，右脚提起举过头顶，然后用力劈下。

（2）左横踢+右后踢。右势实战姿势开始，左脚蹬地身体重心移至右脚，右脚跟内旋身体向右转，顺势提左脚用左横踢向右前踢出。左脚落地后，重心移到左脚，身体向右旋转，提右脚，顺势用右后踢击打对手胸部或头部。

（3）右劈腿+左横踢。左势实战姿势开始，右脚蹬地身体重心前移至左脚，同时提右腿上举过头顶，迅速向下劈落。右脚落地的瞬间双脚同时用力蹬地跳转身，身体向右转，右脚落地支撑，左脚顺势用横踢向右前踢出。

（4）左横踢+右后旋踢。右势实战姿势开始，左脚蹬地，身体重心前移动至右脚，右脚以脚跟内旋，身体右转，顺势起左脚向右侧前方横踢。左脚内扣前落，右脚蹬地，左脚以前脚掌为轴外旋，身体向右转动，同时顺势起右腿向右后旋踢。

（5）右横踢+左右双飞。左势实战姿势开始，右脚蹬地，身体重心前移至左脚，左脚脚跟内旋，身体左转，顺势起右脚向左侧前方横踢。右脚落地，身体重心转移到右脚，右脚支撑，身体右转，起左、右脚双飞。

（6）左前横踢+左右双飞+右劈腿。左势实战姿势开始，身体重心移至右脚，顺势提左脚，身体右转，左脚向右侧前方横踢，左脚落下。右脚蹬地上步，重心过渡到右脚，右脚支撑，身体右转，顺势起左脚，起左、右脚双飞。右脚落地瞬间，左脚向前垫一步，重心过渡到左脚，左脚支撑，顺势提右脚举过头顶，迅速向下劈落。

二、跆拳道战术教学

比赛的战术是指运动员在临场复杂多变的比赛中，根据比赛的规律和各方面的情况随机应变，有判断、有目的、有预见地决定自己对付对手的策略的思维活动。竞技跆拳道的战术简单地说就是跆拳道运动员的打法和策略。运动员在比赛中要充分了解战术本身的优、缺点和对方的适应情况，寻找符合自己特点的战术，并可以达到有效使用的目的，从而切实提高战术的质量。另外，运动员要挖掘发展潜力大的战术来不断创新战术，形成自身得意战术。各种战术是互相矛盾相互克制的，正如每个进攻方法都有反攻方一样，由于跆拳道比赛过程情况复杂、变化多端，对手多种多样，运动员应根据比赛中随时变化的情况，灵活机动地运用一种或综合运用多种战术，从而达到预定的比赛目的。

（1）直接式进攻战术。直接式进攻战术是指充分发挥自己的技术特长，使用确有把握的特长技术直接进攻对方。使用这种战术主要是主动创造特长技术的使用条件，得到机会就用特长技术，另外在处于被动地位时，也可用特长技术。这种战术要求动作速度一定要快，要能及时抓住战机，在特长技术的前后形成一整套方法来对付对手的防守与反攻。

（2）压迫式强攻战术。压迫式强攻也称猛攻，是一种先发制人的主动进攻，是有计划有准备的战术行动。即在比赛开始后就猛烈进攻，连续使用技术，趁对方还未注意而出其不意、攻其不备，借以扰乱和破坏对方的心理平衡、战术准备和距离感，使对手忙于防守，疲于招架，消耗对手大量体力，在短时间内取得绝对胜利或是掌握场上主动权。

压迫式强攻战术的优点是直接掌握主动权，迫使对手只能招架没有反攻的机会。一般使用此种战术是为了了解对手，或比赛刚开始接触时就大致判断出对方技术、体力、经验等方面都不占优势，自己有获胜的把握，于是立即采取压迫式强攻战术，以便短时间内取得绝对胜利；若对手技战术都很好，而体力差，开始就猛攻，不让他有休息及缓和的机会，使对手一直处于被动地位；若对手经验不足，压迫式的进攻就会使他得不到镇静和思考的时间，会处处被动。使用这种战术的缺点是自己的体力也消耗得较快，容易露出破绽，给对手以可乘之机。若对手经验比较丰富，则自己容易被对手反攻，或是对手用以逸待劳的战术克制自己。

（3）引诱式进攻战术。随着运动员技术水平的普遍提高，特别是当对手动作反应快，防守能力强时，直接进攻很容易被防守反击。经验较丰富的选手常常采用"声东击西""指上打下"的战术，采用左右、前后、上下虚晃的动作及指上打下、指下打上、指左打右等假动作。为了引诱对手上当，也可以有意露出破绽，给对手进攻的假象，待他失去平衡时再进攻。目的在于转移、分散对方的注意力，促使对方对自己的虚假动作产生某种反应，然后加以利用。

引诱式进攻战术是跆拳道比赛中最常用的基本战术之一，也是充分发挥假动作与真动作联合的较好的手段。如果是用后旋踢攻击对方头部，可先用横踢假进攻后立即后撤，等对手追击时则使用后旋踢动作。在跆拳道训练和比赛中，一般采用的引诱式进攻为上下动作结合、左右动作结合、前后动作结合。

一般来说，对手体力好，但技术不太全面，方法变化少，战术不灵活，则可以针对对手使用这种战术。在使用引诱进攻时，自己的动作要快于对手，否则不易成功。如对手善于用前横踢，自己则可故意与对手闭式站立，诱使对手使用前横踢然后借机使用后踢动作反击。

（4）防守式反击战术。当对方正面猛烈进攻时，向前、后、左、右方向移动步子，既可以避其锋芒，又可以制作战机，还可趁对方进攻时，在防守的过程中反击对手。主动进攻需要改变原有姿势，身体的一些部位必定会产生防守空隙和薄弱环节，如能在防守的同时或之后立即反击，则对方很难防守。如对方身高腿长占优势，在其使用横踢时，自己用反击动作很难有效，则可主动向前，与对手贴在一起后再打近身战，移动步子时要注意抓住防守反击的时机，更要注意步法的灵活性和身体位移的突变性，当遇到性情急躁、缺乏比赛经验、喜欢猛打猛攻的对手时，可以反击战术为主，主动进攻为辅。以主动进攻掩盖自己反击战术的意图，同时刺激对方，使其更加急躁，为反击创造条件。

（5）克制对手长处的战术。一般来说，每一个运动员都有自己擅长的技术，如有的运动员擅长使用横踢进攻后用后踢反击，有的运动员擅长先用劈腿再使用后旋踢阻击。在比赛中运动员要能及时发现对手擅长使用的技法，然后及时调整自己的战术，采用相应的方法，抑制对方的技术专长，使其不能正常发挥。

（6）集中打击对方短处的战术。每个运动员都有自己的弱点和短处，有的防守能力差，有的不能很好地防守后旋踢，有的耐力差等。可以通过赛前分析对手以往比赛的录像，或是在对手同其他选手比赛时进行观察，更重要的是在比赛中进行观察。通过第一局中的多次试探性进攻，对对手的弱点迅速作出判断，及时调整自己的战术手段，集中精力专门攻击对手的弱点。同时，自己也要不断地变换方法，以免对方察觉自己的战术意图，故意引诱进攻。

（7）利用对方习惯性动作的进攻战术。针对对手自然产生的习惯性动作，可采用有效的进攻方法。许多运动员在比赛中都存在一些无意识的习惯性动作，如在即将进攻前，习惯身体晃动几次；或者要后踢反击前，先向前进一步再后撤一步等。运动员要善于观察和及时捕捉这些战机，准备好，一旦对方出现习惯性动作，则立即发动进攻。

（8）心理战术。比赛中威慑对手，勇气式压倒对手，或利用规则允许和基本允许的各种手段，干扰对方情绪，给对方造成心理负担，使对手技能战术发挥失常，挫伤对方的锐气，自己则发挥优势，在气势上战胜对方。

（9）边界战术。这是利用跆拳道竞赛规则的要求，逼迫对手出界的战术手段。一种方法是利用主动进攻，有目的地将对方逼迫到边线，造成对方的心里恐慌和担心被罚，从而导致动作失调，或是多次将对方逼迫出界。如果自己被对方逼迫到边线，要及时贴身转动，使对方来不及调整而被迫出界。

运动员必须非常熟练地掌握各种技术动作，要能做到在比赛时无须有意识地去考虑技术细节，就能接近或完全达到动作自如的程度。这需要注重培养理解能力，并充分理解跆拳道战术的基本原理，如此在比赛环境中才能卓有成效地运用战术。

第三章　攀岩运动项目在高校的发展

第一节　攀岩运动基础及装备

攀岩是从登山运动中派生出来的一项竞技体育运动，攀登者要攀登几千米的高峰，即使选择最容易的路线，在途中也不可避免地要通过一些悬崖峭壁，因此，可以说攀岩也是登山运动的一项基本技能。由于攀登高山的机会较少，而攀爬悬崖峭壁的机会则相对较多，且更富有刺激性和挑战性，所以攀岩作为一项独立的、被人们所喜爱的体育运动迅速在全世界普及开来。

攀岩运动是一种不断追求身体协调与平衡的运动。"攀岩运动对攀登者身体素质、心理素质和意志品质都有较高的要求，攀登者利用精湛的技艺和娴熟的技巧在峻峭的岩壁上完成各种闪转腾挪、动态蹿跳、引体向上等惊险动作，静若壁虎、矫似雄鹰、动静结合、刚柔相济，极具美感和强烈的观赏性，是一项集探险、健身、娱乐、竞技、休闲功能于一体，融惊险、勇气、美感、智慧、时尚元素于一身的新兴潮流运动项目。"①攀登者在岩壁上闪转腾挪、横跨穿越，要求全身各器官、系统、肌肉、神经和心智协调配合，力求不断保持身体的平衡状态。由于攀爬者在崖壁上稳如壁虎、矫似雄鹰，极具美感和观赏性，能给人以优美、流畅、惊险、刺激、力量的感受，深为人们所喜爱，因此又常被誉为"岩壁芭蕾"。

一、攀岩运动的认知

攀岩运动是勇敢者的乐园，它惊险刺激、新颖时尚，能充分满足人们

---

① 冯道光.攀岩运动研究 [J].体育文化导刊，2015（01）：51–54.

要求回归自然、寻求刺激，并从中挑战自然、挑战自我，达到超越自我的初衷，这也是它深受人们喜爱的主要原因。攀爬者勇于挑战未曾尝试过的攀登线路，并要求全身心地协调配合来达到最终目标。在攀爬过程中能充分融入自然，回归自然，学会如何在大自然中把握自己的行为，学会如何保护自然并自觉遵守大自然的环境规则。在攀岩运动中，只要拥有一双攀岩鞋、一副安全带，不同年龄、性别、文化背景和不同身份、地位的人均可在此共享攀岩所带来的快乐。

攀岩运动正以其自身所特有的魅力、张扬的个性，感染着不断加入其中的爱好者们。攀岩运动会让你在与岩壁的抗衡中学会勇敢与坚强，在与大山的拥抱中感受宽容，在完成路线攀登后享受成功与胜利的喜悦。

（一）攀岩运动的特点

1. 攀岩运动场地与运动形式的特殊性

攀岩运动场地和运动形式不同于其他传统体育运动项目。攀岩场地主要是由岩石所构成的悬崖、峭壁、裂缝、岩面、大圆石以及人工岩壁等，岩面大都具有一定的仰角和俯角，且岩壁的造型及岩点（或支点）的形状亦千变万化，从而形成了攀岩运动形式的多样性、高空作业的非常规性和技术操作的复杂性等特点。攀岩运动要求攀爬者仅依靠自身手脚的力量克服自身的重力及岩壁的重重障碍，协调全身各部位，控制身体平衡，攀爬悬崖峭壁或人工岩壁。

在20世纪80年代之前，攀岩比赛均是以自然岩壁为主，由于受场地、气候、交通等因素的限制，攀岩运动并没有得到很好的普及与发展。直到20世纪90年代出现了可以自由装卸的仿自然人工岩壁，这种状况才得到改善，并且人工岩壁的造型和支点的形状更富有创造性。

人工岩壁的发明与应用，实现了把自然岩壁搬到城区的设想，这使攀岩比赛在可操作性、攀岩线路的可变化性、比赛过程的可调控性及观赏性上更优越于自然岩壁。

2. 攀岩运动的普及与创新性

攀岩运动是一项大众体育项目。在这里无论男女老少，初学者还是高手，只要喜欢挑战自我，只要拥有一双攀岩鞋、一副安全带，就可以加入其中，共享攀岩的快乐与体验。它可以根据不同的要求，不同的年龄、性别、身体条件及训练水平，因人因地制宜，设计出不同的攀登难度线路进行练习，以达到促进健康、增强体质和休闲娱乐的目的。

由于攀岩场地与支点形状的千变万化、线路类型的千差万别以及岩石性质和场地高度的不同，我们很难找到完全相同的攀登线路，每条线路都具有其独特性。又由于定线员的技术水平、经验及其对攀岩运动的感悟与理解，都会促使他们创造性地规划出带有明显个性特征的攀登路线，尤其是难度项目更能体现线路设置的创造性。对于攀爬者来说，自身运动技能与体能水平、竞赛状态、对攀岩运动的理解、对攀爬线路的解读与判断、对定线员意图的准确把握以及对自身状态的适时调整等，都将会使其综合做出最适合自己的最佳动作（或动作组合），体现出自身独特的攀爬技术风格。另外，攀岩运动的求新性、独创性，也是其教育价值的重要体现之一。

3. 攀岩运动的危险与观赏性

攀岩运动中，险、难、美是其最本质特点的反映，它惊险刺激，颇具观赏性。攀岩技术是一项高难度的实用技术，在攀岩技术训练过程中，要克服诸如体力、危险等因素的干扰。岩壁的角度、造型、攀登线路的难度、支点的大小与形状等，都是选手在攀登时的巨大障碍。

攀岩运动正以它特有的魅力、张扬的个性吸引着更多的人不断加入其中，它既能充分满足人们渴望回归自然、感受刺激、挑战自我、挑战极限、体验原始攀爬本能的欲望，又能给人以优美、惊险、刺激的享受，带给人精彩刺激的人生经历与体验。

4. 攀岩运动的挑战与应变性

攀岩运动是一项勇敢者的运动。它富于挑战性，要求攀岩者勇于挑战从未尝试过的攀登路线，全身心协调配合来达到最终的目标。挑战自然、挑战自我、挑战极限是每一位攀岩者的心声。攀岩场地的特殊性及其危险性等对攀岩者的体能要求较高，但对于一般体验者来说则不是很高，主要是让体验者尝试刺激与挑战的内心体验。

由于攀岩场地与支点形状的变化万千、攀登线路设置的千差万别、观众情绪的激荡起伏以及攀爬时天气的瞬息万变，因此要求攀爬者具有较强的应变能力，适时调整自己的身心状态，更好地完成攀岩。

5. 攀岩运动的保护与互助性

攀岩运动因其高空作业的非常规性和危险性、技术操作的复杂性特点，时时刻刻都会涉及安全问题，一旦失误，就可能有滑坠、摔落的危险，发生伤亡事故。在攀岩运动训练中，通过保护与帮助技术的广泛运用，可以使各种安全隐患得以有效控制，将危险降到最低限度，从而使攀岩者产生一种安全感，可以减轻心理负担，消除顾虑，增强学习、训练的信心，便于尽快掌握技术动作，同时对于减少、避免和预防身体发生损伤以及培养其团结、互助、积极负责的良好品德和强烈的责任感具有积极的意义。因此，在安排教学、训练时，保护与帮助不仅要贯穿于教学、训练的始终，而且要积极引导和安排攀岩者之间的相互保护与帮助，以全面提高其综合素质。

6. 攀岩运动的协调与平衡性

攀岩运动本质上是不断追求身体协调与平衡的运动。无论何种形态的攀登，在攀登过程任一时刻都要求身体各部位协调用力，以最简单有效的方式寻求身体的最佳平衡点（动态的或静态的），逐步完成整体路线的攀登。

（二）攀岩运动的功能

攀岩运动是一项能够锻炼攀登者综合素质的运动，经常进行岩壁、悬崖、高墙、山洞、冲沟、山溪等攀爬训练，不仅能提高抠、拉、夹、引、攀、爬、撑、平衡等技能，而且能培养勇敢顽强、坚忍不拔的意志品质和团结互助的精神。

（1）强身健体，提高应变能力。由于攀岩技术的复杂性，路线设置的创造性与可变性，心理与生理负荷的高度刺激性，场地、支点形状的多样性以及观众、运动员等情绪的瞬息万变，所以长期进行攀岩训练（或锻炼），能够全面地增强各运动器官、内脏器官和神经系统的功能，促进人体全面发展，还可着重锻炼身体的某些部位，或发展某种身体素质，进一步提高身体全面发展水平，充分挖掘心智潜力，提高应变能力。

（2）培养勇敢顽强、坚忍不拔的意志品质和团结协作精神。由于攀岩运动险、难的特性，所以在进行攀岩技术训练时结合思想政治教育，可以培养学生勇敢顽强、团结互助的精神和坚忍不拔的意志品质。

（3）活跃学校文化生活，促进校园精神文明建设。攀岩技术不仅具有较高的实用价值，而且因其险、难、美和高超的技艺性而具有较高的观赏价值。在各级各类学校进行各种攀岩竞赛，可以充实学校的文化生活，促进精神文明建设，体现其特殊的教育功能。

（三）攀岩运动的分类

攀登运动的开展形式多种多样，大致可分为四大类：高山探险、攀岩、攀冰和冰岩混合攀登。目前，用来攀岩的岩壁主要有自然岩壁和人工岩壁，而比较普及的是人工岩壁，因为它有安全保障，同时又可以切合实际选择、设计攀爬路线的难度，具有安全、可操作性强的优点，因此，人工岩壁的攀登近年来备受广大业余攀岩爱好者的青睐。

1. 根据运动场所分类

根据运动场所的不同，攀岩运动可分为自然岩壁攀登、人工岩壁攀登和山岳攀登。

（1）自然岩壁攀登。自然岩壁攀登通常是指在野外攀爬天然生成的岩壁，主要是由岩石所构成的悬崖、峭壁、裂缝、岩面、大圆石等。自然岩壁攀登的路线通常是经过开发和清理过的难度路线或抱石路线。

（2）人工岩壁攀登。人工岩壁攀登是指在人工制造的仿自然岩壁上攀登，包括室外人工岩壁和室内攀岩馆等。

（3）山岳攀登。山岳攀登是指在远离市区的高山路线上进行的攀登。山岳攀登可以是几个小时就能完成的路线，也可以是极富挑战性、须耗时数日才可完成的大岩壁攀登。

2. 根据器械使用方式分类

（1）人工攀登。人工攀登又称器械攀登，是指运用各种人工器材固定点作为手点或脚点来进行攀登。人工攀登通常应用在当岩壁没有明显支点可供踩抓时，或是在难度高于攀岩者的攀登技巧的情况下采用的攀登方式。

（2）自由攀登。自由攀登是指不借助保护器械（如主绳、快挂、铁锁等）的力量，仅依靠身体四肢和天然支点来进行的攀登形式。攀登时绳子和固定点等装备仅供发生坠落时确保安全使用，而不允许攀登者受力。因此，自由攀登在攀爬过程中只使用手、脚及自然支点；绳子和保护器械只用于保护，而不借力。自由攀登在我国占主导地位，较符合体育的含义范畴，更能考验人体的潜能。

3. 根据保护方式分类

根据保护方式的不同，攀岩运动大致可分为先锋攀登、顶绳攀登、传统攀登、攀石、独攀和自由徒手攀登六种攀登形式。

（1）先锋攀登。先锋攀登是指在路线上预先打好若干个膨胀铆钉和挂片，攀登者在攀登过程中一边攀登一边将快挂扣进挂片成为保护点并扣入主绳保护自己的运动形式。先锋攀登可在人工岩壁或自然岩壁上进行，要求攀登者边攀登边进行器械操作。先锋攀登有以下特点：

1）先锋攀登比传统攀登的安全性较高，可以降低心理恐惧对攀爬的影响，从而可以全力以赴突破生理极限，挑战最高难度，在欧洲尤其是法国最为盛行。

2）在角度较大或横向跨度较大的攀登路线中，先锋攀登的方式比顶绳攀登更为便利，可以让攀登者脱落后较容易重新回到脱落处，对同一难点进行反复练习。由于这种运动方式使攀岩由冒险的刺激运动变成安全的体育训练，所以先锋攀登又常被称为"运动攀登"。运动攀登，通常是指在已经开发的接近文明场所的市郊攀岩场所进行的攀登，它不需要用到专门的登山技能，并且大部分是一个绳距的短线，路线顶端通常会打上膨胀铆钉作为确保和垂降固定点。如果岩面没有裂隙，则可以架设固定支点，整条路线都会打上膨胀铆钉。

运动攀登起源于20世纪70年代末的法国，是比较摩登的攀登运动。当时法国阿尔卑斯山区的攀登向导常常把岩钉钉进岩石缝中，以便保护领队不发生坠落事件，并且留下岩钉以方便其他攀登者，同时也开始针对险峻及困难的路线进行保护。开始只是使用一些适合裂缝的岩钉，后来便在岩石上钻洞，然后打进膨胀螺栓。

运动攀登戏剧性地提升了极限攀岩运动的标准，在这里可以发挥极限直至坠落。保护点比较安全，掉落（虽然也有可能）的可能微乎其微。运动攀登常在险峻的悬崖下进行，需要超常的体能、技能、心理、强度和能量。

（2）顶绳攀登。顶绳攀登是指在岩壁上端预先设置好保护点，主绳通过保护点进行保护，攀登者在整个攀登过程中不需进行任何器械操作，可以全身心地集中于自己攀爬的攀登形式。顶绳攀登是自由攀登形式的一种，攀登时绳索并不受力，仅在发生坠落时起到保护攀登者的作用。

（3）传统攀登。传统攀登是指将不同规格的岩石塞放到岩壁上天然生成的裂缝、岩洞、石桥等地形中，形成固定保护点，再使用快挂和主绳进行保护的攀登形式。

（4）攀石。攀石又称抱石，是指对路线短、高度低、难度不大的线路的攀登，是攀岩运动的新兴分支。攀石要求攀登时不使用主绳、安全带等保护装备，只是用抱石垫作为坠落时的缓冲保护。这也许是所有攀登运动形式中最单纯的一种运动形式，仅需要最少的装备就可以进行。

攀登者可以使用橡胶底、有一定紧度且敏感度高的攀岩鞋，这种鞋将会让攀登者轻易地踩住岩石上每一条纹路；镁粉带，里面装着一种碳酸镁粉，可以用来干燥手掌及手指，并可以加强附着力。在正式的攀石运动中，不准使用绳索，也不可以站在插入岩石的器材上，同伴也不可以用他的肢体提供支援，并且还必须循着公认的路线攀登，在每条攀登路线上，通常都会有很多不同的困难点充斥其中。对于大部分攀登爱好者来说，攀石运动会燃烧他们所有的热情，所以在国外有些人可以很快乐地在家中的地下室里进行攀石运动。美中不足是缺少了那种户外岩场所具备的美丽与乐趣。

攀石运动的主要特点是操作简单便利，费用低，且对攀登者的心理调控和耐力要求较低。

（5）独攀。独攀是指不依赖于第二人，没有同伴、单独一个人进行的攀登活动，在攀岩的领域里，独攀通常表示没有绳子确保的攀登，当然也可以用绳子或固定点以确保安全地人工攀登或自由攀登。独攀的主要特点是：

不需要搭档，单独一人进行；如需进行自我确保安全的攀登，操作较为复杂，费力费时，目前采用这种方式攀登的人较少。

（6）自由徒手攀登。徒手攀登涵盖了所有无限高度并且没有防护措施的攀登。事实上，自由徒手攀登可以说是把攀石运动推展到一个新的高度。这种不受束缚的徒手攀登拥有极大的吸引力，它允许攀登者快速而流畅地移动。如果一切顺利，并且在攀登者体能、心理承受范围之内，那么徒手攀登的确是令人兴奋的攀登运动，也是一种纯粹的艺术形式，但是如果发生任何一点点失误，这种尝试将会变成悲剧。许多攀登者包括知名高手，都丧生于此，因此，不建议以这种攀登方式来开始自己的攀登生涯。

4. 根据岩壁大小分类

根据岩壁的大小不同，攀岩运动可分为单段线路攀登、多段线路攀登和大岩壁攀登。

（1）单段线路攀登。单段路线一般指高度低于25米的路线，一条50米的主绳可以确保攀登者完成整条路线的攀登。人工岩壁的路线攀登大多属于单段路线攀登。

（2）多段线路攀登。多段线路攀登是指当岩壁高于25米时，一条主绳的长度通常就不够了，这时路线会被划分成若干小段，每段长度均在50米以下，攀登者完成一段后，架设保护点，保护第二人到达同样高度，这样主绳也被带到了此处，可以再进行下一段的攀登。攀登到顶后的下降过程同样也需分段进行。

（3）大岩壁攀登。大岩壁通常包括多段路线，但路线更长或难度更大，大多需要一天以上的时间才能完成，要么挂在岩壁上露宿，要么挤在狭小的岩阶上过夜，还要在岩壁上拖吊背包，因此除了保护装备外，攀登者还需要携带饮食和露宿的物资。大岩壁攀登的主要目标是让一群攀登爱好者（两人或更多人的队伍）使用任何合理的方式，一起攀上大岩壁。在攀登过程中，队员们经常要使用辅助工具来克服各种各样的困难地形。也就是说，攀登者可以在有绳环联结保护点的情况下，做拉或站的动作，也包括站在岩石的挂片上。

在大岩壁攀登中，队伍的其他队员并不都需要攀登整条绳索，通常他们会使用机械式的装备（如上升器）到达先锋攀登者的位置。此外，大量的食物、水和求生装备，通常都会使用拖拉袋来输送。随着攀登者不断地突破极限，各种攀登运动及其分支之间的界限也会变得越来越模糊，许多以前依靠各种工具所架设的老路线，现在自由攀登或徒手攀登都可以爬了。

5. 根据竞技攀登形式分类

根据竞技攀登形式的不同，攀岩运动主要分为速度赛、难度赛和攀石赛。

（1）速度赛。速度赛是运动员按照指定的比赛路线进行速度攀登的比赛形式。通常设有资格赛和淘汰赛两轮，采用顶绳攀登、上方保护，保护绳应为认证的单绳。速度赛是按照运动员完成比赛路线所用的时间来决定每轮比赛的名次。

（2）难度赛。难度赛要求运动员下方系绳保护，带绳向上攀登，并按照比赛规定有次序地挂上中间保护块挂锁的比赛形式。攀登的最后高度将决定运动员在每轮比赛中的名次。难度赛的比赛形式有：首攀，对线路进行规定的观察后进行；看攀，通过观看试线员的试攀后进行或观看其他运动员的攀登；极限攀，对线路进行规定的练习后进行。

难度赛通常包括资格赛、半决赛和决赛。资格赛在一条或两条（相同或不同）线路上进行。当比赛在两条线路上进行时，两条线路也应难度相同、风格相似。半决赛、决赛在一条线路上进行。必要时可以进行超霸赛。

（3）攀石赛。攀石赛又称抱石赛，由一系列短线路组成，常被称作难题线路。攀石赛要求岩壁高度不超过4米，每条攀登路线的手点数最多为12个，一轮比赛中每条线路的手点数平均为4~8个。运动员攀爬时不需要绳子保护。攀石赛共由三场组成，分别是资格赛、半决赛和决赛。每次比赛需要选择多条路线进行攀爬。

6. 其他形式的攀登

（1）环保攀登。环保攀登常被认为是真正意义上的攀登。环保攀登要求先锋攀登者独自携带一条或两条主绳，一边攀登一边在岩壁的裂隙中寻找、放置保护点，并且每放置好一个保护点，就立即把主绳扣入快挂扣内。保护者通过主绳和保护装备进行保护。当先锋攀登者到达一个合适的位置时，便在该位置区域放置更多的保护点，以保护第二个攀登者攀登到该位置。在第二攀登者攀登上来时，把所有保护点都收起来，以便继续攀登使用。在攀登过程中，不可以拉或站在器材上（除非出现紧急情况）。

环保攀登又称传统攀登或冒险攀登。它允许攀登者可以在没有保护点的情况下，越过未曾攀爬过的一小段岩壁。在这种攀登中，第二攀登者必须尝试使用自由攀登形式，来重复先锋攀登者借由工具上攀所经过的攀爬路线。传统攀登的好处是，攀登者使用相对较少的保护器材，就可以攀登岩壁上的任何一个角落，但前提是岩壁上必须有足够的裂隙环绕在攀爬路线左右，以便于放置保护点进行确保。缺点是有些岩壁太过光滑或脆弱（易粉碎），以致无法支撑保护点，并且有时所放置的保护点在发生坠落时，比钉在岩壁上的挂片更容易脱离岩壁。

（2）峭壁攀登。峭壁攀登通常是在突出地表的巨大岩石上进行的，有些峭壁高为20~100米，只需几个绳距就可以登顶。一个绳距通常是指攀登的一段长度，通常也等于主绳使用的长度，或者刚好到达一个确保点位置的距离。峭壁攀登与运动攀登的不同之处在于，峭壁攀登不使用挂片，并且当峭壁攀登者完成攀登后，通常会通过简单的山径徒步下山，而不必借助保护者用主绳保护下降。

（3）建筑物攀登。建筑物攀登是在非为攀登目的而建的人工建筑物上进行的攀登。主要攀登方式有：墙壁徒手攀登、攀水管、攀墙垛、撑臂上攀窗台、抓绳上攀等。

二、攀岩运动的风格与伦理

攀岩风格和伦理主要涉及何种攀岩方式是最完美的、何种攀岩方式没有运动精神以及何种攀岩方式会对自然环境造成伤害等问题，但"风格"和"伦理"两个概念常常为攀岩者所混用。

"风格"一般是针对个人而言，而"伦理"则指一个社会群整体所追求的价值观。也就是说，风格常用来讨论个人攀岩的形态或动作，比如，用上方保护来完整攀爬一条没被攀爬过的攀登线路，算不算是首攀；而伦理则被用在讨论保护岩壁本身的问题上。虽然不同的攀岩者对攀岩运动有着不同的感悟和理解，但他们很快就发现，登顶并不是攀岩唯一的目的，用自我感觉对的、尊重岩壁的攀登方式登顶，才能真正度量出一个攀岩者的技术和决心。

（一）攀岩风格

攀岩风格的核心问题在于如何保留攀岩的挑战性，同时公平地考验攀岩者的攀登技巧。虽然风格会改变，心态会变化，然而坚持传统攀登方式的攀岩者大都喜欢从地面起攀，而不使用上方保护或预先架设固定支点。他们主要采用先锋攀登的方式进行攀登，一边攀登一边架设固定保护点系统。一般在山岳攀登中最常采用这种方式，有时在郊区的热门岩场也可以使用传统方式。而追求运动攀登的攀岩者，当然也会接受其他形式的攀岩技巧。

在进行先锋攀登前，先从路线上方垂降下来观察线路，把先锋攀登者或其他攀登者所放置的固定支点移除，或者在垂降时放置固定支点等。攀登一条路线可能会坠落很多次，也可以挂在绳子上休息来思考下一个动作，或者用上方保护来练习每一个动作，以较少的风险来挑战高难度的路线。

当然每个地区的攀岩风格可能会因岩壁的类型、路线的难易、沿袭的传统而有所不同。攀岩的世界是广泛多样的，可包容不同的攀登理念和风格，并且大部分攀岩者也都尝试过不止一种类型的攀登。

（二）攀岩伦理

攀岩伦理是指尊重岩壁、尊重他人攀登岩壁的权利。攀岩伦理同攀岩风格不同，它是关于会影响他人攀岩经验和乐趣的个人决定。例如，关于膨胀铆钉该如何打的争论：垂降所设的膨胀铆钉与边攀登边架设的膨胀铆钉有什么不同，是否垂降所设置的膨胀铆钉更为"不道德"，等等。

当然，在每个地区都有其传统的攀岩风格和伦理观。攀岩者到各地攀岩旅游时，可以观察当地的攀岩生态，或通过当地的岩场指南手册获得相关资讯。即使在同一地区，不同的攀岩者有时也会有不同的意见。但下面两点是攀岩者所共同接受的攀岩原则：

（1）保护岩壁。保护岩壁是最重要的攀岩原则，破坏岩壁特征、将岩壁钻凿出新的手点或脚点的行为是攀岩者所共同唾弃的。虽然许多岩场的路线已经设置有现成的膨胀铆钉，但在偏僻的山区岩壁或远离岩场集中地区的零星岩壁，请不要任意架设膨胀铆钉，尽量为后来攀岩者保留岩壁环境的原始面貌。因此，最好用可以拆卸的岩械架设确保固定点。

（2）保护路线。不可在现成路线上打入膨胀铆钉，如果感觉自己的能力无法安全地攀登这条路线，那就不要去尝试攀登。如果真要是在现成路线上打上膨胀铆钉，就要同当地的攀岩者协商达成共识，同时也要取得首攀者的同意。

当外出攀岩时，必须为其他攀岩者着想，在攀登多绳距的路线时，如果某个队伍的速度比后面的队伍慢很多，就应该在安全的地点（如有确保的岩阶）礼让后方攀岩队伍先行。在攀登难度超过自己能力的路线时，最好只在郊区岩壁尝试，不要在山地攀岩时尝试，因为如果能力不足而在偏僻的山区攀岩时发生意外事故，这不仅需要其他攀岩者费时费力来解救你，而且可能让他们陷入危险之中。

三、攀岩运动的装备

自攀岩运动诞生之日起，人们就开始不断地研制和生产各种攀岩装备。由于所有的装备都直接关系到攀岩者的生命安全，所以必须要购买和使用由正规厂家生产、经过国际检验认证的安全装备。

（一）攀岩绳

攀岩绳又称主绳，是攀登的象征，它为攀登者与保护者之间建立了一种可靠的远程连接，为操作者提供了一个安全的平衡过渡。在攀爬的困难点或是意外发生而致使坠落时，攀岩绳能保护攀登者的安全。然而，单单凭借一条绳子并不能保障攀登者的安全，攀岩绳只是整个攀登确保系统中的重要一环。一旦开始真正的攀登，攀岩绳就会变成最重要的装备，而且，除了徒手攀登外，几乎所有的攀登形态都离不开它。一旦发生坠落，攀岩绳就是最大的依靠，是生命的安全线；如果想努力突破困难点，攀岩绳就是预备支援；同时，它也是在任何情况下回到地面以及继续某个路线攀登的方式，因此在攀岩运动中攀岩绳常被称为"攀岩者的生命线"。

　　早期的攀登者使用的是天然纤维制成的绳索，但在严重坠落的情况下这种绳索是无法支撑的。后来出现的尼龙绳，彻底改变了攀登运动。尼龙攀岩绳质轻但坚韧，一般可以承受2吨左右的重量。尼龙绳的弹性特点是保护发生坠落的攀登者的重要因素。当攀岩者发生坠落时，尼龙绳便会伸展，吸收大部分的冲击力，从而减轻坠落的力量，不至于其遽然停止或剧烈摇晃。

　　最初的尼龙绳是"搓"或"捻"成的。后来搓或捻制的尼龙绳逐渐被专门为攀登设计的编织绳所取代。编织绳克服了尼龙绳的缺点（僵硬、摩擦力大、弹性过度等），同时保留了尼龙绳的优点，是目前获得国际攀登联合会（UIAA）以及欧洲标准委员会（CEN）检验合格的登山绳索。UIAA是制定登山装备的国际权威，CEN是欧洲地区负责设计与维持设备标准的机构。编织绳中间的绳芯是平行并列或编织成辫状的尼龙丝，在绳的外层覆以平滑编成的尼龙皮。绳芯由纤维组成，而包在绳芯外面的绳皮由不同材质编织而成，其中每一个细小的纤维都与主绳等长并且紧紧相连。主绳有很多不同的直径尺寸，从几毫米到20毫米以上都有，另外绳子也有从几米到几千米的长度。用不同的材质、直径和编织方式制成的绳子都有不同的品质、延展度与拉力。

　　当前大多数绳子都是由尼龙、合成纤维或一些类似人造纤维的材料所制成。绳子的中央部分（绳芯）通常是白色的，因为染色会使纤维的力量产生改变，虽然是很小的改变，但绳芯承担了主绳90%的力量，所以不能大意。绳皮一般由多种颜色构成，一方面，为了便于辨认；另一方面，可以防止有害的UV紫外线。绳皮的颜色与绳芯的白色所形成的对比，有助于发现绳子的磨损与割伤。

　　1. 攀岩绳的种类

　　（1）动力绳。动力绳又称弹性绳，主要用于攀登保护。动力绳一般长50米，直径为8～12毫米，延展性为6%～8%，承受力为10～30千牛顿。动力绳的延展性较强，冲击力道较低，可以吸收攀登者在发生坠落时所产生的大部分冲击能量，避免攀登者的身体因直接承受那种巨大的冲击力而受伤。动力绳在受到强力的冲击后，延展长度可达到30%，也就是说，50米的主绳通过坠落将可以多延展15米的长度。当然，随着使用时间的增加，弹力也会慢慢减弱，使得坠落时主绳的承受冲击力慢慢下降。在先锋攀登中大都要使用弹性绳以确保攀岩者的安全。购买攀岩绳时，最重要的就是考虑其延展性，一般冲击力越低越好。使用冲击力低的绳子能使攀岩者在发生坠落时不会遽然停住，降低对攀岩者和固定点的冲击力，有利于攀岩者的安全。动力绳主要有单绳、双绳、半绳和万用绳几种类型。

1）单绳。单绳可单独使用，直径一般是10～11毫米，长50～60米，比较适合个人的攀登，还可以在那些难度不大的天然岩壁上进行垂直攀爬时使用。单绳最适用于近于垂直角度和不从绳索下降的路线。攀岩常用单绳有以下四种：

第一，直径为10.5毫米的主绳：先进技术和高水准工艺使它具有创纪录的耐坠落次数，也正是因为它的卓越性能，才会受到所有攀爬爱好者的青睐，它适合不同的人群，上至攀登运动专家，下至业余爱好者，更是拓展学校、攀岩俱乐部的核心装备。直径为10.5毫米的主绳是专门为攀岩馆训练中心、拓展学校设计的，具有超强耐磨表皮，它的使用寿命是普通绳索的2～3倍。

第二，直径为10.2毫米的主绳（动力绳）：各项指标均为同等产品中的顶级，它的技术特点使它在各种场合经常被使用，具有兼顾经典性与超细性的特点。

第三，直径为9.7毫米的主绳（动力绳）：重量轻、操作灵便、抓握牢固、结实耐用，顺滑程度、强度都无可挑剔，适用于经验丰富的攀登高手。

第四，直径为9.4毫米的主绳：专为攀登高手设计的绳索，多用于高难度线路。在同等重量的绳索中，直径为9.4毫米的主绳耐冲击次数令人难以置信，使用者可以明显感知在挂锁时平滑而灵便的操作性能。

2）双绳。双绳一般在绳头写着"00"符号，表示在任何情况下都必须两根同时使用，两根绳必须同时挂入每个保护点。双绳每一条的直径是8~9毫米，通常适用于那些难度较大、距离较长或比较曲折的攀岩路线。双绳由于是两根绳子同时使用，所以所能承受的拉力是单绳的数倍。

3）半绳。半绳又称对绳，除下降外必须两根同时使用，但两根绳可以轮流挂入不同的保护点。专为高山徒步和雪地运动设计，长度有20米、30米、48米3种规格，每12米有一个黑色标志点，方便结组。半绳是冒险攀登的好伙伴，双股使用才能保障安全，尤其适用于冰雪混合路线。通常情况下，双股半绳所产生的坠落冲击力会大于单绳，因此不建议使用对绳连接类似冰锥这样的不确定保护点。

4）万用绳：可作为单绳、双绳和对绳使用。作为单绳，适用于高水平攀岩；作为双绳或对绳，适用于攀岩或登山。

（2）静力绳。静力绳的直径为9.5~12毫米，常用的为10~10.5毫米，静拉力可达2000千克，延展性为2%~3%。静力绳直径较粗，表面较粗糙，表皮防磨能力更强，绳皮编织较为扎实并显得僵硬，绳芯纤维一般不缠绕或是弯曲。与动力绳相比，静力绳不能靠伸缩来吸收冲力，而动力绳能够伸缩吸收脱落所产生的冲力，特别为下方保护而研制，在有动力冲坠可能性的项目中，一定要用动力绳，不能使用静力绳。静力绳多为白色，并带有一点彩色条纹以便区别辨认，彩色部分大多是单色，也有的采用黑色或绿色，主要用于军事上。

静力绳无延展性或延展性极差，不能用于保护先锋攀登者。静力绳一般用作路线绳，常用于洞穴探险、搜救、溯溪、溪降、垂降、攀登高山峭壁时担任安全绳及使用在顶绳保护上，也可作为在大岩壁攀登时的拖拉装备使用。目前有些登山者使用一般的尼龙绳作为路线绳，因为质量更轻而且便宜，但是一般的尼龙绳存在一些缺点：容易磨损；扭曲很严重；上升器不容易咬住扣件。

静力绳与动力绳的色彩区别标准：静力绳不允许超过2种相对的颜色，其中一种主色必须占所有面积的80%以上。而动力绳的绳皮是多色的并且相互交织。

（3）防水绳。绳子湿了以后，不仅重、不易抓握，还可能因结冰而不听使唤。湿绳能承受的坠落次数较少，强度也比干燥时减少约30%。因此，绳子制造商会在某些绳子上采用硅树脂等加以处理，使得绳子更加防水，从而在潮湿的环境下可以更坚韧。绳子经过处理后，不但可以提高耐磨性，还可以减低绳子穿过钩环时的摩擦力。

2. 攀岩绳的选购

攀岩用的主绳有很多不同的口径，不过最常用的有9毫米、10.5毫米、11毫米的动力绳。9毫米的编织绳就是通常所说的半绳，认为只有两条半绳一起使用才是安全的，在该绳子的绳头都会标有"1/2"的字样。双绳攀登可以使先锋攀登者在主路线架设保护点时避免不必要的摩擦，因为它可以在路线的一边挂绳，也可以接着在路线的另一边挂绳。直径为10.5毫米和11毫米的绳子通常被称为单绳，在绳头上会标示"1"，此绳较适合变化不大的直线路。

在购买攀岩绳时要注意以下四点：

第一，根据主要的攀登形态选择主绳。常用于登山攀岩的绳索主要有单绳、半绳和双绳。单绳最常见也最容易使用。在攀爬巨石形成的峭壁和大岩壁的时候特别流行使用单绳；双绳可以提供所需要的额外的防切割保护和足够的下降长度，多用于攀登高山；半绳的使用需要有使用技巧，最适合在不易保护的蜿蜒路段。如果常做传统攀登，最好选择两条半绳，但如果是运动攀登，则需要一条单绳。

第二，绳子的长度。登山、攀岩绳索的标准长度随着攀岩远发展而不断加长。20世纪初期，30~37米的绳子较为常见；到了20世纪六七十年代，大多数攀登者都喜欢使用45米的绳子；到了20世纪80年代，50米长的绳子较为盛行；而从20世纪90年代至今，60米长的绳子逐渐变得更为流行。

第三，选择较为喜欢的触感。但又必须在选择绳皮较软、较好打结或是绳皮较紧密所产生耐摩擦性中作出平衡。

第四，注意主绳的防水处理。尤其是在潮湿或下雨、下雪的天气里攀登。一般来说，经过干燥处理的绳子在外皮都具有一种矽酮等有机化合物，以防止因水进入绳内，而使绳子吸水变重。

（二）安全带

安全带为攀爬者和确保者（保护者）提供一种舒适、安全的固定装备，可以把坠落的冲击力分散到腰和腿上，避免全部集中在腰上而受到伤害。安全带通常包括腰带、腿环和一种前方有附加的连接系统，腰带为主要受力部分。一般成人攀岩者大多使用坐式安全带，而对于孩童，因其臀部尚未发育完全，所以必须使用完整的全身安全带。安全带的选择除了要配合攀爬者的身材条件，使其感觉舒服和有安全感之外，还应根据攀登者的用途来选择合适的安全带。

1. 安全带的选择

在购买安全带时需要考虑最常接触的攀登方式，选择最适合的安全带，这里以坐式安全带为主。

（1）多用途安全带。多用途安全带可适用于各种不同类型的攀登方式，甚至于紧急救难。通常在安全带的腿环和腰带的部位会加上护垫，以使其更为舒适。可调式的腿环可以根据使用者的体型或从事的攀登方式来进行适当调整；安全带的腰带上有2~4个吊环，可以将需要的攀登器材或粉袋钩挂在吊环上，方便取用且不妨碍行动或操作；在安全带的前面设有一个确保或垂降绳环，可以很方便地进行确保或垂降。

（2）登山吊带。在登山的行程中发生坠落的频率比攀岩要少得多，在考虑到长时间的登山行程下，一般登山用的吊带都会尽量减少护垫的设计，以减轻吊带的重量和体积；可调式的腿环可以方便穿脱衣服，而不需要脱下安全带；至少有2个吊环，但有的登山安全带可能没有确保或垂降绳环。

（3）大岩壁安全带。大岩壁攀登通常是经过数天的多绳距攀登，因此安全带必须着重考虑舒适。有的安全带将腰带后部贴近背部的护垫加宽以提高其舒适性。可调式腿环可以方便穿着较厚重的衣服活动；安全带上至少有4个吊环，以便将需要的攀登器材或粉袋钩挂在吊环上，既方便取用又不妨碍行动或操作；在安全带的前面有一个确保或垂降绳环，可以很方便地进行确保或垂降。

（4）运动攀岩安全带。运动攀岩安全带的主要特点是重量轻、舒适性高。柔软的护垫内侧可以增加攀爬的舒适度；固定式的腿环不会影响攀爬动作；如果是比赛型的安全带，腿环的宽度通常比一般攀岩型的还要窄。安全带吊环的数量依攀岩方式不同而有所差异。对于运动攀岩或上方确保攀登，一般需要2个吊环；而对于需要携带器材的传统攀岩，一般需要4个吊环。安全带的前面有一个确保或垂降绳环，可以很方便地进行确保或垂降。

2. **安全带的要求**

（1）腰带。穿安全带时，腰带应该在髋骨上方，不可压迫到横膈膜，以致影响呼吸，并且安全带和腰部间要留有一个手掌的厚度。安全带穿好后，无论如何用力下拉，都不应被拉到髋骨以下。腰带的带子通过腰带扣环拉紧以后，至少还要剩余8厘米。

（2）腿环。腿环的宽松程度应该感觉舒服，如果是可调式腿环，带子通过腿环带扣拉紧后，至少还要剩余5厘米。

3. **选购注意事项**

（1）安全带要有护垫良好的腰带和腿环，以增加舒适度与安全感。

（2）安全带要有独立于主安全带的腿环，但在通过安全带前方要有保护环。

（3）安全带要有扎实的回扣（反扣），才能够确保带子不会在坠落的冲击力之下从腰带扣中滑脱出来。如果是使用可调式腿环安全带，腿环带也应采用相同的反扣方式联结起来，以确保安全。

（4）在安全带的后面要有可调试系统，以便可以提起或连接腿环。

（5）安全带要有排列适当并且强而有力的工具环，以便吊挂各种装备器材。

（6）如果是髋骨太窄的成人或者是小朋友，就必须使用全身型的安全带，才能确保攀岩时的安全。

（7）要有UIAA或CEN认证。

（三）钩环

钩环又叫扣环，也常称为主锁或铁锁，是可自由开合的金属环状物，用来连接攀登者和主绳、保护器、绳套以及架在岩壁上确保点的工具，分为有锁钩环和无锁钩环，有锁钩环又分为手动锁钩环和自动锁钩环。

1. 钩环的形状与款式

钩环（主锁）有不同的形状、大小和上锁系统，每一种形状都有相应的用途。对称型钩环：用作连接滑轮或其他工具。不对称型钩环：用作与安全带连接或在挽索末端使用。梨形钩环：用做安放几条绳索、吊索或任何便于使用Munter绳结的工具。

（1）O形钩环：形状对称，用途极为广泛，非常受欢迎。

（2）D形钩环：较O形钩环坚固，适用于一般用途。

（3）弯口钩环：弯口钩环必须与带环一起使用，才可以很容易地翻转，一般用于较困难的攀登路线。

（4）铁线闸口钩环：重量较轻，开口稳固。

（5）有锁钩环：开口端附有锁套可旋紧，以减少开口意外开启的可能性，增添安全性。

（6）梨形有锁钩环：开口端特别长，比较适合做意大利半扣确保及使用在联结绳子和安全带上。

2. 钩环的拉力

钩环的拉力大部分用千牛顿（KN）来表示，通常规格自10至40千牛顿不等。1千牛顿大约等于0.1千克的拉力，因此，钩环在纵向受力时可以有效承受1000千克至4000千克的拉力，但当钩环横向受力时，其所承受的拉力就会锐减。

3. 钩环的使用与维护

使用钩环时，应确保钩环纵向受力，尤其是开口端不应受力。

丝扣钩环在扣紧螺丝时能使铁锁门锁定在闭合状态，避免了不慎碰开的危险。普通钩环不带丝扣装置，重量轻、操作便利，可用于临时保护点，若使用普通钩环做固定保护，须遵循双重钩环且对开门的使用原则。钩环的纵向抗拉力大于横向抗拉力，钩环门打开时，纵向抗拉力会降低。钩环门是最薄弱的环节，不可直接受力。

钩环的正确使用方式是保持钩环门闭合且纵向受力。应避免高空跌落或硬物撞击，这样会带来内部的裂痕导致钩环作废。先锋攀登等可能出现冲坠的情况下，攀登者应直接将主绳和安全带连接，不能使用钩环作为中间环节。要使用UIAA或CEN认证的钩环，不可使用来历不明的钩环。

弄脏的钩环可以使用溶剂或润滑剂滴在枢纽处，再反复开关钩环直到操作平顺为止，然后可以将钩环放入沸水中约20秒除去清洁剂。

（四）扁带与绳套

攀岩用扁带通常是用编织绳索的材料制成的，为了减小扁带的体积和重量，在缝制的扁带中会混入高模聚乙烯。扁带的强度来源于纵贯整个织物的纤维（又叫经纱）。横贯整个扁带宽度的纤维的作用是把经纱结合到一起。

扁带可以织成实心的"窄幅织物"或空心的呈扁平状的管状织物，当然仅仅从外观上很难区分扁带是空心的还是实心的。实心扁带可以织得很薄，也可以织得很厚，但无论薄厚它一般都非常僵硬，常常打不住绳结；空心扁带比起实心扁带更柔软一些，也更适合打结。

绳套是把扁带或绳索的两端系在一起做成的绳圈，也叫作绳环。这些绳圈可以很好地帮助传动装置发挥作用，使绳子运行得很顺畅，且摩擦力更小。绳套也可以很方便地用来做安全锚点以固定顶绳、备用坐带或胸前安全带，并且还能完成众多其他任务。

从理论上讲一个绳套的强度应该和两根扁带一样结实。尽管合适的针脚等同于扁带本身的强度，但是，还是有各种差异会导致轻微的强度损失。

（五）确保器（保护器）或下降器

大多数确保器或下降器会通过将绳子穿过孔隙、环绕支柱（支柱一般为有锁钩环或确保器本身的一部分）并再次穿过孔隙来增大制动手的摩擦力，来保障坠落者不会继续下坠，下降者能减速下降。当主绳以正确方式通过保护器或下降器时，其特殊构造能增加摩擦力，使得主绳的制动端只需较小的握力即可控制受力端的较大重量。制动力在主绳失控滑落前，可以强力吸收一个强壮成年人的冲击力。确保器有许多类型，主要有有孔型确保器和自锁型确保器。

1. 有孔型确保器

有孔型确保器有一个孔可供绳环通过，再扣入有锁钩环（主锁、铁锁）与安全带连接。常见的有板状确保器、管状确保器和8字环确保器等。可以用于确保的8字环主要有以下三种：

（1）保护式：如果8字环较小一端的孔刚好与典型有孔型制动器的孔一样大，则可以类同于板状或管状确保器来使用，要将绳环压入此孔并扣入有锁钩环（铁锁或主锁）。

（2）下降式：标准的垂降设计也可以用于确保。要求绳环穿过8字环大孔，并绕过确保器后方。

（3）运动式：将绳环穿过大孔，然后将绳子与8字环小孔同时扣入有锁钩环。

2. 自锁型确保器

可以自动锁上或具有自动锁上的装置。当确保者（即保护者）收绳或给绳时，绳子会很滑顺地穿过确保器，但是当坠落时绳子的遽然加速则会使确保器内部的凸轮自动锁上绳子，产生自动制动的力量。在使用确保器时应注意：

（1）8字环确保器以前最常用，但会使主绳反复拧转缠绕，而ATC（Air Traffic Controller）确保器较好地解决了这一问题。

（2）保证主绳以正确方式通过，分清制动端和受力端；对于不能自锁的确保器，使用中始终要握住主绳的制动端。

（六）头盔（岩盔）

头盔能有效保护头部，避免被落石或上方攀登者掉下来的器械砸到；避免由非正常脱落状态以及许多可能会突然撞到坚硬岩面的情况下所带来的头部伤害。

新型的头盔重量轻、通风好，且有多种不同的设计。购买头盔时要注意有UIAA或CEN标记，这样的岩盔可以确保最低的防撞标准。头盔的外壳材料可能是塑胶、玻璃纤维或碳纤维。岩盔的内部悬架系统可以由带子组成，在受到撞击时可以避免头盔接触头部；也有的为聚苯乙烯材质，在受到严重撞击时会因吸收外力而破碎。在头盔受到严重撞击后最好将之淘汰。头盔要端正佩戴才能护住前额后脑及侧面。出现落石千万不要仰头观望或以手抱头，无处可躲时让头盔发生作用。

（七）人工确保支点系统

1. 岩锥、岩石塞

岩锥、岩石塞是一些规格、形状不一的金属制品，可放入岩缝、石洞、石桥等地形中并固定住，成为保护点。在使用岩锥和岩石塞时要注意以下四点：

（1）以放置岩塞作为保护点需要有丰富的器械经验，操作者必须非常谨慎，确保岩塞在可能出现的受力方向上不会移动或脱出。

（2）不带机械部件的岩石塞主要利用自身的方向不对称性和岩缝内部的形状变化，固定在岩缝狭窄处。

（3）机械塞的形状大小可以调控，以收缩状态进岩缝，弹开后即可卡住，操作便利，适用范围广，是攀登传统路线的最佳选择。

（4）熟悉各类岩塞的直径和适用范围将大大提高操作速度，必要时可在岩塞杆上进行标记。

2. 岩钉、膨胀铆钉、挂片、岩点

（1）岩钉。岩钉主要用来提供一种建立保护点的工具。岩钉一头是楔形，通过敲击楔进入岩缝提供保护力；另一头是环状，可以连接铁锁或扁带。旧式可塑性岩钉具有延展性，敲入后会依照裂隙形状而改变；新式岩钉由强化的铬钼钢或其他合金制成，主要是为了裂隙迁就其造型而改变。在整个20世纪70年代，岩钉是北美登山界常用的固定点，但是因为敲打或移除岩钉会破坏岩壁，所以现在已经很少使用。需要注意的是，敲入同一条岩缝的两个岩钉，存在撬开岩石的可能。

（2）膨胀铆钉。膨胀铆钉在运动攀登的自然岩场十分常见，有时也可在传统攀登或人工攀登（区别于人工岩壁的攀登）的路线上见到。在攀登用的地形图上，膨胀铆钉和固定的岩钉大多用"x"和"fp"来表示。膨胀铆

钉的挂片可以用来挂上钩环（铁锁）。利用冲击钻和锤子，膨胀铆钉可打入整块岩石中，加上挂片就成为非常稳固的保护点。

（3）挂片（耳片）。挂片是保护点的重要组成部分，一侧通过膨胀铆钉或螺丝钉固定在岩壁上，另一侧则可扣入铁锁或快挂，或接上扁带。

（4）岩点（或支点）。岩点是为了让攀爬者在岩墙上有更丰富的攀爬路线而设计的，是攀岩者在攀登过程中接触最多的受力物体，可以根据需要自行调整支点位置，以增减攀爬的难度，所以岩点的品质对岩墙的优劣及攀登者的安全有很大的影响。

（八）攀岩运动的辅助性装备

1. 攀岩鞋

从普通鞋到攀岩鞋是提高攀登水平的重要变革。攀岩鞋的鞋底采用特殊的橡胶，摩擦力大大增加。攀岩鞋可使攀登能力大增，好的攀岩鞋应该很服帖，并且越是适合攀登的，就越能提高攀登能力。攀岩鞋种类繁多，适应于不同的石质、岩壁角度以及不同的攀登方式，在选择攀岩鞋时要注意如下四点：

（1）攀岩鞋穿起来要服帖又稍微有点紧。可以选择比平常鞋子小一两号的攀岩鞋，穿进去将脚裹得很紧，这样能使攀岩鞋与脚成为一个整体，有利于增强脚感，便于精确踩点和发力。在穿攀岩鞋时一般不穿袜子，或者只穿较薄的短袜，厚袜子会降低脚的敏感度，并且会让脚滑动，不利于在岩壁上的突点与小点之间转移重心。

（2）选择半硬底的攀岩鞋，它能够在支撑脚的同时不会在裂隙中变形。

（3）在攀岩鞋后脚跟与鞋底间要有橡胶包围的一层2～3厘米的"垫皮"。

（4）攀岩鞋要有提供脚踝支撑的功能，即鞋体向上延伸以保护脚踝。

攀岩鞋底要随时保持干净，并且在每次攀登后都要清理干净。在攀登时尽量不要穿鞋子站在泥土上，在起攀前最好用刷子或软布擦净鞋底。

2. 镁粉和粉袋

在攀岩界，镁粉通常指碳酸镁粉再加上二氧化碳等原料。在攀爬时使用碳酸镁粉，主要作用是吸收手上的汗液和岩壁支点表面的水分，以提供更大的抓力。

攀登者使用的镁粉一般是块状的（要把它弄成粉状或碎片），也有的是粉球状的（主要是把粉装在棉布或尼龙布制成的细洞套子里）。粉球形镁粉在室内攀岩场更受欢迎，过多的镁粉末会影响身体健康。

粉袋有各种不同的设计，挂于腰后，双手都可以随时蘸取，大号的较适合攀石者使用，小号的较适合难度高的运动攀登路线。一个理想的粉袋一般要具备如下四点：

（1）大小足够可以比较方便地伸手进出。

（2）有调节收口的装置，避免镁粉跑出来。

（3）外形看起来有活力，袋口有一个硬的小圆框装置撑住，防止在使用时袋口紧闭不便取用。

（4）有维持材质的内里，方便手指着粉。

3. 绳包

绳包的主要作用是在运输和操作时对绳索进行保护，不必盘绳，可直接放入。巧妙的设计可减少绳索打结和缠绕的可能。

4. 攀岩绳绳刷和清洁剂

攀岩绳绳刷是专门用来清洗绳索的管状软刷，适用于多种直径的绳索。旋转绳刷，将其套在绳索上并置于清水中；一手握紧绳刷，另一手拉动绳索使其在绳刷中来回刷动。

攀岩绳清洁剂是专为绳索调配的无伤害的清洗剂，很容易清除绳索和安全带上的污渍，且不会损害纤维。清洗绳索时水温要低于30 ℃。

第二节　攀岩运动人工攀登技术

一、人工攀登的基本形式

根据应用程度的不同，我们把人工攀登分成山岳人工攀登、一般人工攀登和大岩壁人工攀登三种基本类型。

（1）山岳人工攀登。山岳人工攀登是指使用最少的人工攀登技巧和装备来克服短距离光滑的或高难度的岩壁的攀登。山岳人工攀登不太需要专门的人工攀登装备，通常使用一般的绳队装备即可。在山岳人工攀登中，也偶尔会借助固定点的施力来加快攀登速度或减少暴露在危机状况下的风险。

（2）一般人工攀登。一般人工攀登是指一大段路线用人工攀登，间或使用人工攀登和自由攀登的技巧。在一天完成的路线攀登，需要在前一天架设好第一段绳距的固定绳索，以便于第二天一早能快速地利用上升器到达第一段绳距的终点，继续前一天的攀登。

（3）大岩壁人工攀登。大岩壁人工攀登指即使事先架好第一段绳距，攀登日程仍不止一日的路线攀登。大岩壁人工攀登通常需要在岩阶露宿或悬吊露宿，并涉及拖吊背包的技巧。但是，随着速度攀登技术的迅速发展，原先需要多日完成的大岩壁攀登，现在一日之内便可以顺利完攀。

二、人工攀登装备与固定点架设

（一）人工攀登的装备

干净的人工攀登以自由攀登标准配备攀登装备，而真正的人工攀登则需要更多的装备。干净的人工攀登所需的基本装备主要包括以下类型：

（1）岩械和凸轮装置：一个长距离的绳距可能会需要50个以上的各类岩械和凸轮装置。

（2）钩环：人工攀登至少需要40个可以自由应用的钩环。

（3）小岩楔：人工攀登专用的小岩楔比自由攀登时的小岩楔更多样化，常可以用来取代岩钉，但牢固性较差，其功能主要在于支撑攀登者的体重，不足以承受坠落的冲击力。

（4）绳索：人工攀登需要直径10～11毫米的攀岩绳，最好为60米长。拖吊绳可以用直径9毫米的静力绳。

（5）英雄绳圈：一种用于人工攀登的极短的绳环，一般长10～15厘米，把这些绳圈穿过固定岩械可以代替钩环。

（6）绳环：一般需要携带12条标准带环或绳环，用于架设确保点、延长固定点以避免绳索拖拽，以及一般攀岩常见的用途。

（7）岩械钩：常用来取出岩壁上的岩械。

（8）手套：在保护、垂降、用上升器攀登以及取出岩械时，戴手套可以保护双手。

（9）鞋具：如果攀登路线仅仅有一小段需要用人工攀登法，穿自由攀岩鞋较好；如果人工攀登路段较长，宜穿鞋底结实的登山鞋。

（10）吸收冲击力的带环：在攀登到承受力不好的固定点上方时，可以使用这种类型的带环，以减少坠落时对固定点的冲击力。

（二）通用人工攀登装备

通用的人工攀登装备指无论是干净的人工攀登还是需要敲入岩钉的人工攀登都需要的通用的装备，主要包括以下装备：

（1）岩盔：在人工攀登中尤其重要，主要用于保护头部。

（2）绳梯：又称为马梯，是一种阶梯状的绳环，用钩环扣入岩械、岩钉或其他固定点，可以协助攀登者站高来设置下一个固定点。

（3）雏菊绳链：是附着有许多环圈的缝制绳环，每个环圈由针织缝纫固定，间隔8～15厘米，用来连接攀登者和绳梯在固定点上，同时也是辅助上升器上升的装备之一。

（4）飞飞钩：作用和雏菊绳链相似，但它主要是用绳环或可调式雏菊绳链连接于安全带上，能让你快速钩入固定点休息。

（5）双肩装备绳环：可将装备串的重量平均分摊到两边的肩膀上，更易保持平衡，也更为舒适。

（6）确保坐鞍：在悬吊式确保时，可以舒适地进行保护。

（7）攀升器：又称上升器，作用同普鲁士结，但较坚固、安全、快速、轻松，尤其在大岩壁攀登中拖吊背包时十分有用。

（8）岩锤：一端扁平，用于敲入或拆除岩钉，另一端较钝，用于撬起岩械、清洁脏污的裂隙或置入可塑性岩械。

（9）天钩：主要用来钩住小岩阶或岩洞。

（10）岩钩：利用转动力矩的原理来钩住岩隙，可适用在任何比其金属厚度宽但比钩顶长度窄的裂隙。

（11）钢索挂耳：直径0.3厘米或0.2厘米的钢索环，钢索上有一个可以上下滑动的铝块来固定膨胀铆钉头。

（12）标准耳挂与匙孔耳挂：两者的功能与钢索挂耳类似，是金属制成的环，尤其适用于确保点和无挂片的固定膨胀铆钉。

（三）人工攀登金属装备和大岩壁攀登装备

全套人工攀登的金属装备主要包括岩钉、钉头和膨胀铆钉等，只有了解了它们的相关知识，才能彻底掌握人工攀登的技巧。岩钉的种类有很多，大致有刀形岩钉、箭形岩钉、角形岩钉、多孔形岩钉和锯断形岩钉等。钉头主要是利用金属的可塑性来贴合岩壁，卡于裂隙之中，主要有铜头、铝头和环形钉头。

大岩壁攀登除上述装备外，还需要添加一些特殊装备，如滑轮、吊拉带、其特杖（能协助攀登者把钩环扣入手无法接触到的固定点，也可以用来避免踩踏至绳梯的最高阶，或是加快攀登进度）、护膝、波特雷吉吊床及行动厕所等。

（四）人工攀登固定点架设

在进行人工攀登时，架设固定支点的主要原则是越高越好。在这里，大多数自由攀登的技巧都可以应用到人工攀登中，但是连接固定点的绳环在人工攀登中要短一些，以便减少坠落的距离，并且在人工攀登中所放置的固定点也大都仅能支撑重量，而不能承受坠落的冲击力。

可以用放置稳固的岩钩来代替岩械或岩钉，这样无论是对先锋者还是对后攀者都可以节省许多时间，只是岩钩仅能暂时支撑重量，而不能当成固定支点来保护坠落。另外，人工攀登置入小岩楔的方式也类似于自由攀登置入大岩楔的方式。对于使用岩钉、膨胀铆钉或其他岩壁残存的固定点时，必须事先作出评估。如果决定使用这些装备，可先以英雄圈穿过上面的孔，钩环扣入绳圈两端，如此可以省下一个钩环。需要注意的是，在重要的支点，或至少每隔三四个支点，就必须直接使用钩环扣入，因为英雄圈无法制止坠落，也可能会被金属孔内圈锐利的边缘割断。

1. 岩钉入法

在人工攀登时，应选择适当的岩钉来配合裂隙，这样的岩钉可用徒手置入1/2到2/3的钉身，而剩余部分则再用岩锤敲入。打入岩钉后，轻轻从两侧敲击，观察岩钉是否会发生旋转，如发生旋转则说明表面咬合不好，必须更换尺寸更大的岩钉。在打入岩钉时，务必注意以下问题：

（1）可考虑徒手放置岩钉来避免对岩壁的破坏。

（2）一般来说，从水平方向打入的岩钉，要比从垂直方向打入的岩钉牢固。

（3）岩钉的孔朝下较为理想。

（4）岩钉应打入该段裂隙较宽处，如果岩钉上下部分的裂隙较狭窄，岩钉承受攀登者体重时将可以得到来自裂隙的支撑。

（5）要尽可能避免把岩钉打入三面包夹的角落，否则无法将它前后摇动以取出，只好留着成为固定岩钉。

（6）如果岩钉的位置导致连接的钩环落在岩石边缘上，就必须加上一个英雄圈连接岩钉，以避免钩环侧边受力。

（7）纵向裂隙应打入刀形岩钉，突出部分的钉孔朝下。

（8）打入角形岩钉时应使V字的三点接触岩石，背部接触的岩面必须与两个边缘接触的岩面相对。

（9）多孔形岩钉多为铝制，相当脆弱，不要用力锤击。

（10）会扩张的裂隙有一个潜在的问题就是：在接连敲入两个岩钉时，位于下方的岩钉（前一个岩钉）会松脱。此时，应尽量改用岩械代替，可减少裂隙扩张的程度。

（11）当遇到潜裂隙或凹槽时，可将岩钉敲入岩械旁边，或是用岩械塞入岩钉和岩壁间隙，使岩械成为岩钉挤塞的第二面"岩壁"，反之亦然。同时，还应用保险绳环来连接两个装备，且保险绳环不能受力，以防止装置失败时装备掉落。

（12）在敲入岩钉时，如果遇到阻碍，即无法顺利敲到底，应当停止锤击，否则便会越敲越松。这时可将带环系结在紧贴岩面的钉身上。

2. **套叠与并置法**

当手边没有适当的岩钉、岩械等可置入裂隙时，人工攀登可以具有很大的创意空间。无论是身边合适的装备已经用完，还是遇到外开的浅裂隙却又需要能支撑坠落的固定点，这时都可以使用套叠或并置现成的装备来应急，只要是合适的组合都可以自由搭配。

例如，刀形岩钉可以背靠背并在一起打入裂隙使用；如果需要第三个岩钉，可以把前两个用手置入，第三个从前两个之间敲入。在特别棘手的情况下，也可以组合岩械和岩钉，或组合岩钉和钢索挂耳来使用。对于这类组合使用的方法，仍然需要一个不受力的保险绳环来连接两个装备，以防止装备因失败而掉落。另外，如果固定点不用来承受坠落的力量，可以用岩钩来代替上述复杂而耗时的组合方法。

3. **岩钩与天钩的放置和使用**

在使用岩钩时，应先扣入绳梯，然后在吊带和扣入绳梯的钩环之间也连接绳环（或雏菊绳链），如果岩钩松脱，这样的连接方法可以防止岩钩或绳梯脱落。要注意慢慢把体重移上岩钩，并且要避免脸正对岩钩站立，以防止岩钩脱落时弹起的强大的力量伤害眼睛。对于使用何种类型的岩钩，要依据岩壁的质地来选择。

放置岩钩时应配合裂隙或岩洞的形状，使之钩住岩壁。一般来说，岩钩与裂隙越贴合放置的稳固性就越高，并且比较不会破坏岩壁。

当置入天钩时，将钩端钩住岩石边缘、片岩或岩洞等可以利用的地方，如果钩住的是膨胀铆钉留下的浅洞，轻敲天钩有时可以使之更深入岩面，但也可能会让它更容易弹起。

4. **可塑性装备的放置**

所有可塑性装备都有失败的可能，其牢固性无法保证，因此，除非遇到小岩洞或外张裂隙等其他装备均不适合的情况时，切勿轻易使用。下面是置入铜头或铝头的基本步骤：

（1）置入钉头：如同放置岩械一样置入外开裂隙或隙缝的狭窄处。

（2）以X字敲击法敲击：以一个角度来回敲击，使钉头上出现X字的图案。

（3）敲击钉头左右两侧使之卡得更紧密。

（4）旋转测试：敲击钉头顶部和底部，观察是否旋转，如发生旋转，则重复步骤（2）与步骤（3）。

三、人工攀登的技巧

（一）人工攀登的步骤

无论攀登者是立于平地，还是位于绳梯的最高阶，人工攀登基本顺序都是大体相同的，具体如下：

（1）攀高。观察并触摸上方地形，选择适当的装备，准备将它置入双手可及的最高点。

（2）置入固定点。

（3）扣入自由钩环。有的攀登者喜欢扣入两个串联的钩环，第二个钩环稍后将会扣入攀岩绳；有的攀登者喜欢先扣入一个附有两个钩环的绳环；有的喜欢扣入一个快挂。

（4）如果目前承受攀登者体重的支点不够牢固，并且攀登者确定在较高处的支点较为牢固时，则可将绳子扣入该处的第二个钩环；最好不要将绳子扣入较高处的支点，以防止增加坠落的距离。

（5）用钩环将绳梯扣入较高支点。用一个O形钩环将自由绳梯和雏菊绳链的末端扣入较高处的支点（使用两个串联钩环者应扣入第一个钩环）。

（6）测试新支点（较高处支点）。单脚踩着上方绳梯轻跳（另一脚仍然踩在较低处支点的绳梯上），以测试新支点是否牢固。对于不太信任的新支点，可以改用手用力拉扯，然后慢且稳地逐渐将体重移至新支点。在测试或移至不可靠新支点时，要先通知保护者注意加强保护。

（7）身体移至较高处的绳梯。把雏菊绳链缩短扣入新支点。

（8）取下低处的绳梯。一般长距离的人工攀登都会携带两副绳梯，故此刻应取下低处绳梯，扣入安全带（如果只带一副，取下后，扣入最高处支点，或较高处支点的第二个钩环）。然后爬上绳梯直到雏菊绳链可以扣入新支点。

（9）把新支点扣入第二个钩环（与第一个钩环串联），然后再扣入绳子。如果一开始便扣入了两个串联钩环，此刻则将绳子扣入第二个钩环。

（10）观察研究上方岩壁，寻找下一个支点的位置，然后尽可能站高，如果需要，缩短及重新扣入雏菊绳链，再重复上述步骤。

（二）人工攀登与自由攀登的转换

自由攀登转换为人工攀登需要花费一些时间，因此，应在到达能力极限之前便完成转换，开始使用人工攀登技巧。人工攀登与自由攀登技巧的转换，关键在于对转换时机的把握。只要做好了转换的心理准备，转换的技巧并不难，但是如果没有预期到会使用人工攀登，在突然需要转换时，就可能会手足无措。

由人工攀登向自由攀登的转换，最好攀登到可以舒服地转换为自由攀登时开始。如果较早转换，要取下扣在最后支点上的绳梯可能会比较困难。如果只是想在人工攀登的绳距中，采取数个自由攀登动作，只需要将绳梯扣入安全带背后即可开始自由攀登。如果想尝试较长距离的自由攀登，则必须把大部分的人工攀登装备取下，悬挂在身后。

（三）悬吊式确保

先锋者到达绳距尾端后，尽量在攀登路线之侧架设确保点（保护点），作为新的确保站。注意要先在此段绳距起点架设一个固定点，以供后攀者转换为先锋者时利用。

架设确保站时，务必注意把所有的确保点（包括拖吊背包的固定点）都相互连接。当扣入装备时，务必留心，连接点绝对不可以自断裂处脱出。同样，与主要确保点分开的拖吊背包固定点如果失败，整个确保系统，可能会因背包坠落的冲击力使主要确保点受力过度，而使整个完整的确保系统跟着失败。

在扣入确保点后，要用8字结来固定攀岩绳；在固定绳架好后，通知后攀者可以此做器械攀登。如果需要拖拉背包，还应准备架设拖吊系统。在吊完背包后（如不需要拖吊，则在架设好固定绳后），架设确保坐鞍，然后舒服地等待后攀者上来，整理装备后，重新理绳，交换先锋工作，准备确保下个绳距的攀登。

（四）提洛尔横渡法

当爬上与主岩壁分离的石柱而又必须回到主岩壁时，最常利用提洛尔横渡法，即把绳子横于岩壁与石柱顶端，攀登者连接在绳子上，从空中横渡而过。提洛尔横渡法的顺序如下：

（1）在主岩壁上架设可同时承受水平和垂直拉力的牢固的固定点。用双绳垂降至主岩壁和石柱之间的鞍部，切勿抽下垂降绳。

（2）利用额外绳子，攀至石柱顶端，后攀者带上垂降绳自由端（两条绳尾）。

（3）在两位攀登者均爬上石柱顶后，将垂降绳自由一端（现为横渡绳）拉扯紧并固定在石柱顶。

（4）在确保状态下，攀登者沿其中一条绳索利用德州普鲁士法凌空横渡而过。前攀升器用雏菊绳链系于吊带上，绳梯系在后攀升器上，雏菊绳链系在攀登者安全吊带上。最后，攀登者另用一条安全绳环连接横渡绳和安全吊带，而此带环用钩环扣入两个攀升器之间的绳子上。较低的攀升器要以安全钩环扣入绳子，以防其脱落。

（5）当第一攀登者横渡完成后，第二攀登者拆下系在石柱顶上固定点的绳子，将其中一条绳端穿过固定点，再将两条绳索连接，如同架设绳索垂降一样。第二攀登者须注意要抽哪条绳子回收。如果使用单绳做短距离的横渡，则横渡两端的攀登者必须拉绳子，使绳子中间到达石柱顶上的固定点，绳子两自由端回到主岩壁，否则将很难抽绳。

（6）第一攀登者拉紧绳子，将两端固定在主岩壁上，确保第二攀登者横渡。第二攀登者按照第一攀登者横渡的方式完成横渡。

（7）解下主岩壁上的绳子，拉正确的一条绳子，把绳子抽回。

（五）德州普鲁士法

德州普鲁士法是由研究洞穴的专家发明的一种简单的系统，其中一条绳环供双脚使用，另一条绳环则用来坐着（用一个有锁钩环扣在坐式安全带上）。供双脚使用的绳环有两个脚踏绳环，一脚一个，松紧可以自由调整。德州普鲁士法的使用步骤如下：

（1）把双脚踩在脚踏绳环里，站起来。

（2）把胸式安全带的钩环解开。

（3）把坐式安全带绳环的摩擦结弄松，将它沿着绳子往上推滑，直到绳环拉紧。

（4）在坐式安全带上坐下来，把全身的重量放在坐式安全带绳环上，如此一来，人的重量就从脚踏绳环上转移开了。

（5）把连接脚踏绳环的摩擦结弄松，把它沿着绳子往上推滑，如果绳环调整适当，可以上推50～75厘米。同时，脚也跟着绳环提高。

（6）再次踩着脚换站起身子。

（7）持续重复步骤（3）至步骤（6）的动作。

（六）后攀者的基本技巧

在短距离的人工攀登路线上，后攀者通常是由上方确保，依先锋者的攀登顺序攀登。而长距离的人工攀登就要使用不同的策略。此时后攀者通常利用攀升器攀登固定绳，并沿途取下固定支点。

1. 攀升器械使用技巧

后攀者固然可以使用普鲁士结将绳环连接固定绳上攀，但是使用攀升器会更安全、更高效。每个攀升器连接一个绳梯和雏菊绳链，绳梯提供立足点，而雏菊绳链则连接攀升器和安全吊带。

用钩环把雏菊绳链和绳梯扣入攀升器。攀升时切勿解开绳子尾端，以免两个攀升器都失效时无确保可用。为了进一步减少长距离坠落的可能，应每攀升一段距离便将攀升器下方的绳子打个8字结，并用有锁钩环扣入安全吊带。一般在每隔6米左右便重复此步骤。只有将新的8字结扣入安全吊带后，才可以解开前一个8字结。

在攀升时，尤其是在横渡或斜面上的区段，有时必须将第一个攀升器除下，在绳子下方受力也不会脱出的固定点之处的上方再重新扣入。在重新将上方攀升器扣入后，要仔细检查是否完全锁住，以免绳子脱离。在重新把攀升器扣入并使之承受体重后，即可把绳子从不牢固的支点上取下。另外，在使用攀升器上升时还应注意两点：第一，带一个普鲁士绳环作为备用，以避免攀升器发生故障；第二，攀升时要注意锐利的岩石，以避免绳子被岩角割断。

2. 清理路线

人工攀登的效率有赖于装备整理的条理化。当后攀者一边上攀一边清除路线时，就要把装备按照先锋攀登的要求排列整齐，以利于先锋转换工作。

在后攀者上攀过程中，放得很浅的支点通常会自动弹出来，因此，可以在上推攀升器时，顺势将其取出。如果是采用干净的人工攀登，可以在每次将绳子重新打上8字结时再取下、整理绳子上累积的装备，而不必每个支点都停下来收取。对于岩壁上留存的固定岩钉，还应让其留在原位，除非已经明显的不安全或会妨碍岩械的放置。拆除自己所设置的岩钉时，可以先顺着裂隙的轴向上敲（如为直裂隙），当敲到底部不再移动后，再往下敲回原来的位置，重复此动作将岩钉敲松，不要朝各个方向来回打到底。一旦岩钉敲松，能轻易地摇动后，便可将其取出。

3. 交换先锋的技巧

确保站如果未能妥善安排，绳子、绳环和确保装备便会纠结成一团，给随后先锋带来麻烦。基本的组织方法可以使确保站便于管理，提高行进的效率。在人工攀登中，改善确保站整理的常用方法有如下五点：

（1）每条绳子应尽量使用不同的颜色以便于区分。

（2）拖吊完背包后，先锋者应整理好拖吊绳，并整理好确保点上的其他绳子和装备。

（3）当后攀者到达确保点，并开始整理先锋装备串时，原先锋者（现保护者）应将绳子盘成蝴蝶绳盘，并用绳环挂在固定点上，以避免绳子纠结，并且容易抽绳使用。

（4）如果后攀者背有背包，可以将下一段不用的装备收入背包，并扣入固定点上。

（5）新先锋者将拖吊绳的一端连接于安全吊带，等保护者做好确保后，开始新的攀登。

（七）大岩壁攀登的技巧

攀登大岩壁需要高度冷静的心智状态，要能胜任沉重装备的拖吊工作和接连数日的垂直世界生活。攀登者在食物和饮水的限制下，只有具备扎实、有效率的人工攀登技巧，才可能在预定的时间完成大岩壁攀登。

1. 拖吊系统的操作

在架设确保点并固定后攀者的绳子后，先锋者应即刻开始操作拖吊系统。具体操作步骤如下：

（1）连接滑轮在拖吊用的固定点上，即把拖吊绳穿过滑轮。

（2）把攀升器上下相反倒装在拖吊绳上，装在背包的那一端。把攀升器靠近滑轮的一端（底部）扣入固定点。然后把指向背包的一端扣入其他装备或其他重物，以保持平衡。也可以把系统用可制动的滑轮取代。

（3）以正常方向在滑轮另一端的拖吊绳装上另一个攀升器（介于先锋者和滑轮之间），用雏菊绳链连接到安全吊带上。

（4）用手或脚把身体撑离岩壁，利用身体的重量来拉背包。

2. 架设固定绳

在长距离路线的人工攀登中，攀登者会在绳距上架设固定绳，以便次日能用攀升器快速攀到前一日的最高点。因为一日攀登的最高点不一定是适合过夜的地点，所以攀登者通常会在过夜地点往上架设两三段绳距的固定绳，留下露宿用不到的装备，再降回过夜地点。固定绳的尾端连接于前一个绳距的固定点，特别要注意在锐利岩角上加个护套来保护绳子。另外，在一段距离中也可以加几个中继固定点，以减少器械攀升时绳子的弹性，也可以改变绳子的方向避开磨绳的地方。

3. 撤退

在开始攀登大岩壁之前，要先规划好撤退的路线，以免遭遇恶劣天气、意外或其他紧急事情而措手不及。如无撤退路线，可考虑携带一个膨胀铆钉工具盒，以便在紧急时架设垂降固定点。另外，在攀爬每段绳距时，也应该思考如何下降。

第三节　攀岩运动教学训练的开展

一、攀岩课程的开课条件与教学步骤

（一）攀岩课程的开课条件

1. 开课的硬件条件

场地设施硬件。学校攀岩课教学训练课要具备一定的条件方能正常进行。攀岩场地、器械装备是课程开设的硬件设施和前提。为了保障教学的安全性，一般选择在校园内修建人工攀岩场，岩场的规模、风格各异，可根据各个学院的类型、规模、环境、资金投入及校园文化等来作出最适宜的选择。而自然岩场一般不用于正常的攀岩课堂教学，一方面，因为自然岩场的不可控因素较多，很难保证班级教学的安全；另一方面，受教学时间等条件的限制，很难协调野外攀岩课同其他课程之间的冲突。由于攀岩教学场所的特殊性（高空性、危险性），所以对攀岩教学的器材与装备均有十分严格的要求。规定所有的登山、攀岩器材装备都必须具有UIAA或CEN认证，方可使用，并且在使用中要认真做好器材装备的安全检查，一旦发现安全隐患，应及时更换。

2. 开课的软件条件

攀岩师资与合理的班级编组是攀岩教学开展的软件基础。攀岩是具有一定潜在危险性的体育运动，它新颖、独特、刺激、富有挑战性，也更迎合当代学生求异与挑战的心理需求，但由于攀岩运动自身的特殊性，稍有疏忽便会酿成严重的教学事故，因此，它对任课教师的攀登技术与理论的掌握、责任心及组织管理能力等方面有着十分严格的要求，以保障教学训练的安全。攀岩教师必须经过严格正规的专门培训方可担任。目前我国攀岩教师十分缺乏，远远适应不了当前攀岩运动在大中小学的开展。加强各级各类学校、俱乐部攀岩教师、教练员的培训工作是我们全面开设、推广攀岩运动所面临的巨大任务。

攀岩课班级教学不同于其他体育运动项目，因它本身的危险性因素较高、不可控因素较多，给安全教学组织带来一定的压力与困难，因此学生班级人数不宜太多，要控制在一定的范围之内。另外，在教学中，可以根据班级学生的实际情况采用适宜的分组。

（二）攀岩课程的教学步骤

"教育是我国攀岩运动可持续发展的根本。"①攀岩运动的人才资源，应该依靠教育，为攀岩运动的可持续发展源源不断地输送人才，提供不竭的动力。攀岩课的基本教学步骤同其他体育课教学一样，一般主要分为以下三个步骤：

第一，制定课程标准。课程标准是进行攀岩课程教学的总体要求，主要包括课程的形式、目的、基本教学要求、教学内容、学时分配、技术评定标准与考核办法等，具有课程教学的目标性与计划性。

第二，编写教学日历。教学日历是每学年、学期课程教学的初步计划，是顺利完成课程标准的保证。

第三，编写教学日志。教学日志是对课程标准与教学日历具体实施，是完成教学任务的基本保证。教学日志可根据教学过程的实际情况及时、适当作出调整。

二、攀岩训练的安全性意识

攀岩是具有潜在危险性的体育运动，其活动场所的特殊性（大都在悬崖峭壁或人工岩墙上进行），决定了在攀岩教学训练中安全意识教育、培养的重要性。在攀岩教学训练中，安全是第一位的因素，因为在攀登过程中，一旦发生意外很可能就会危及攀登者的生命。因此，在进行攀岩课的教学训练时，首先要保证上课人员的安全。在有安全保障的前提下方可进行教学与训练活动。

---

① 肖随龙，黄河.奥运会背景下我国攀岩运动的可持续发展研究 [J]. 长江工程职业技术学院学报，2018，35（04）：66-68.

安全保障不仅仅是指对攀岩场地、装备的严格要求与规范操作，更重要的是建立一种意识——安全意识。当走进岩场准备攀登时，就应该先考虑安全问题。这不仅要求攀登者要注意自己的服装、做好充分的准备热身练习和思想动员，而且要求攀登者要严格遵守岩场的行为规范和教学训练课的组织纪律，要树立强烈责任心，团结互助。在练习中，要注意保持正确的身体姿势与动作及适宜的运动负荷，预防运动损伤的发生。

在攀岩课的教学中，一方面由于学生人数较多，身体差异大，且安全意识淡薄；另一方面，由于攀岩课大都在户外教学，学生注意力容易分散，也易于冲动和急于表现，如果组织管理不善，稍有不慎便会导致意外事故的发生。因此，在教学训练过程的始终都要建立较强的安全防范意识，避免发生危险，必须注意以下要点：

（1）保证安全是最重要的责任，危险就潜伏于习惯中，要养成安全操作的习惯。

（2）仔细阅读装备使用说明，它关系着人的生命。

（3）攀登者之间相互检查，确认装置已经装备好。

（4）攀登前应先热身，保证全身关节都活动开。加强肌肉柔软度训练，可避免伤害。培养正确的训练方式，改正易受伤的攀登姿势、习惯或风格。

（5）攀登者对保护者喊"准备攀登"，保护者回答"开始攀登"后，方可开始攀登。

（6）保护者在保护过程中注意力必须高度集中，多观察，了解攀登者及其习惯。

（7）攀登时尽量将动作做到平衡，使压力由各肌群平均分担。避免将关节伸展至极限，否则将对周围肌腱或组织造成伤害。如果支点不在体力的负荷范围内，切勿逞强尝试。为使肌肉平衡发展，须同时训练与肌纤收缩相反之力量。

（8）确实依照个人能力决定训练强度。

（9）逐步提升训练强度，给予身体足够的适应期。

（10）勿因观众的期望或压力，做出超出体能负荷的动作。

（11）攀登者登顶后，大声对保护者喊"准备下降"，当保护者回答"开始下降"后，攀登者开始下降，同时注意下降的身体姿势。

（12）在受伤时须尽快变更计划，切勿求胜心切而使伤情加重。

（13）勿忽略发炎肿痛的症状，否则将延缓患部的复原。无论症状多细微，皆须保持警觉和积极防范。

（14）勿过度依赖止痛剂，因其在消肿止痛的同时，亦将掩饰患部所发出的警讯，并减少自我免疫力。

上述攀岩安全要求可归结为记忆口诀：运动攀登口号喊；检查装备三方严。天岩头盔违开除；攀登绳下不越攀。攀岩架设安全绳；解除确保要回应。天然人工观察员；互纠错误人心安。新手先锋三人组；确保常规二人伴。女男确保二确保；学生教练互纠偏。主绳受力下一动；不可踩绳丢装备。

三、攀岩教学训练的原则

（1）循序渐进性原则。循序渐进原则的重点是要注意技术动作学习的难易与运动负荷量的调节。一方面，在攀岩教学训练内容和运动负荷的安排顺序上，应根据学生的实际水平，遵循由易到难、由小到大逐步提高的原则；另一方面，在制订和实施教学训练计划时，应注意合理搭配难度训练、强度训练与调整训练，避免教学训练安排的随意性。

（2）课程设置的合理性原则。一般认为，一位教师的班级教学人数在20～30人最为安全，而30～40人的班级，应该合理安排两名教师同堂授课。对于普修的学生，一般安排30～40学时较为适宜；而专业学生可安排60学时。普修班级的学生主要掌握基本攀登技术、垂降或下降技术、保护技术、器械的规范操作技术及保护点的设置技术和身体素质训练。而专修班的学生应增加先锋攀登技术、先锋保护技术、教学方法与手段以及战术训练。

（3）系统性原则。攀岩运动被誉为"岩壁上的芭蕾"，攀登者在岩壁上的闪、展、腾、挪、跳跃等，都对其力量、耐力、柔韧、协调、灵敏和心智等运动素质要求较高。在日常练习中，必须注意训练的系统性，严格控制不同阶段训练任务与内容安排的合理性与前后衔接。

（4）区别对待原则。攀岩教学训练中，由于每个学生的身体、心理、智力等方面都有着不同的差异，因此每个学生的承受能力、恢复能力及对技术的掌握与理解等也就各有不同，要使教学训练科学化就要考虑针对不同类型的学生制订不同的教学训练计划，做到区别对待。

（5）动态性原则。在攀登教学训练中，无论是基本攀登技术的教学、攀登技巧的运用，还是攀登者的体能训练等，都不是一成不变的，而是一个动态的过程。因此攀登教学训练过程要有一定的弹性，在制订教学训练计划、负荷的安排与调控以及基本技术的掌握与运用等，都要在一个动态过程中进行。

（6）反馈原则。攀登课的教学训练中，要注意两个方面的反馈：①在教学训练过程中，要注意收集每个学生反馈的训练信息，以便合理修订教学训练计划；②根据岩场支点与造型的千变万化以及学生的身体、心理状况，设计出更能反映攀岩运动和动作技术学习规律的教学训练方式，进一步提高教学训练效果。

四、攀岩教学训练课的类型

（一）攀岩教学的类型

攀岩教学课的基本类型主要有保护技术教学、基本攀登技术教学、先锋攀登技术教学、速度攀登技术教学、攀石技术教学以及上升与垂降技术教学等。在教学过程中，要注意以下六点：

（1）学生的合理分组（如一对一、两人分组互助教学）。

（2）注重教学团队建设。经过合理分组组建一个个小团队，通过加强团队建设，来培养学生互助精神与团队意识。

（3）器械的规范合理操作。器械的规范合理操作是攀岩课安全进行的保证，尤其是在保护和下降技术操作中。

（4）加强学生基本攀爬能力练习。

（5）短程向上攀爬练习。

（6）全程攀爬练习。

攀岩保护技术主要有法式保护技术和美式保护技术，可采用先在地面固定模拟收绳保护练习，熟练后再进行攀爬保护练习；先进行两人组合保护练习，再进行单人保护技术练习。基本攀登技术主要是学习器械规范操作和基本手法、脚法、身法及攀岩的节奏等。先锋攀登教学可以首先在地面进行扣快挂技术动作练习，然后进行顶绳保护先锋攀登扣快挂练习，最后进行先锋攀登练习。速度攀登可以先进行短程双排线（楼梯路线）攀登练习，再进行全程双排线节奏攀爬练习，以及双排线加单排线路线练习。

（二）攀岩训练的类型

（1）身体素质训练。攀岩的身体训练与一般体育项目的身体训练大体相同，主要包括了力量、耐力、速度、柔韧、协调及灵敏素质的训练，但是攀岩训练的内容与要求更全面和深入，尤其是对攀登者的手指力、协调性与平衡性的要求较高。

1）力量素质训练。根据力量素质和体重的关系，力量素质可以分为绝对力量和相对力量。由于在攀岩运动中，攀登者需要克服自身的体重向上攀登，因此也更为重视相对力量的训练。所有攀岩力量训练主要以相对力量训练为主，另外还需要提高爆发力及快速力量的水平，用于通过一些难点和速度攀登。根据攀岩运动项目的特殊需要，要更加强调手指关节、脚趾关节、踝关节及中枢部位肌肉群的力量训练。

2）耐力素质训练。攀岩运动中，不同攀登形式的耐力素质是不一样的。对于速度攀登来说，主要是以速度训练为主，所以耐力素质的发展也是以速度耐力为主，即要更多地发展攀登者的无氧耐力水平。而对于难度攀登者来说，则更多地需要强调其有氧耐力的发展水平，重点抓好局部肌肉耐力水平的发展。

3）速度素质训练。速度素质在速度攀登中尤为重要。攀登者的反应速度、动作速度及移动速度等是速度训练的重点。在难度攀登中，速度素质也占有十分重要的地位，能快速地通过困难段路线及难点，往往能节省大量的体力，有利于攀登路线的顺利完成。

4）柔韧、协调与平衡训练。攀岩运动是一种不断追求身体平衡的运动，从这一意义上说，它对攀登者的柔韧性、协调性及对身体平衡能力的控制要求较高。因此对于攀登者肩带关节、髋关节及腿部等的柔韧性训练、上下肢与躯干间动作的协调配合和对身体平衡能力的不断调整、控制的能力是训练的重点。

5）灵敏素质训练。灵敏素质在攀岩运动中，充分体现在攀爬过程中，一个动作的完成通常需要与不同的方法及全身协调配合相结合，其中任何一个环节的失误都会造成技术性脱落，所以在日常训练中，适当安排灵敏素质的训练是十分必要的。

（2）攀登技巧训练。攀登技巧训练主要包括手、脚的技巧学习与训练，身体姿势及移动技巧的学习与训练，攀登器材的正确使用技术的学习与训练。

（3）心智与战术训练。攀岩运动对攀登者心智能力有较好的锻炼效果。攀爬中路线的选择与放弃、难点的大胆尝试与攻克等无不对其心智能力提出较高的要求。许多攀岩者容易忽略恐惧感、焦虑等情绪对攀岩表现的影响，以及缺少对攀登路线、技术动作、器械操作和休息与抹粉时机等的充分思考，这对攀登的极致表现有很大影响。

五、攀岩教学训练的实施

（一）攀岩教学训练的准备

（1）教学方案与计划的制订。在进行攀岩教学训练前，应详细制订出课程方案，并结合学生、场地、器材装备等的实际情况，制订出全面、细致、行之有效的教学训练日志，并在教学训练实践中根据实际情况及时作出适当的更改。

（2）教学训练前的思想动员。教学训练前的思想动员也即课前动员，主要解决学生三个方面的问题：①端正学习训练态度，树立安全意识，保证课程的安全；②发现和解决不利于教学训练的不良心理因素，保证学生在增加对保护人员充分信任的基础上保质、保量地完成教学训练任务；③帮助学生树立责任感与培养团结互助、勇敢顽强的精神。

（3）装备、器材的准备。学生在练习前，尤其是在攀登较高的建筑物和岩壁时，一定要仔细检查所有的器材装备，确保安全使用。

（4）攀岩场地的检查。课前要充分了解场地的特点，并对易发生危险的位置作出预测，以便在教学训练中采取有针对性的措施预防危险的发生。

（二）攀岩教学训练的编组

（1）教学编组的目的。攀岩教学训练前，必须对所有学生的身体、技术情况进行一次认真、细致、全面的调查，然后根据调查的结果和教学计划的要求进行合理的编组。编组主要是为了能够顺利地进行技术教学，合理贯彻区别对待教学原则，突出训练的重点环节，克服、解决教学训练中出现的难点，提高教学质量。

（2）教学编组的方法。攀岩教学编组与其他体育项目教学相比有其自身特点。一般来说，根据保护来进行编组是较为常用的教学编组方法。通常较低的建筑物攀登采用集体分组教学的方法，而对于较高的建筑物和岩壁攀登，则采用一对一、两人分组教学的方法。此外，也可以根据学生素质、技术的不同，把不同素质水平或技术水平的学生编到一组，从而促进整体教学水平的提高。

（三）攀岩教学训练的过程

学校攀岩教学训练过程主要包括基础训练阶段、专项训练阶段及保持发展阶段。在基础训练阶段，要求学生主要掌握基本攀登技术，提高耐力水平和技术水平；在专项训练阶段，主要提高专项运动能力和技术水平；而在保持和发展阶段，则主要是进一步加强攀登能力训练，保持和提高攀登技术水平。

（四）攀岩教学训练的注意事项

（1）攀登岩壁前要做好充分的准备工作，检查必需的装备是否带齐，保护装置连接是否正确。

（2）正式攀岩前，要做好热身运动及思想动员，这样不但可以使身体各运动关节、肌肉充分活动，还可以减轻攀登者的心理压力，最终达到身心准备的最佳状态。

（3）观察规划好最佳攀爬路线，注意可能遇到的困难点，做好克服难点的准备。

（4）攀爬动作一定要做好"三点固定"，谨防蹿跳式攀登。

（5）攀登途中遇到浮石或松动的石块，不要乱扔，要放置在安全处或通知下面的同伴注意后再做处理。

（6）重视安全保护工作，攀爬者和保护者要密切配合，没有充分安全的保护措施要拒绝攀岩，不要冒险攀登。

（7）在攀登中，切忌抓草或小树枝等作为支点。

（8）攀登者不能戴手套攀登，野外攀登时要戴好安全帽。

（9）在攀登过程中，要保持镇静，切忌惊慌失措。

第四节　攀岩运动的安全保护技术

保护是攀岩运动得以安全进行的基本要素，是确保者（保护者）运用攀岩绳索来制止攀登者坠落的一套系统，又称保护系统。良好的保护可以安全地控制坠落者所产生的巨大力量，确保攀登者发生坠落时的安全，但保护技术必须勤加练习才能熟练操作。

保护系统最简单的形式是用一条攀岩绳索来连接一个攀登者和一个保护者。该保护系统有三大要件：一是把控制攀岩者坠落的力量施予绳索的方法，即保护方法；二是良好的保护位置和姿势及牢靠的保护固定点；三是技术熟练的保护者。

一、保护技术在攀岩运动中的运用
（一）保护固定点的使用
保护地点的选择要具备三个特点：一是架设保护固定点的良好地点；二

是安全牢靠的地点；三是相对舒适的地点。

在多个绳距的攀登路线上，攀登者通常会轮流进行先锋攀登（或进行了数个绳距的先锋攀登后再进行轮流），因此他们要在各自先锋攀登的绳距上方来保护后攀者的攀登。为了减少先锋攀登者可能发生的坠落距离，要求先锋者必须在上攀的途中不断设置中间支点，并将绳子连接到这些中间支点上保护，然后再继续攀登。当先锋者发生坠落时，其坠落的距离便会缩减为先锋者所超过最高中间支点距离的两倍，加上绳子本身的伸展长度，保护者移动的距离，绳子滑动的距离和其他多留下的活动绳段的长度。

（二）制止坠落的因素

攀登者发生坠落时所产生的力量受多种因素的影响，概括起来主要有如下方面：

（1）静力。静力是维持物体静止不动的力量，是影响坠落制止的重要因素。当攀登者被吊在空中时，由于地球引力而产生把他下拉的重量，同时绳子会在引力相反的方向把攀登者向上拉住，该力量便称为静力。

（2）冲击力。由于地球引力的作用，攀登者坠落时会以每秒9.8米的重力加速度下坠，此时人体会对绳子产生瞬间的冲击力，并且该冲击力会远大于静止拉住物体时的重量。冲击力的衡量单位是千牛顿（KN）。1KN的力量相当于102千克的静止重量。

（3）坠落的距离。坠落距离是指坠落者自发生坠落到坠落被止住时所移动的距离。支撑住坠落者的重量所需要的力量必须考虑坠落被止住时的速度。越快止住坠落者的坠落，即在越短的坠落距离上止住坠落，对攀登系统每一环节所造成的危险冲击力就越大，尤其是对坠落者本身。因此，可以通过适宜的缓冲增加坠落距离，延缓止住坠落的时间等，来减少坠落对攀登系统的高冲击力。

（4）弹性绳的优点。弹性绳的主要优点是在攀登者发生坠落时，绳子可以通过自身的伸展缓冲来吸收、减弱高冲击力。在没有弹性绳的年代，制止坠落的安全方式是使整个保护系统处于动态，即让部分绳段在发生坠落时可以滑动，从而避免高冲击力对攀登者造成伤害（因为过去使用的麻绳不能承受高冲击力，也不能吸收冲击力量），但是这种动态保护系统的操作技巧较难学习，并且滑动绳子所产生的摩擦力也可能会烫伤保护者。弹性绳的出现则更好地解决了这一问题，使保护的安全性大大提高。

攀岩绳不但要求不能因发生坠落而断裂，还必须要具有延展性即弹性来吸收坠落所产生的冲击力，因此它不是以强度而是以冲击力来表示规格。攀岩绳的主要作用是通过弹性缓冲、吸收坠落的冲击力量，来保护攀登保护系统即施加在保护固定点的力量减少，发生坠落的攀登者能被轻柔地止住，同时保护者也可以比较容易制止坠落。

（5）坠落系数。坠落系数是指坠落距离与坠落绳段长度之比，即坠落的距离与弹性绳吸收坠落力量的能力。攀登者坠落所产生的冲击力量是由坠落系数而不是由坠落距离来决定的。坠落系数=坠落距离+坠落绳段的长度。

坠落系数越小，表示坠落的距离越小于坠落绳段的长度，坠落的冲击力也就越小，坠落者和保护系统也就越安全。在任何正常的情况下，坠落系数的最大值为2，即坠落距离为坠落绳段长度的两倍。例如，当先锋攀登者在保护者上方4米的距离发生坠落，而中间没有架设任何保护支点时，这样就会有4米的绳段下坠，于是攀登者就会在保护者下方4米处停住，也就是说其在4米的绳段上坠落了8米。带入公式为：8（坠落距离）÷4（坠落绳段的长度）=2（坠落系数）。

坠落系数为2的坠落将会对保护固定点和攀登者产生最大的冲击力，发生危险事故。假如有中间保护支点或者进行动态的缓冲保护，所产生的坠落系数便会小于2，此时便会产生较小的冲击力。很明显，同样坠落8米，由于坠落绳段不同，其坠落系数相差很大。

（三）保护先锋攀登者

对于安全保护先锋攀登者的攀登，了解坠落系数对坠落冲击力量大小的决定性作用是十分重要的。由于先锋攀登者的坠落距离是从其发生坠落点到所架设最后一个保护支点距离的两倍，因此，要求先锋攀登者在攀爬过程中，一边攀爬一边不断架设中间保护支点，以尽量减少坠落距离，从而减小坠落冲击力。因此，在开始先锋攀登后，要尽可能早地设置第一个中间保护支点，来确保攀登保护系统的安全。

二、攀岩运动的保护技术

保护既是一门科学也是一项艺术。优秀的保护者，不但能保护攀登者的安全，而且能使攀登者更容易攀登。在良好的保护系统中，通过绳索、保护者及其他系统的合理正确配置，使绳子可以顺畅地到达攀登者。在攀登者需要给绳或收紧时，保护者能够及时合理地完成给绳或收绳动作。保护系统中的保护器可以直接连接到保护固定点或保护者身上。如果保护采取用保护固定点直接保护，那么保护固定点就必须可以防止来自各个方向的力量。只是通常所采用的保护都是间接保护，因为保护者的身体可以吸收一部分冲击力量，从而减少了对保护固定点的直接受力，但是保护者也可能受到猛烈的惊吓，甚至可能被瞬间的坠落拉倒。保护时要注意以下五点：

（1）确保攀登时绳子运作顺畅。要求保护者在开始攀登之前，把绳子从头至尾理顺一遍，使绳子依序叠放在地面，然后让攀登者可以很顺畅地以先锋攀登的方式把绳子依序带到岩壁上。

（2）确保制动手能充分地移动到制动位置。

（3）充分做好保护准备动作，同时保护者也必须面对攀登者所要攀爬的方向。

（4）攀登前，必须注意将保护者身边多余的绳子的尾端绑在保护者身上，或绑在牢靠的保护固定点上，或至少要在绳子的尾端打一个防脱绳结，这无论是在多绳距攀登还是在单一绳距攀登的地面上操作都是十分重要的。

（5）保护者和攀登者要随时保持沟通，能够了解对方在想什么，想要如何往下走。

（一）攀岩运动的基本保护技术

保护技术是指为了防止在攀登过程中因动作失误而引起意外险情时，所使用的各种规范保护操作技术，是攀登者必须要掌握的基本技术之一，也是攀岩专业技术的重要组成部分。

攀登者是在保护系统中，由保护者通过绳索给予的保护下进行攀登的。

绳子的一端通过有锁钩环或直接连接在攀爬者的安全带上，另一端则穿过与保护者安全带相连的钩环和保护器，并固定在保护固定点上。在先锋攀登时还要不断将绳子扣入一个或多个中间保护支点上的钩环内（即快挂扣内）。保护者在攀登者攀爬时，不断给绳或收绳，在失手或发生坠落时要拉紧绳子，合理及时地制止坠落。

1. 基本保护方法

保护方法按照保护固定支点的相对位置可以分为上方保护和下方保护两种方式。

（1）上方保护。上方保护是指把保护固定点架设在攀登线路顶部即攀登者上方的保护方法，与之相对应的攀登方式为顶绳攀登。在攀登岩石峭壁或顶绳攀登时多采用上方保护法进行保护。在攀登者上攀的过程中，保护者要不断地收绳，使攀爬者胸前不留有多余的绳子，同时也不可把绳子收得过紧，以免影响攀爬动作。保护者一般要求两脚前后站立，身体的重心落在后脚上，前脚抵住一个突出物。在攀爬者发生意外时，两手迅速握紧绳索，下蹲，身体重心下降。上方保护对攀登者没有过多特殊的要求，并且在攀爬坠落时受到的冲击力量也较小、较安全。保护者要注意始终有一只手握住绳子的制动端。

攀登操作程序为：①攀登者与保护者做好各自准备（穿戴攀登、保护装备）；②进行相互安全检查；③攀登者向保护者发出"开始"信号；④保护者向攀登者回答"可以开始"信号；⑤开始攀登与保护；⑥攀登者登顶后，发出"准备下降"信号；⑦保护者发出"下降"信号，并开始降下攀登者；⑧攀登者返回地面，并向保护者表示感谢。

上方保护注意事项包括：①在攀登起步时，绳子应稍微收紧些，以防止攀登者一开始就发生脱落；②要集中精力，密切关注攀爬者的行动，力求有一定的预见性；③在任何时间都必须有一只手握住绳子的制动端；④要尽可能地选择最佳保护位置或姿势；⑤收绳时，双手要协调配合；⑥降下攀爬者时，要匀速缓慢。

（2）下方保护。下方保护是指保护支点（固定点）位于攀登者下方的保护方式，与之相对应的攀登方式为先锋攀登。要求攀登者在攀爬过程中，不断把保护绳索扣入中间保护支点的钩环内（即快挂扣内）。当然中间保护支点可以是预先设置好的，也可以是在攀爬过程中临时架设的。下方保护是先锋攀登唯一可行的安全保护方法，也是国际比赛中规定的保护方法。下方保护法要求保护者要使绳索保持适当的松紧度，并随着攀登者的上升迅速地送绳，且不能影响攀登者的攀爬和抽绳动作。在攀登者发生意外时，保护者要在冲坠到接近最低点绳索将要被拉紧时，迅速地跳起以缓冲攀爬者下坠的力量，防止其腰部受伤。

下方保护动作要领包括：①尽量使保护者处在固定点与拉力方向所形成的直线上；②制动手绝对不可离开制动绳端；③给绳松紧适度，确保攀登者用绳顺畅；④在攀登者停止活动时，可以做出制动动作。

下方保护注意事项包括：①攀登开始前，必须相互仔细检查；②起步时保护者要站在攀爬者下方，张开双手保护，防止一开始就发生脱落；③保护者要集中精力，密切关注攀爬者的行动，力求有一定的预见性；④保护过程中，制动手始终握住绳子制动端；⑤选择最佳的保护位置和姿势；⑥保护者双手协调配合，根据需要及时给绳、收绳，并保持绳子松紧适度、顺畅；⑦发生突然坠落时，要注意缓冲；⑧当攀登者处于或可能处于危险状态时，要及时给予提醒。

2. **基本保护手法**

在保护系统中，保护者握住连接攀登者一端绳段的手称为导向手，主要用来收进或拉出绳子；而另一只手则称为制动手，用来抓握住绳子的制动端，并随时准备制止攀登者的坠落。保护者要能对攀登者的移动和要求具有一定的预见性，在其上攀或把绳子扣入中间保护支点时，能及时给出绳子或在突然坠落时能及时收紧绳子。

攀岩中的保护主要有个人保护和双人及多人组合保护两种。组合保护技术多用于集体教学中，即由一名主保者和一名或多名辅保者共同保护攀登者的安全。个人保护技术是最基本的保护技术，保护者的基本手法主要有美式和法式两种。

（1）美式保护手法。美式保护法手要求制动手始终不离开制动绳段，具体操作步骤为：第一步，两只手均抓握住绳子，制动手靠近保护者的身体，导向手向前伸展；第二步，利用双手拉进绳子，导向手握住活动绳段向保护者身体方向回收，同时制动手握住制动绳段把绳子从保护者的身体朝外拉出；第三步，把导向手向前划，超过制动手并抓握住两绳段；第四步，将制动手滑向身体制动；第五步，导向手放开制动手抓握的制动绳段，恢复开始姿势，重复上述动作步骤进行确保。

（2）法式保护手法。法式保护手法是目前我国普遍采用的保护手法。具体操作步骤为：第一步，利用双手拉进绳子，导向手握住活动绳段向保护者身体方向回收，同时制动手从保护者的身体朝外拉出；第二步，接第一步，制动手将拉出的绳子迅速折放于髋关节处，手心向内；第三步，导向手从下方绕过保护装置，在制动手前面抓握住制动绳段；第四步，制动手松开绳子，并迅速抓握住导向手前的制动绳段；第五步，导向手回到与攀登者相连接的活动绳段，恢复预备姿势，并重复上述动作步骤进行确保。

（二）攀岩运动的保护器保护

利用保护器进行保护主要是通过将绳索穿过保护器的孔隙、环绕支柱并再次穿过孔隙来增大保护者制动手的摩擦力来进行保护的方法。支柱通常为有锁钩环或保护器本身的一部分。除自锁型保护器之外，大部分保护器都是通过制动手抓握住制动绳段产生摩擦力来进行确保。保护者在止住坠落时，施加于绳子的总摩擦力主要取决于三个方面：一是保护者制动手抓握绳子力量的大小；二是保护器或保护方法折弯或缠绕绳子的次数；三是绳子本身抗拒折弯或变形的力量大小。

在发生坠落时，为了止住坠落，保护者必须把制动手向身体方向折弯制动绳段，并使制动绳段与活动绳段（连接攀登者方向的绳段）之间形成至少90°的角度，并且绳子折弯的角度越大，所产生的摩擦力也就越大。当两绳段间的角度接近0°时，摩擦力很小，此时保护者可以很容易地根据攀登者的需要给绳或收绳；当角度大于0°时将会不断增加摩擦力；当绳子折弯的角度增加到90°至180°时，产生的制动力就会越来越大，180°时产生最大摩擦力，从而可以安全地止住坠落。

攀岩用保护器有多种类型，通常可分为有孔型保护器和自锁型保护器两大类。

1. 有孔型保护器

有孔型保护器有一个孔可以供绳环（绳耳）通过，然后再扣入有锁钩环和安全带连接。常见的有板状、管状保护器和8字环保护器。

板状保护器是一个上有细长小孔的金属板。管状保护器上的孔为圆锥形或略成方形的管状，如ATC保护器。板状和管状保护器都必须用细绳系住，以防止其沿绳下滑到手触摸不到的地方。该类保护器一般附有系绳圈，可以用来与安全带上的有锁钩环连接起来。

8字环保护器最初是用于垂降使用而非保护，但是有些8字环也可以用作保护器使用。可以用作保护器使用的8字环主要有三种：一是较小一端的孔正好与典型有孔保护器的孔一样大的8字环，它可以类同于板状或管状保护器使用，即将绳耳压入该孔并扣入有锁钩环里。二是标准为垂降设计的8字环，也同样可以用作保护器动力的关系使用。将绳圈穿过8字环较大的孔，然后绕过保护器后方。三是运动型攀登，将绳圈穿过8字环较大的孔，然后与8字环较小的孔一起扣入有锁钩环。

2. 自锁型保护器

自锁型保护器是指在攀登者发生坠落时可以自动上锁或是具有自动上锁模式的保护器。自锁型保护器目前主要有四种：领导板、Petzl牌的Reverso保护器、Petzl牌的Grigri保护器和Camp牌的Yo-Yo保护器。

（1）领导板。领导板主要是利用绳子塞入狭长的洞口并缠绕有锁钩环，当发生坠落时，便会自动锁上夹紧绳子，从而产生自动制动的力量止住坠落。

（2）Petzl牌的Reverso保护器。该保护器既可以和保护者的安全带连接进行确保，也可以直接连接保护固定点进行确保，此时其自动锁上的功能与领导板相似。同其他自动保护器不同的是，Reverso保护器和领导板可以让绳子自己跑动，使保护者可以很容易地拉近绳子。攀登者一旦发生坠落，它们便会自动锁上绳子，产生自动制动的力量止住坠落。

（3）Petzl牌的Grigri保护器。Grigri保护器不需要保护者的制动手施加任何制动力就可以自动锁上止住坠落。当保护者给绳或收绳时，绳子会很滑顺地穿过保护器；当发生坠落时，绳子的遽然加速则会使保护器内部的凸轮自动锁上绳子，产生自动制动的力量止住坠落。需要注意的是，如果先锋攀登者突然快速向上攀爬，绳子的突然加速可能也会让保护器自动锁上而制动。

（4）Camp牌的Yo-Yo保护器。Yo-Yo保护器在突然施加压力时会产生旋转，从而把绳子自动锁在保护器本身及固定钩环之间。

（三）攀岩运动的意大利半扣保护

利用意大利半扣进行保护，只需要绳子、梨形钩环和意大利半扣绳结便可产生足够的制动摩擦力止住坠落。意大利半扣因其缠绕梨形钩环的特殊方式，使得活动端绳段与制动端绳段平行时（即0°角度）才能产生最大摩擦力，因此它是攀岩运动中唯一的一种不需要考虑制动绳段的弯折角度，而仍能产生足够的摩擦制动力止住坠落的传统保护方式。

意大利半扣保护的优点包括：①意大利半扣保护与其他任何保护器保护相比，无论制动端绳段与活动端绳段成何角度都可以产生较大的摩擦制动力；②当坠落发生在保护者意料之外时，意大利半扣仍能有效止住坠落；③意大利半扣保护所需装备简单，除了梨形丝扣铁锁（钩环）外不需要其他任何特殊装备；④制动手向前实施制动，便于操作；⑤在紧急救援中很有用。

意大利半扣保护的缺点包括：①同其他保护器保护相比，意大利半扣易使绳子扭曲不畅，不易打理；②意大利半扣不适合垂降保护，因为它会使绳子发生纠结；③绳子之间互相摩擦。

（四）攀岩运动的坐式保护

坐式保护法又称身体保护法，主要是利用绳索缠绕保护者的身体以产生足够制动摩擦力来止住坠落的保护方法。在坐式保护系统中，要求保护者连接到一个牢靠的保护固定点上；绳子从保护者髋部上缘的下方位置，绕过其背部与身体两侧，然后通向攀登者；在发生坠落时，制动手臂伸长将绳子迅速横拉过胃部以产生更大的摩擦力来止住坠落。

坐式保护法的优点包括：①坐式保护法与其他保护法相比，可以在使用最少装备的情况下快速建立保护系统；②坐式保护法可以让保护者更快地收绳。

坐式保护法的缺点包括：①由于坠落时会在保护者身体上产生摩擦力，因此在发生严重坠落时保护者可能会被绳子的摩擦严重烫伤；②同其他保护法相比，制动手在坐式保护法中，必须提供更高比例的摩擦力；③如果攀岩绳穿过连接保护固定点的连接物，则在坠落时该连接物也有可能会被烧坏。

坐式保护法使用注意事项包括：①在制止坠落时，先把制动手的手肘伸直，然后再抓紧制动端绳子，把制动手臂横拉过身体前方胃部，加大绳子缠绕程度以产生最大的制动摩擦力；②如果身体和保护固定点连接，要把连接固定点系统的绳子放在导向手端方向。如果连接固定点的绳子与制动手在身体的同一侧，则坠落的力量便可能会将缠绕身体的绳子部分解开，从而减少制动摩擦力及保护稳定性；③保护者要把一个控制钩环扣在髋骨前的安全带上，然后将活动端绳子扣进控制钩环，以便使活动端绳子可以保持在保护者髋部前的一定位置，同时也可以对抗身体可能产生的旋转。

三、攀岩运动的保护固定点

在攀岩保护系统中，攀岩绳子一端连接着攀登者，另一端连接着保护者，而固定点则将攀登者和保护者连接到岩壁上。攀登前保护者先连接在固定点上，先锋攀登者一边攀登一边架设中间固定支点（或事先架设好），然后将绳子扣入中间固定点上的钩环内进行确保。保护固定点可以是天然的岩石突出物、足够粗壮的树木以及人工架设的固定点。

需要注意的是，架设1个固定点，只适用于人工岩壁（条状）的攀登；架设2个独立受力的固定点，适用人工岩壁（点状）的攀登及用膨胀锥或大树做固定点攀登；当使用岩锥、机械塞、岩楔等利用岩壁裂缝制作固定点时，3~4个固定点一起受力才安全。

（一）天然固定点

树木和岩石是较好的天然固定点，比人工固定点更受欢迎，因为它们不但可以快速架设，而且可以节省装备的使用。天然固定点在架设前，必须遵循"先测试，再信赖"的原则，要慎重评估其稳固性和承受能力。

（1）树木固定点。树木和大的灌木丛是最明显的固定点。一棵晃动的或看起来十分脆弱的小树或矮灌木是不能架设固定点的，要尽量寻找树干粗而健康的活树，并检查绿叶或根部是否足够稳固。最好把固定点架设在一根足够粗壮的树枝上，这样不但可以避免绳子因太接近地面而磨损，而且能减少落石的可能性；但是这样也会产生更大的杠杆作用而增加树被连根拔起的可能性，所以此类架设要求树枝要足够稳固，否则就架设在树干低处。在使用灌木做固定点时，如果想用一棵灌木架设固定点，那么最好要多架设几个固定点以确保固定点安全牢固。

（2）岩石固定点。岩石固定点主要有岩角、岩柱、岩洞、两块巨石之间的接触点及底部平整的大石块等。在架设固定点时，一定要先评估可能产生的拉力及岩石地形的稳定程度。岩石的大小、底部形状、地形状况、位置坡度及高宽比例和重心等都是评估中所要考虑的主要因素。

（二）人工固定点

人工固定点是指利用膨胀铆钉、岩钉、岩械等在岩壁上人为架设的永久性或可拆卸的保护固定点。在使用人工固定点时，最好架设三个以上，并将拉力平均分散在每个固定点上。

（1）永久性固定点。膨胀铆钉、岩钉是最常见的永久性人工固定点。膨胀铆钉常使用在运动攀登的岩壁上，有时在传统攀登和人工攀登的路线上也可以使用。膨胀铆钉上的挂片（耳片或挂耳）可以用来挂上钩环连接攀岩保护系统。岩钉是20世纪70年代北美常用的固定点，但是由于敲打或移除岩钉会破坏岩壁，所以目前已很少有人使用。岩钉最为理想的架设方式是将钉身整个打入岩石，岩钉靠近岩石并与受力方向垂直。

（2）可拆除式固定点。又称为岩械，包含各种除膨胀铆钉和岩钉以外的人工固定点。岩械是一种可以放入岩壁裂缝中起固定作用的金属材料，它的一端附有绳环或钢环，可与攀岩绳索相连接。可拆除式固定点包括没有弹簧的被动式固定支点和有弹簧的主动式固定支点两种。

1）被动式固定支点。被动式固定支点没有弹簧滑动装置，仅由一片金属构成，一端附有绳环或钢环来连接攀岩绳索，使用时将其放入岩壁狭小处卡住。被动式岩械的形状大小不一，绝大多数为楔形。大部分楔形岩械和一些六角形的岩械都附有钢环，而大型的岩械常钻有孔眼，以便安装时根据需要绑上绳环。

2）主动式固定支点。主动式固定支点附有弹簧装置，主要有弹簧型凸轮岩械和弹簧型岩楔。弹簧型凸轮岩械的基本结构是利用一到两个轴，把三片或四片可动的凸轮连接到柄杆上的拉柄上；而弹簧型岩楔主要是利用一片可以滑动的金属片来扩张体积，卡在裂隙里。

（三）连接固定点

钩环和带环是连接保护者与固定点最常用的装备。将保护者与固定点连接，最简单的方法是把绳子直接连接到保护者的安全带上，可以先将带环连接到固定点上，然后再用钩环连接到安全带。在连接固定点时，通常使用一个有锁钩环，或使用两个上下对反且开口方向相反的无锁钩环。

（四）均分各固定点受力

平均分配各个固定点受力的方法主要有自动均摊法和静力分摊法两种。

（1）自动均摊法是指自动将受力均摊于各个固定点的方法，由于该方法在使用时受许多因素限制，目前已很少有人使用。

（2）静力分摊法是目前调整各保护固定点受力比较好的方法。静力分摊法最简单的形式是将两条带环各自连接到两个固定点上，再用有锁钩环将其扣在一起。需要注意的是，两条带环的长度要相等才能平均分散拉力，并且两条带环所形成的夹角必须小于90°。

除此之外，还有一种是利用绳环的静力分摊法。首先将绳环依次扣进三个固定点（以均分力量于三个固定点为例），其次将固定点间的三个绳段下拉在一起，使其受力均匀，然后把三个绳段用单结或8字结编织在一起，最后把钩环扣入尾端绳环内。

无论是自动均摊法还是静力分摊法，影响平均分散力量于各固定点的主要因素都是连接固定点的带环间所形成的角度。角度越小，各个固定点受力越小；随着角度的增大，各个固定点受力也随之增大。另外，对于两点静力分摊固定点系统来说，如果下拉力的方向能够均分夹角，则拉力可以被平均分散于两个固定点；如果下拉力的方向不能均分夹角，则与拉力方向平行的固定点的受力会较大。

（五）固定点系统评估原则

在对固定点系统评估时，应遵循"稳固、多余、平均和不可延展"原则，即"SRENE"原则。

（1）稳固性原则（Solid）：构成固定点系统的任一单独部件要尽可能地稳固。

（2）多余性原则（Redundant）：要求在架设固定点时最好多架设一个点。在保护系统中，架设两个非常稳固牢靠的保护固定点只是安全保障的最低要求，通常要架设三个或更多个保护固定点。

（3）平均原则（Equalized）：主要是借助其他装备使各固定点平均受力，即把受力平均分散于各固定点上。

（4）不可延展原则（No Extension）：如果有固定点系统中的某一个固定点突然失效，不能让它突然延展而产生后续震动，进而对其他有效固定点产生危险的高冲击力。

（六）人工岩壁保护固定点架设

大多数人工岩壁，是采用仿真人造攀岩板与钢架结构连接而成的。在架设上方保护固定点时，首先要攀登到岩壁的顶端进行操作，选择在可靠安全、相对舒适的地方，不要将多个固定点架设在同一个受力结构上，最少要有两个独立受力固定点，如出现突发情况，一个保护点损坏，另一个固定点仍然能起到保护作用。

架设保护点时，可利用扁带与岩壁正上方的横杆连接（软与硬连接），再扣入一正一反开口向下的两个钢锁，扁带的缝合处要避开横杆，保持垂直受力，两个固定点形成的夹角要小于90°；第三个固定点，可用一条长扁带与另一支点连接，然后套入两把钢锁内，使扁带处于松弛状态。固定点架设好后，将动力绳穿入钢锁内（绳子中点处于锁径上方），落绳时注意下方是否有人。

四、攀岩运动的保护位置与姿势

保护者通常采取把保护器或绳结连接到安全带上进行确保，当然也有保护者选择将保护器或绳结直接连接到保护固定点上进行确保。对于领导板及Petzl牌的Reverse保护器的使用要求是必须与固定点直接连接进行确保，但是当使用有孔型保护器进行确保时，要求必须让绳子活动端和制动端绳段至少为90°角方能产生足够的制动摩擦力，而有孔型保护器在直接连接固定点时若做不到这一点将会被拉到由固定点与坠落者在攀爬过程中所放置的第一个中间支点所形成的直线上。

（1）保护面向。在攀登过程中，保护者在对攀登者尤其对先锋攀登者进行确保时，通常采取面向攀登者进行保护。面向攀登者（面朝内）可以让保护者观看到攀登者上攀情况，从而及时预测、判断攀爬动作进而更有效地给绳或收绳；也可以及早发现先锋者坠落的位置，尤其是在架设的第一个中间支点较低，并且坠落的拉力又可能会把保护者拉撞向岩壁时，随时做好保护姿势。在结组攀登中保护后攀者时，保护者通常采取背对保护固定点，面朝外、朝下看着攀登者向上攀爬进行保护。

（2）保护位置。当采用连接保护者的安全带进行保护时，保护者相对于固定的位置越近越好，以防止坠落对固定点系统产生额外的震动力量，或防止在发生严重坠落时保护者被拉离此位置。在发生严重的坠落时，保护者可能会被猛拉向上约1米，因此，一般采取直接连接到安全带进行确保的方法。用身体做确保在某种程度上是一种动态的确保，因为拉力会使保护者的身体产生某种程度的移动，因此可以在一定程度上减缓施于固定点及坠落者身体的力量。

在架设保护系统时，要遵循保护点架设的ABC法则，即严重坠落所产生的拉力在固定点（Anchor）、保护者（Belayer）和攀登者（Climber）的路径三者所形成的直线上，也就是说，当发生坠落时，保护固定点—保护者—攀登者的拉力轴线偏移很多时，可能会让保护者受伤或失去保护控制。因此，在根据固定点来选择保护位置时，要先考虑在各种状况和坠落方式下所可能产生的问题，然后再作出抉择。

（3）保护控制。在保护先锋攀登者时，一定不能把绳子拉紧，那样会阻碍攀登者的攀登。保护者要随时注意攀登者要求给绳的指示，先锋者一旦向上攀爬则应随即作出反应并及时给绳。由于保护者所造成的摩擦力会加倍，所以保护者应注意保持绳子的适宜松紧度，并能不停地做出适当的动作以减轻对攀登者的任何拉力。为了缩短先锋者坠落的距离，当先锋者上攀将绳子扣入中间保护支点时，保护者需要在先锋者靠近支点时突然收绳，并在先锋者越过支点而重新拉绳时再重新给绳。

在上方保护后攀者时，绳子的拉力有时会大到几乎不能用一般的方式收绳。此时，可以采取坐姿，在收绳时，身体向前弯，用上半身及手臂的力量将绳子拉过保护器；然后紧紧握住绳子或采取制动姿势，身体向后靠；重复此动作反复收绳。一旦绳子拖拽情况减轻，即可恢复正常收绳方式保护。

当后攀者上攀到保护位置时，要及时将绳子整齐理好，避免绳圈垂下在绳距上。如果整堆绳子需要移开，最好把绳子重新盘过，并且使先锋者活动端的绳子在最上方。如果后攀者攀爬较快，正常收绳跟不上时，可以采取在每次拉绳时，以身体向前靠或向后仰的方式收绳，以便收进更多的绳子。

在保护顶绳攀登者时，一般不要留有余绳，当然绳子也不应拉得太紧，否则将会阻碍攀登者的攀爬动作与身体平衡。

在攀登过程中，保护者与攀登者通常使用简短的专业术语来进行交流沟通。

五、攀岩运动的其他保护技术

（一）运动攀登保护技术

目前大多数攀登活动是在室内、室外的人工岩石、岩壁或短程的自然岩壁上进行的运动攀登。运动攀登通常采用上方保护的方式进行；先锋攀登时通常可以把绳子扣入中间保护支点，建立中间确保，采用下方保护的方式进行。运动攀登的环境相对于较长距离的攀登路线及多绳距的攀登路线来说较为安全，但也更容易产生过度自信与放松，因此攀登者对安全攀登原则的彻底理解与运用，是防止发生攀登意外事故的最好方法。

在上方保护的运动攀登中，保护者通常站在岩壁的底部，绳子穿过事先在岩壁上方架设好的保护固定点，活动端连接攀登者上攀，制动端直接连接保护者的身体进行确保。

当攀登者攀爬到岩壁顶部后，保护者用绳子支撑住他的体重，将其匀速降回地面。保护者通常不连接在固定点，一般也没有可架设固定点的地方，即使有也太麻烦而浪费时间，因此，为了不使保护者被坠落拉撞向岩面而受伤或放开保护，要求保护者最好能够站在位于上方固定点正下方最近的位置进行保护。

在下方保护的先锋攀登中，要求攀登者一边攀登一边把绳子扣入中间保护支点进行保护，而没有连接固定点的保护者在发生坠落时，可能将会面临更大的麻烦。

如果架设的中间保护支点呈一条直线，而坠落又发生在第一个或第二个中间保护支点之后，则保护者将可能会受到非常大的拉力。此时，保护者站立在距离第一个中间保护支点下方越近越安全；如果攀登者比保护者重很多，则保护者一定要连接到固定点上再进行保护。

（二）多路段攀登保护技术

（1）半绳系缚：通常是将半绳的每条绳子的活动尾端用编式8字结系缚于安全带上。

（2）做保护用途的确保固定点：①连接确保固定点；②把绳子扣上双套结；③注意均分固定受力。各固定点间受力与其之间角度密切相关。

（3）保护先锋攀登者：保护者必须连接于一个牢固的有方向性的较近的确保点上，或连接在牢固地栓入岩石的保护点上。

（4）保护后攀者：当在绳距顶端架设好固定保护点，并将身体扣入后，才能下达"解除确保"的口令。必须确定固定点能够在你保护后攀者时稳固你的身体。开始保护后攀者之前，妥善放置好其他装备（扣入固定点或安全带），然后抽动绳子，把绳子收紧，接着把绳子装入保护器，完成确保准备后，才能对下面喊"确保完成"。

（5）攀登下降：①系缚上一个扁带环（或吊环）以便降落；②在两条绳系缚在一起的装置上降落；③准备和降落。

（6）降落情境：降落时要注意降落的姿势和正确的操作方法。

（三）其他备份保护系统

（1）史帝契板保护：制动手向后实施制动；弹簧可有可无；细线用于防止掉落；质轻；双孔用于双绳下降及保护。

（2）8字环小孔保护：制动效果很好；通常没有细线与钩环（主锁）相连，容易滑落；不易进行双绳保护；制动手向后实施制动。

（3）8字环运动保护法：不像8字环小孔保护方法那样易滑落；摩擦力小，特别适用于硬绳；比前一种方法难于制动；不易进行双绳保护；制动手向后实施制动。

（4）腰间保护法：如果绳子被冰冻硬，或者当手冻得太厉害等情况时，该保护法会十分有用；腰部的铁锁确保绳子不会从身上松开；必须戴厚手套；很难长时间地拽着悬空的下落者。

注意：对于任何保护系统，一旦保护者开始实施保护，一定要确保始终有一只手抓握住制动绳。

（四）保护技术的卸除

在攀登时，如果攀爬者受伤严重，而附近又没有其他攀登者，此时便需要保护者运用卸除保护技术解开保护绳索离开保护系统，去帮助攀爬者。

如果是用保护器或意大利半扣直接连接固定点进行保护，只需要防止绳子滑动即可。可以简单地在制动绳上打一个双套结，然后用另一个钩环扣入固定点，此时便可以把制动手从绳子上移开，而绳子就会被绳结牢牢固定住。

如果采用保护器或意大利半扣连接到保护者的安全带做确保，此时只可以用一只手来卸除保护，当然，可以把制动绳在一条腿上缠绕几圈，既较为安全又非常容易操作。当被缠绕的腿拉住制动绳时，把一条扁带环或自制绳环用抓结（普鲁士结）连接到活动端绳子上，然后把扁带环或自制绳环扣入固定点。解开腿上的绳圈，使绳子慢慢滑动通过保护器，当绳子的受力从保护者身上转移到固定点后，便可以解开保护并将绳子打个8字结扣入钩环，直接连接到固定点上。

第四章　定向运动项目在高校的发展

第一节　定向运动的分类与装备

定向运动就是利用地图和指北针按照顺序到访地图上所指示的各个点标，以最短时间到达所有点为胜利的运动。定向运动通常可以在森林、郊外、城市公园和大学校园等地进行。

一、定向运动的分类

随着定向运动的发展，定向运动演变出多种运动形式，如徒步定向分为接力定向运动、积分定向运动、公园定向运动、专线定向运动、百米定向运动、夜间定向运动等。每一种定向运动又可根据参与者的性别、年龄特征，设计不同的难度路线与组别。除接力定向外，每一组别又可分为单人赛、双人赛和团体赛，还可设立男女混合赛等。目前国际上还流行着一些其他形式的定向运动，如高校定向、扶手定向、星形定向、特里姆定向等。

徒步定向运动主要是检验参与者的识图能力、野外路线选择能力、决断能力和奔跑能力等。组织者可根据参与者的性别、年龄特征设计不同难度的比赛路线与比赛组别，徒步定向运动是适合所有人的体育运动项目。

（1）接力定向运动。接力定向运动是一项团体比赛项目，其成绩的好坏取决于每个队员的共同努力。比赛竞争激烈，具有较强的观赏性。组织者把赛程分为若干段，每位运动员完成其中的一段，以各段运动员成绩之和评判全队的总成绩，各队总成绩在找点准确的前提下，以全队总耗时最少者为胜利。

（2）积分定向运动。组织者在赛区内预先设置好若干检查点，并在图上标明。根据各检查点所处地形的难易程度、距离远近以及相互关系位置的不同赋予不同的分值。参赛者在规定的时间内，选择理想的运动路线寻找若干或全部检查点，以积分最高者为胜利。

（3）公园定向运动。公园定向主要是在城市公园、小城镇、机关大院、居民区、校园内进行的一种定向运动。与其他定向运动的不同之处主要是，参与者都比较熟悉比赛场地，地形相对简单，比赛的安全性容易得到保障。这种比赛主要适于老年人、中小学生及幼儿参加。目前，致力于举办这类定向比赛的世界性组织为世界公园定向运动组织（PWT）。该组织十分重视赛事的宣传和推广，对我国学校体育引进和推广定向运动以及定向运动的人才培养起到了重要的作用。

（4）专线定向运动。组织者只在地图上标出准确的比赛路线，运动员必须按规定的路线行进，并将途中遇到的检查点标绘到地图上。名次以标绘检查点的准确性和耗时的长短来综合确定。

（5）百米定向运动。百米定向就是在一块100米×50米的场地内进行的定向比赛。在比赛的过程中，观众可以看到运动员比赛的全过程，而且赛场上还伴有音乐。运动员可以在出发区取到一张地图，并且在赛前分析地形，选择行进路线。

（6）夜间定向运动。夜间定向运动是定向运动的一种高难度比赛形式。夜间定向所用的器材上都附有反光材料，参与者亦需要携带用于查看地图的照明设备。夜间定向已被列为国际定向越野联合会正式比赛项目。

二、定向运动的装备
（一）指北针

定向运动是一项智力与体力并重的运动。定向中读图、选择路线和标志物等都由大脑决定，因此最重要的工具是大脑。但仅凭大脑的判断还不能获取全部信息，因此，必须借助其他工具来准确辨别方向和标定地图，最常用的工具就是指北针。

例如，PWT8M拇指指北针具备实用、简单、高质量而又不昂贵等优势。以PWT8M拇指指北针示例，指北针的具体作用包括：标定地图、出发时可以帮助确定行进方向、途中遗失方向时可以帮助走出困境、寻找点标过程中确定点标的大概位置。

利用指北针标定地图，当水平放置地图和指北针时，出现两种情况时说明地图已被定向：①指北针的红色指针指向粗红线（在PWT的地图中）；②指北针的红色指针与磁北方向线平行，并且方向与磁北箭头方向一致。

利用拇指指北针选择前进方向——以PWT8M拇指指北针为例，包括三个步骤：①将指北针套在左手大拇指，水平放在地图上，将指北针右侧的蓝色箭头从你所在的地点指向所要到达的地点；②把指北针和地图作为一个整体，水平放置在面前，你的身体和定向图与指北针同时水平转动，直到指北针的红色指针与磁北方向线平行，并且方向与磁北箭头方向一致，此时地图被标定；③此时指北针的蓝色箭头所指方向即为所要前进的方向。

利用基板式指北针选择前进方向。基板式指北针与拇指式指北针的使用原理大同小异，但在使用场合和使用方法上又有所不同——基板式指北针特别适合在特征物少、植被密度低、地形起伏不大的树林中使用。具体使用方法是：首先，将基板式指北针水平放置在地图上，并把直尺边从站立点指向目标点（目标点在前，站立点在后）；然后，转动分度盘，使磁北标定线与图上磁北方向线重合或平行；最后，移开地图，并将指北针平持于胸前适当位置，转动身体，使磁针与定向箭头重合，前进箭头所指方向即为目标点方向。

（二）服装与运动鞋

对于初学者来说，参加定向运动对服装并没有特殊的要求。如参加校园和公园定向时，穿着只要舒适和便于活动就可以了，但如要参加野外定向，为了参加者的安全，双腿应受到保护，并穿长裤或类似的服装，如有可能，最好选择专业的定向服装。

选择一双轻便舒适的运动鞋来参加定向运动是非常必要的，当然，随着运动员的定向技能不断提高，穿上一双性能优良的专业定向运动鞋也是一个不错的选择。

第二节　高校定向运动的开展价值与条件

"定向运动作为一项新兴的体育项目，不仅可以锻炼学生的体能，而且可以培养学生读图识图、野外生存等能力。高校开展定向运动具有很大的现实意义。"[①]

一、高校定向运动的开展价值

高校定向运动最突出的价值就是健身的价值，它可以强身健体，增强体质。此外，定向运动是一项富于挑战性且独立性极强的运动，要求参与者在体能极度消耗的情况下，从起点到终点都必须独立地作出所有抉择，独立地处理在运动过程中出现的任何问题，必须合理使用指北针，进行读图和判别。与人进行追逐时，落后者难免会有一些心理上的落差，因而定向运动对参与者在智能上也有独特的要求。"定向运动的实践过程本身具备看图识图能力、路线选择能力、奔跑能力和捕捉检查点的能力，无论从提高自身生存能力还是从学习动机来看，都很容易引起学生的学习兴趣。"[②]

定向智能通常可以归结为定向基础学科知识和定向专项能力。

定向基础学科知识的培养，通过理论学习掌握与提高定向运动所需要的地理学、测绘学等基础学科知识；通过各种实践训练来巩固定向运动的基础学科知识。

定向专项能力主要包括视觉反应与鉴别能力、独立思考分析能力、决策与判断能力、方位感知能力、心理调整能力、集中注意力能力等。可以采用如下方法培养与提高这些能力：

---

① 徐良.江苏高校定向运动开展现状研究[J].安徽体育科技，2019，40（03）：77-79，87.

② 叶朝忠，张雨.定向运动课程体系建设研究[J].西安体育学院学报，2013，30（03）：375-378.

（1）采用书面形式训练，即采用侧重于认知能力的测试，从智力、知识技能、能力倾向角度出发，并以定向运动专业知识和与定向运动密切相关的学科知识为主要素材，用题目多、时间少的方式训练学生的紧迫感。

（2）图上定向智能实践练习，即在规定时间内，在定向地图上快速完成一条或几条定向比赛路线并对路线选择、运用战术作出分析，然后脱离地图进行回忆。

（3）实地定向智能练习，即安排不同比例尺的定向地图，在地形地貌比较细碎，明显地物少的地带（可以是林地），设置较多点标并形成较多交叉路线的定向路线进行练习，实践的范围可根据需要调整大小，但必须使学生不断地思考。

二、高校定向运动的开展条件

高校定向教学的条件是指在开设定向课或开展定向运动队训练中必须保证的器材和场地。其中有一些是定向竞赛器材，有一些是定向教学和训练时用的简单器材。

（一）高校定向运动的器材

1. 教学用定向指北针

定向指北针的作用是为运动员指示方位和标定地图。它与定向图配合能起到辨别和保持运动方向、确定检查点位置的作用。教学用定向指北针，除指示方位外，还必须具有测图和画定向路线的功能。教学定向指北针，是指教练员或教师用的指北针，不同于运动员用的指北针，它能够比较精确地测方位角。用国外进口测量方位角的指北针，还可以通过一个小窗口将方位角测得非常精确。国内生产的指北针其灵敏度和精度均可满足一般的定向教学使用。如果需要专业修测定向地图，则需要一些测量专业用的专业指北针。

2. 检查点标志

检查点标志简称点标，是定向比赛必需的场地器材之一。点标是设在现场各检查点上的小标志旗。它是学生寻找和辨别检查点的依据。检查点标志的大小、醒目程度将直接影响运动员水平的发挥，所以国际定联对点标的尺寸和颜色等都做了规定。标准点标由三面红、白两色旗组成，每面旗高、宽均为30厘米，沿旗面的对角线将旗分成白、红两色，用布制作，上沿或上下沿用铁丝做框架，撑成三角形状，可以悬挂或做其他设置。传统的点标上半部白色处印有该点标的代号，通常用2位或3位数字表示。字高7厘米左右，清晰醒目，便于识别。

近年来，在国际定向比赛中由于电子打卡系统的使用，点标代号改设在相应点标的卡座或制式悬架上。原来白色处可印公益广告或赛会名称或赞助商标等内容。教学用点标可以使用标准点标，也可以使用小点标或纸质小点标。这种点标是为了方便教学和训练而将它按比例进行缩小而成。其样式、作用与标准点标相同。

夜间定向点标，必须涂有强反光涂层，以便学生在头灯照明下很快地找到目标。

3. 点签和检查卡片

点签通常指机械打卡器，是给学生卡片打印记的工具。点签与点标相互配合，不同的检查点所打印出的印记是不一样的。常见的钳式点签用电木或硬塑料做钳架，用钢针打印记的钳子，有若干钢针。由于钢针的排列和个数（一般不少于5个钢针，最多9个）不同，可在卡片上打印出不同图案。

检查卡片是学生用来打印检查点标记的纸质卡片，是学生表明已经通过检查点的依据，也是判定成绩的依据。现定向比赛中，通常将印记直接打在规定的定向图边缘空格处。

4. 电子打卡系统

电子打卡系统是一种定向比赛中用的打卡计时系统，是目前最流行和最公正的定向打卡计时系统。电子打卡系统由指卡、检查点卡座、起终点卡座和打印机等设备组成。

电子打卡系统的特点是：①使用方便快捷。指卡是一个小巧的塑料小牌子，可以方便地系在手指上。使用时只要对准检查点打卡器卡座的正面方向，一按即可完成打卡；②检卡快速准确。由于使用计算机检卡，还能将各点之间的用时情况和总耗时很快地显示出来，无须终点专门计时员；③能及时地将结果打印出来，学生一到终点便可得到自己各点耗时结果的打印纸条，便于学生回顾总结寻找检查点的情况；④电子卡由于是塑料和高科技的产物，所以不用担心雨水或露水、树丛等导致卡片的损坏。电子打卡系统在百米定向训练和教学中，有非常大的作用。

5. 夜间定向头灯

头灯是夜间定向的照明器材，使用定向头灯，配合强反光点标，学生很容易找到目标。头灯有热光源和冷光源两种，冷光源的头灯耗电量约为热光源的1/6。夜间定向教学或定向比赛，必须备有定向头灯。

6. 比赛器材和设备

高校定向比赛中，除上述器材外，还必须准备如运动员号码布、起点与终点设备及途中用品等。如果是定向接力赛或接力赛教学、训练，则要求号码布具有醒目的号码编号，编号位数则可视比赛规模和比赛实际情况而定。

定向比赛起点、终点和途中的设备、用品较多，一般有出发点和终点横幅、时间显示器、发音器、图箱、通道绳、计时器、扩音器、成绩公布栏、急救药品和桌椅等，使用电子打卡器的还必须有手提电脑、打印机等。

在定向训练和定向教学中对于上述器材和物品要根据实际情况而选用。

（二）高校定向运动的场地

高校定向运动比赛的地形多数选择在丘陵地。这种场地上具有一定数量的校园通道、马路、场馆、花园、教室楼群，树木覆盖，中等起伏，等高距相差较小，地形细部丰富，小地物多，通视区域有限，可以利用的地表覆盖物较多，不可通行地域较少。在丘陵地形中，可以设计出不同等级难度的教学、训练和比赛定向路线，以适应不同水平能力和年龄组别的学生进行定向教学比赛要求。

学校开设定向运动课程，从普及和安全等因素考虑，可以选择学校校园、附近公园、大学城或城郊社区作为教学、训练和比赛的理想场地。

（1）学校校园。学校校园是学生学习和生活的场所，也是开展定向运动的首选地方。现在不少校园都新建在城郊，面积大、景观美，并兼有山水等人文和自然景观，是较理想的定向教学场地。近年来，国际公园定向组织在中国修测了不少定向地图，其中有一半是大学高校定向地图。

（2）附近的公园。公园是进行定向教学和训练的理想场地。公园与校园相比，地物和地貌更具多样性，用作定向依据的小特征地形更丰富。不少公园均具有森林地和丘陵地的特征，加上学生的陌生程度要比校园大，在这种环境中进行定向教学，能够充分培养学生的定向技能和思维能力。

目前，我国不少公园如烈士陵园等，都实行免费对公众开放。这无疑对定向运动的普及起到积极的推动作用。

（3）大学城。在大学城开展定向运动，它的优势在于现在很多高校都集中在一起，校与校相连，形成一个很有特点的地理环境，而且学校之间无院墙相隔，只用树木象征性地隔开，可以达到学校之间资源共享的目的，这样就为进行定向运动的教学与训练提供了绝佳的场地。学生们不仅非常熟悉周围的环境，而且能够大大提高学生学习定向运动的兴趣，激发他们的才智。

（4）城郊社区。大学城一般都建立在城郊接合处，不仅有许多建筑物、城郊社区、公寓，而且有小树林、河流、小山丘、田埂水渠等可用作定向训练和教学的地形地貌。这些地形地貌有平坦开阔处，也有一定起伏和视觉局限处，比较适合开展定向运动的教学、训练和比赛。对有条件的学校，可以把定向训练和定向后期教学放到城郊野外进行实战，从而进一步提高学生的定向技能。在城郊野外进行定向教学有其丰富的地理资源和自然条件，但在选择场地时，一定要考虑到学生的安全。

第三节　高校定向运动的教学与评价

一、高校定向运动的基本知识掌握

为了使学生了解定向运动的基本情况，要建立定向运动的概念，使学生学习定向运动的起源与发展，知道我国定向运动的现状与发展前景，明白开展定向运动的作用和意义；采用理论课讲授和电化教学手段进行定向运动基本情况介绍；学习定向运动地图和指北针的基本知识，为学生在今后的定向运动实践练习和竞赛中正确地使用地图和指北针打下良好的基础。

（1）学习地貌、地物的成图原理，成图要素例如地图比例尺、地貌符号、地物符号、地图颜色、磁北方向线、图例注记等，地貌和地物种类、分布、方位、走向等，地貌、地物的外表形态（形状、高低、大小、坡面陡缓、坡面外形等）；使用指北针直尺测量地貌或地物某两点的距离，根据地图比例尺计算出实地两点的水平距离，根据经验系数法计算相应实地两点之间的实际距离；使用指北针在实地某点测量磁方位角。

（2）采用理论课讲授和多媒体教学手段，进行定向运动地图和指北针基本知识教学；采用实地教学方法进行成图原理和成图要素讲解。

（3）分辨地貌、地物种类，明确它们各自的分布、方位，在地图上用笔（最好用各色彩笔）勾画出各种不同的地貌和地物：地貌主要勾画出山头，地物主要勾画出大而明显或具有独立特征的地物，以这些明显的点分析判断它们的分布和方位关系。

（4）分析地形走向（山脊线、山背合水线、山谷分水线、道路、江河、沟渠等），在地图上用笔分类（或用彩色笔）勾画出各线状物线条，然后分析它们的走向。

（5）分析地形表面形态（山体的高低、山体的陡缓、山坡坡面状态、谷地的形状，以及其他较大地物的外表形状等）。以两个山体比较它们的高低；以单个的山体分析山体的陡缓、坡的外表形态；以谷地的等高线分析谷地形状，以等高线的走向分析谷地走向；分析完全按比例表示地物的符号，判定其外表形状，并判定地物形状突出部位点的方位。

（6）学习测量地图上各点之间的距离。利用地图比例尺换算成实地水平距离，利用经验系数法换算成实地实际距离。测量时，要选择明显的地貌或地物作为参照点，也可以选择线状物（如道路、电线线路等）上任意两点，测量和计算它们之间的距离。

（7）学习测量地图上山体坡度及换算成实地坡度的方法。测量山体坡度时，还可学习测量山地道路的坡度。

（8）学习测量磁方位角。以地图上任一站立点为中心，测量某一选择的地貌或地物做参照点的磁方位角。

二、高校定向地图与教学地图绘制

（一）定向运动地图的内容

一般的定向运动教学与训练和小型定向运动竞赛多采用单色地图。单色地图是以单色（一般为黑色或褐色）显示地貌和地物。单色地图成图快，既省时又经济。

定向运动四周绘制有经线和纬线。经线贯穿南北，纬线贯穿东西，且相互交会成直角。地图外框的外图廓线绘制有经、纬度线分画线，连接相应的经度分画线或纬度分画线，可更精确地确定应用点的地理坐标方位。

地图上绘制有直角坐标网，可利用方格里纵坐标概略地标定地图，也可利用方格确定应用点的直角坐标方位。等高线一般为成组闭合的相似的一环套一环的曲线。陡崖用一边带齿的长齿条表示，堤坝用两边带齿的长齿条表示。电线线路也以直线表示，但不一定南北、东西贯通，且直线上绘有反向箭头或其他标志。较宽的公路以双平行线绘制，两线间距离不代表实际公路的宽窄，只是表示较宽公路的符号。较宽的道路用粗长虚线表示，小径用细短虚线表示。江河也用双线绘制，但有的地方宽，有的地方窄，这是因为江河的长、宽都是按比例绘制的。根据这一特征可以判别图上的江河。另外，江河、沟渠、小溪一般分布在谷地，沟渠、小溪以单细实线绘制，易与等高线混淆。

图上判别沟渠、小溪，除了解等高线特征外，还须了解沟渠、小溪在图上的特征。沟渠、小溪分布在谷地时，多与水线重合。沟渠、小溪的上游线条越来越细，有时还出现分叉，下游线条越来越粗，有时还可发现它们与湖塘、江河相连。有的沟渠、小溪上还可能出现与道路相交的小桥符号及涵洞符号，有时旁边还绘有箭头表示流水方向。沟渠、小溪符号边标注的沟渠宽度、深度、水深等数字，也是判别沟渠、小溪的方法。湖泊、池塘以单一闭合细线绘制。其主要特征是这种按比例绘制的湖泊、池塘外轮廓闭合环圈有网状线，或有专门的文字注记。

地图还有等高线注记、高程注记、高程点注记。这些高程注记是以阿拉伯数字标注在等高程点上或高程点标旁，其单位为米。有的单色地图上还绘制有地表覆盖物符号，如森林、幼树林、竹林、稻田、旱地、经济作物区等。其具体符号所代表的含义，在图例注记中都有图样符号说明。

（二）定向运动地图的使用

1. 地图的使用方法

地图上的方向是上北、下南、左西、右东。使用地图前必须水平持图，并对地图进行定向（标定地图/正置地图，将地图的方向与实地的方向保持一致）。培养方位感，强调正确拿地图的方法（标定地图、置图），掌握在没有指北针的情况下，利用实地环境特征标定地图的方法。在行进过程中，当方向改变后，持图方法要随之改变，重新标定地图，保证地图的方向与现场的方向一致。

2. 地图的使用练习

在地图上设计一些简单的路线进行持图走（地图和实地对照走）练习，这时不用指北针。练习时强调"人在实地走，心在图中移"，学会拇指辅行法。只设起、终点，每个学生按规定路线跑。在途中放几个点标旗，要求学生回来后说明发现了几个点标旗，并圈出点标旗所在的点。也可不设点标旗，走的过程中圈出明显地物让学生沿规定路线行进时可以寻找捷径，如可穿越空旷地。

从在路线上设定点标开始，逐步增加难度。首先，依托线形地物的特征，如交叉处、拐弯处等，然后利用扶手法行进。其次，选择靠近线形地物的明显地物设点（对初学者，路线中最好有不同方向的调整）。再次，选择离线形地物稍远的明显地物设点。最后，使用复杂的地图，增加颜色等干扰因素进行上述练习。

3. 使用指北针标定地图

指北针在野外的主要作用是辨别方向、标定地图、确定站立与标点的方向和简易测绘。在定向越野比赛中，选手们通常使用专业的定向越野指北针，这是一种主体为透明有机玻璃的基板式指北针，由于它的磁针盒勺充满一种起稳定磁针作用的特殊液体，因此很适合在奔跑时使用。定向运动中指北针的作用有两个：一是标定正置地图，二是确定或校正前进的方向。标定地图的方法也有两个：一是利用现地进行标定，二是利用指北针标定。

我国运动员常出现的错误是：学会用指北针后就忘记或放弃了用现地标定地图的方法，过分地依赖指北针。实际上，在比赛中两种方法常常同时应用，不同的情况下使用不同的方法或两者综合应用。

在存在明显特征物的情况下，特别是有线形特征物的情况下，使用现地标定地图更有效，可同时确定你的站立点，而指北针仅仅能标定地图而已。在复杂的丛林中穿越则主要依靠指北针来标定地图，但这时还要利用地图仔细地确定你的站立点，否则，即便正确地标定了地图，但站立点错了，比赛中仍然可能犯严重的错误。

指北针的蓝箭头、自己的鼻尖指向要去的方向，蓝箭头压住下一个检查点的圆心，然后转动身体，使红针指向磁北线方向。选定方向后，要利用你正前方的特征物来引导你前进，在有特征物的情况下，避免长时间使用指北针定向。

使用定向越野指北针需注意以下问题：

（1）使用前要检查磁针是否灵敏。用一铁质物体（如小刀）多次扰动磁针的平静，若磁针每次都能迅速摆动并停止于同一处，则表明磁针灵敏；反之，说明该指北针已不能使用。

（2）使用时应避开各种电器和铁类物体。

（3）定向越野指北针不能在磁力异常的地区使用。

（4）在靠近南北极地区的国家，必须使用针对南北极磁力不同而专门制造的指北针。

4. 地图等高线的使用

读懂和使用地图上的等高线是定向学习的难点。可通过增加地图中等高线的复杂性来学习，还可利用军事地形图或只有等高线的图来练习；带学生沿着等高线走，体会走在同一高度上的感觉。

训练学生利用等高线判断出实地地貌的明显差异，利用地貌的差异，并借助指北针断断续续的帮助在山地或丘陵地进行实地穿越定向练习。

进一步提高读识和应用等高线的能力，利用等高线的细节找出实地地貌特征的差异进行定向。

（三）定向运动地图的记图练习

将一条路线按一个个路段做成一张张的小地图，比例尺为大比例尺。将各路段的地图悬挂在该路段起点，学生在起点处读图记图后，不带图凭借记忆向下一点前进。练习中，如果忘记了，可重回路段的起点记图后再开始。通过增加路段长度和复杂性提高难度，通过改变比例尺提高难度，同时可诊断学生读图的改进水平（大—小—大）。

在寻找检查点之前，记读下一个点或下两个点，并判断出到达该检查点后应前进的方向。在行进中读图、思维，概略定向，把握两个检查点间及其周边环境的大结构或大框架。

（四）定向运动地图的准备

高校定向地图是定向教学和定向训练中必不可少的。缺乏定向地图是目前定向运动普及工作面临的问题。定向教学用图一方面可以从定向竞赛图即以前开展过定向比赛的单位获得，另一方面则可以通过先以代用图起步、再通过修测绘制逐步成为定向教学用图。

（1）定向竞赛图。定向竞赛图是一种较正规的定向图，包括开展过定向比赛的图以及由PWT帮助我国修测的高校定向图。这些定向地图是按国际定联规定制作的。自制高校定向图还可以通过定向图绘制软件来制作，这些用来进行定向教学能起到较好效果。定向竞赛图由于数量和场地有限，无法满足定向教学的要求。因此，利用其他代用图则成为定向教学和训练的主要地图来源。

（2）地形图。地形图在我国测绘部门和规划部门中很常见。可以通过正规渠道获得这部分图，稍做修测，便可成为定向教学用图。地形图通常以地图比例尺大于1∶10000为合适，通常是素图（黑白图），可以选择学校附近的区域作为定向教学地域。特别需要提醒的是，地形图作为定向教学用图时，必须在修测过程中将地图坐标等重要的数据去掉。

（3）其他代用图。其他代用图是指一些校园规划图、公园游览图和比较好的交通图等。在定向教学初期，可以利用这些地图进行一些定向判定方位等技能的练习。较规范的校园平面图或校园规划图还可以进行一些距离感的练习等。这类地图比较容易获取，所以也将成为开展定向教学的主要地图来源。

在定向教学过程中，有必要在这类地图基础上边教学边修改。通过这些地图进行修测和重新绘制，以适应定向教学和训练的需求。质量较好的导游图经过一定的技术处理后也可以作为公园定向教学用图。

（五）定向教学地图的绘制

绘制定向地图是一项专业性很强的技术。目前，我国专门的定向地图绘制人员很少，在开展高校定向运动教学、训练和比赛的过程中，常常会碰到缺少专业性的绘制地图人员的问题，但我们可以按照定向地图绘制方法，绘制简易的高校定向地图，进行高校定向教学、训练和比赛。

进行高校定向教学的场地较小，地形地貌相对简单，所以绘制高校定向教学地图比起正式定向比赛用图的标准相对较低，而且高校定向教学用图只需把明显地物标志绘制到图上，不需要太多太复杂的地貌特征。

1. 基本知识与技能

（1）地质地貌学知识。要绘制出不同类型的地貌及其图形特点，需要掌握地质地貌学知识。

（2）绘图学知识。这是绘制高校定向教学地图最基本的也是必要的知识。

（3）测量学知识。要想绘制出尽量标准的定向地图，就要身体力行，各种地形地貌特点，以及路线的长短、方向，只有亲自测量后才能完成，当然，测量学知识是必不可少的。

（4）国际定向运动图制图规范。

（5）定向路线设计的原理与原则。

（6）参加定向运动比赛的实际经验。

2. 制作定向教学地图的地图

可以借助"现成地图"——地图。此为基础，在以后的教学中，根据所需的内容"加绘、改绘"——勘测上去，则可起到事半功倍的效果。

3. 绘制定向教学用图需要的工具

（1）指北针。对刻度、精度和准确度要求很高，必须能测量方位角。

（2）绘图板。一般与A4纸大小相仿。

（3）铅笔、橡皮。铅笔可以是彩色的。

（4）绘图纸。一般用普通硫酸纸，但容易起皱。

（5）计步器。可以帮助绘制人员计算步数。

（6）绘制高校定向地图的专用教室。

4. 用OCDA软件绘制高校定向教学用图

使用OCDA专用制图软件绘制定向地图，是国际定联正式认可、当今世界上最为通行的方法。

（1）OCDA8.0概述与特点。OCDA8.0是一款基于矢量的绘图软件。它是专为地图绘制人员而设计的，利用它能轻而易举地绘制各种地图。OCDA8.0有以下特点：

1）矢量性。矢量图形是指绘图程序对物体的定位、填充、形体构造等以数字方式进行记录，包括图像对象的几何性质，如直线、曲线、基本几何图形等的形状和大小。理论上，以数字方式记录的矢量图形可无限放大而不会使图像发生任何变化。

2）符号性。地图上的所有物体都由符号组成，因此OCDA8.0的所有绘制对象都是建立在符号的基础之上。各种符号都有一定的颜色和形状，有其代表的地形地貌的特点，使用起来非常方便。

3）兼容性。OCDA8.0兼容性非常好，它能兼容多种格式的输入和输出。

4）便利性。OCDA8.0操作界面非常方便，工具和符号都是按照绘制定向底图的规则设计的，使用起来非常方便。

（2）绘制步骤。高校定向教学地图虽然相对较简单，但必须按照规定的绘图步骤进行，绘图在按照规定操作的前提下，要做到尽量简单、直观。有些特征物在定向教学中不太重要，例如个别的街灯、停车计时表、消防栓和垃圾桶，这些都没有必要测绘到图上。地图符号的设计及其尺寸大小的清晰度要经过多次测试和调整，包括色彩、线划类型和线划粗细。最后，通过运用夸大、简化、取舍等制图综合的方法，使高校定向教学地图的成品达到既清晰又准确。

1）准备地图。准备"现成地图"，可以用地形图、校园平面图，然后以此为基础，根据所需的内容"加绘和改绘"。

2）确定地图比例尺。地图比例尺是根据所要绘制的定向教学场地或区域的大小和地图的图幅来确定的。通常的高校定向教学地图，图幅一般以A4纸大小为宜。地图比例尺可用1：4000/300/200。

3）扫描地图存入电脑。用扫描仪将绘制好的地图扫描进电脑，扫描时可用分辨率为200像素，并以bmp、jpeg文件格式储存在电脑工作目录。

4）运行OCAD8.0，导入地图。打开OCAD8.0文件，在"文件"中选择保存的地图文件，点击"打开"，就可看到制图界面。

5）描绘地图。根据模板中的地图，选择右面的地图符号，用工具栏中的绘图工具将各种地形地貌符号绘制上去。

6）打印初稿，到现场修绘。绘制成的高校定向教学地图初稿，再以此为基础到教学场地和教学区域去修绘。

7）修改地图。再将修绘的结果回到绘制的图上，进行修改。这个过程要进行反反复复的修改。

8）修饰地图。当高校定向地图经过修改和绘制后，基本达到教学需要时，要根据制图规则添加一些必要的地图内容，包括图名、图框、比例尺、等高距、磁北线、修测日期和修测者等有关内容。

9）储存打印地图。当所有工作均完成后，就可以打印了。

5. **定向运动地图的绘制练习**

（1）在教室内教学生绘制简单的定向地图。需要准备两张白纸；一个夹子；一把尺子；一个指北针；一支铅笔；一块橡皮。

1）先确定地图的边界线（如教室的围墙），然后测量出墙到墙之间的距离。

在测完长度后，应该确定比例。对于一个不太大的教室来说，用A4或A5纸，比例尺一般定为1：100或1：200（有时也用1：150）。如比例尺是1：200，那么一个长28米、宽16米的教室在地图中的大小是14厘米×8厘米。

2）在确定了边界线后，就可开始进一步测量那些较大的物体，如讲台、桌椅等。

3）再测量一些小的物体，如扬声器等。当然，这张地图的详细度是由绘图者自己决定的，但应注意的是：一张简单而精确的地图远比一张详细但不准确的地图要好得多。

4）做图例说明表，来解释地图上的细节都分别代表什么地物。

5）在地图中标明正北方向。

现在一张简单而准确的教室地图就完成了，教师可用这些地图举办一场小型的竞赛来教导学生，提高学生对绘制定向地图的热情。对于初学者来说，用这种办法来学习定向运动和识图绘图的知识是非常简单而有效的。

（2）绘制运动场、校园地图。

1）装备。一张地图（即大比例尺平面图，比例尺为1：4000或1：3000）；如没有，就绘制一张简图。一般来说，所有的公园和校园都有此种地图。在这里开始绘图的步骤同上，只不过是基于地图来绘制定向图。

2）步骤。确定地图的边界（围绕着边界走一圈），同时观测较明显的标志物。如果地图中存在错误，必须将之更正。如果地图上的错误过多，就很难判断到底哪些是正确的哪些是错误的。因此就需多花些时间研究这一块，找到安全点作为参考来准确地绘制地图上的其他细节。地图可绘制成黑白的，也可是彩色的。一张彩色的地图既可以直接用彩笔绘制后彩色打印，也可以在计算机上用专业的定向绘图软件OCAD来绘制。

在绘制地图过程中，尽可能地使用与图例一致的符号来绘图。

三、高校定向运动教学路线的设计

在定向教学过程中，一条较好的定向路线设计必须具备两点：一是符合定向运动路线设计的一般原则；二是整条路线必须是安全的。

（一）定向教学路线设计的基本原则

（1）路线的难度和总长度要与教学对象水平相适应。不要认为难度大的定向路线就是好的路线，对于初学组别和高级组别的定向路线，必须有明显区别。因此在教学和训练中要分层次，运用多种教学手段和方法，开设定向运动理论课程。

（2）依据地形特征设置合理检查点位置。检查点是学生或者运动员寻找目标点和确定站立点位置的依据，既要体现公正，又要尽可能地展现学生的技能掌握水平。设计检查点位置的依据是图上有相应的地图符号的地形位置，附近是否有可以成为辅助捕捉目标的地形。也就是我们通常所说的特征地形。

（3）依据路段距离的需要设置检查点。相邻两检查点除非地形细部有明显区别，否则其间隔不得过密（一般在小于110000，比例尺地图上不得近于100m；而在大于1：50000或百米定向中检查点间隔视具体情况而定）。在百米定向教学中的检查点有着其特征性的位置和特殊性的要求。

（4）路线的方向和长度要有变化。即检查点与检查点之间的距离要有长有短并有路线可供选择。这是考验定向学生在定向技能上的方向感和距离感。

（5）路线要具有选择性。可使运动员独立思考，认真判断地形，分析利弊。根据体能、技能状况作出相应的选择。

（6）防止"锐角现象"出现。为了防止前一名学生在找点过程中或行进时不能被后续向该点奔跑的学生发现而客观上提供帮助（注意"锐角现象"不能单纯理解为图上路线形成的角度小于90°）。要想避免"锐角现象"，可以增加辅助引导点的方法来实现。

（7）起点终点的位置要恰当合理。起点是人员较集中区域，全班同学都集中在此准备出发，起点的教学场地必须选择适合教学要求的场地，一般符合地形平坦，面积较大，以保证有足够容量；遮蔽较好，如果是教学比赛，更应该注意隐蔽性。任何位置都不能通视赛区，且到第一检查点间有足够的遮蔽物，使学生尽快在出发后身影消失，以保证比赛公平；终点地域也必须空旷，展望良好，便于教师工作和其他学生的参观。最后一个检查点与终点间的设置应比较简单，画一个标记表明学生已到达终点。

（二）定向教学路线设计的注意事项

定向教学路线的设计受到教学场地（通常是学生较熟悉的地方）和训练对象的制约，不可能像定向比赛路线那样强调定向技能，而是要充分考虑定向教学的方便以及对定向技能循序渐进的教学原则，在校园或公园等较熟悉的场地内设计不同效果的定向路线。

（1）在可设点的细小区域特征设置检查点。如校园内的小花坛、小树林、围墙边、行人小道、体育馆、球场、游泳池、小河边等，这些细小的位置平时可能少有人注意。教学楼道的某些地方也可以考虑设点。

（2）尽可能多重复利用检查点位置。在同一区域内，将可能设点的地方，全部考虑之后，然后每次按不同路线及不同方向来选择定向路线，最大限度地锻炼学生选择路线和判定方位的能力。

上述介绍只是设计定向路线一般知识，实际在定向教学中并不是每次教学都要设计一条完整的路线的。在实际教学中，可根据教学内容和进程设计出适合定向教学的路线，以提高教学效果。

四、高校定向运动的技能学习评价

在定向运动技能的学习过程中，对技能掌握情况的及时反馈对技能的掌握有十分重要的作用。因此，建立合适的定向运动技能的评价标准，促进学生更好地进行自我评价是非常必要的。下面根据初级、中级、高级三个等级评价标准分别进行论述。

（一）初级评价标准

（1）使用地图和指北针。学会看懂地图中的比例尺、地貌符号、地物符号、磁北方向线、地域颜色、等高线、山脊、冲沟等；能看懂校园或小型公园的地图；学会指北针的使用方法；利用指北针来找准方向；学会利用指北针来找点标；在校园、居民小区或公园能利用指北针完成定向跑。

（2）选择最佳的行进路线。初步领会定向运动路线选择的原则，在简单场地作出路线选择；在校园公园等较易辨别方向、标志物明显的场地作出路线选择。

（3）能够运用基本技术。初步领会定向运动中的一些方法及技巧，如实地使用地图的技术、选择运动路线的技术、捕捉检查点的技术等。

（4）具备良好的专项身体素质。进行基本的专项身体素质练习，具备跑、跳、攀、爬、涉等基本的活动能力。

（5）其他方面。了解什么是定向运动，能说出定向运动的常用术语及掌握基本的技术知识；能认识与使用定向器材；能组织趣味型的课堂练习；具备在校园里或公园里完成8～10个标点，2～3千米距离的定向能力。

（二）中级评价标准

（1）使用地图和指北针。学会分析野外或大型公园地图，能利用指北针给地图定向；能利用指北针在公园、居民小区或野外完成定向跑；能利用指北针单独完成接力定向、专线定向。

（2）选择最佳的行进路线。在点标间距比较短或路线不交叉或点标与点标间角度大于90°的情况下，作出路线选择。

（3）能够运用基本战术。掌握两三种定向运动项目的技术及方法。

（4）具备的专项身体素质。具备较全面的跑、跳、攀、爬、涉等基本的活动能力，具备一定的户外奔跑能力。

（5）其他方面。学会并掌握专线定向方法，能准确画出自己所在地位的点标，能掌握接力定向的方法，了解接力定向的要求，掌握定向运动的简单竞赛规则；具备在校园里或公园里完成15～17个标点，3～4千米距离的定向能力。

（三）高级评价标准

（1）使用地图和指北针。熟练掌握国际定向越野图及指北针的使用方法，做到在复杂的环境下的精确定向，用地图和指北针快速识别方向。

（2）选择最佳的行进路线。在不同的环境和条件下作出路线选择，如：在点标间距离长短不一、前进的方向和角度时常变化、点标比较难找的情况下，都能选择合适路线。

（3）能够运用基本战术。掌握较多的定向运动项目的技术及方法，并能在比赛中熟练运用。

（4）具备的专项身体素质。具备全面的跑、跳、攀、爬、涉等专项运动能力；具备较强的野外奔跑能力。

（5）其他方面。掌握夜间定向、定向跑的基本知识；学会如何科学地制订运动处方；完成标准定向地图的绘制、路线的设计；组织班级间的小型比赛；参加班、校级以上的定向跑比赛。

第四节 定向运动的竞赛与体质保障

一、定向运动竞赛流程

参加定向运动竞赛是对定向运动的技能掌握情况的检验，也是参与定向运动、体验定向运动乐趣的重要途径。

（一）注册登记与报名

正式的全国性定向运动竞赛，运动员必须到指定部门注册登记，部门对其进行资格审查，并发给参赛证。参赛证应有运动员姓名、出生年月、照片、身份证号码及当年的竞赛组别。如果要参加定向运动精英组的竞赛，中国定向运动协会应在参赛证上注明。注册登记应每年一次。

参加小型定向运动竞赛时，运动员应首先进行报名。组织者通常会提前两个月对外发布正式竞赛通知。向参赛者公布的竞赛信息主要包括以下内容：

（1）竞赛的名称、项目、分组。

（2）时间（年、月、日）。

（3）竞赛类型（是选拔赛、公开赛、邀请赛还是锦标赛）。

（4）地形特点、当地温度。

（5）竞赛各组别的路线概略长度、难度或总爬高量。

（6）地图比例尺、等高距。

（7）报到时间、竞赛开始时间。

（8）竞赛编排方法（是抽签还是其他）。

（9）报名资格、报名费以及支付方式。

（10）报名地址，报名登记起止时间，限额，联系人地址、姓名、电话。

（11）此次竞赛的竞赛规程。

（12）附报名登记表一份。这些竞赛信息将有利于运动员的报名选择。

（二）定向运动竞赛的准备工作

报名结束后运动员将得到一些更为详细的资料，这时即可开始竞赛的准备工作。准备工作主要包括：①认真学习有关本次竞赛的规程、规则和要求；②根据自己的目标和能力加强定向运动的各项技能和体能的训练；③按规程规定，做好在定向运动竞赛中运动员允许携带的指北针、地图、笔以及与竞赛配套的检查点说明、检查卡和号码布等准备；④在竞赛的前一天，准备好饮品、食品和零用钱，竞赛前夕应充分休息，注意饮食；⑤如果竞赛另有补充规定或通知，运动员应尽快阅读，以保证顺利完成竞赛；⑥认真积极地做好临赛前的准备热身活动，避免运动中伤害的发生。

对参加或准备参加定向运动竞赛的各级选手提出一些基本的要求是十分必要的。这些基本的要求主要有：①参赛者应具备一定的识图技能，如地图比例、地形地貌及其各种符号的识记技能；②参赛者应具备一定用图技能，如结合指北针辨明方向、位置以及判读地貌的技能；③参赛者应具备一定的越野赛跑的技能和基本身体素质，如越野赛跑技术、耐力、力量、速度、灵敏、平衡以及心理素质等；④参赛者应具备一定的适应、应变和自救能力；⑤参赛者应熟知定向运动竞赛的基本规则，并在竞赛中严格遵守；⑥参赛者必须注意培养自己的环境保护意识；⑦参赛者必须购买保险。

（三）定向运动竞赛的基本程序

在完成报名工作以后，运动员应该了解参加定向运动竞赛过程中的基本程序。定向运动竞赛的基本流程依次为：报到处—出发区—进行竞赛—终点处—重返会场。

运动员在竞赛开始前首先要到赛区的报到处，出示有效的参赛证件，办理登记手续，领取参赛号码布和检查卡片并在报到处查阅本组和其他各组运动员的出发时间或有关该次竞赛的基本资料。

运动员须在出发前10分钟到达出发区，报到处离会场出发区的距离根据竞赛规模、级别和选手水平而定（通常是步行几分钟至30分钟的路程）。运动员按照组织者设置的路标指引，自己计划时间前往，如因个人延误迟到，所损失的时间将不获补偿。基层小型定向运动竞赛也可集体集中组织前往。

各组的运动员每隔一分钟或若干分钟出发一批次，出发后运动员必须离开出发方格，以免阻碍其他运动员出发。运动员在进行竞赛的过程中必须按顺序寻找到所有的检查点并打卡，然后到达终点报到。

运动员通过跑道，越过计时器后，计时员会把他到达的时间记录下来，然后在地图收集处缴回地图、检查卡片。运动员返抵终点后，须迅速离开，以免妨碍后面的运动员。

运动员可从成绩布告板上查阅自己的竞赛成绩，如有异议须于成绩公布后5分钟内提出。

（四）定向运动竞赛的注意事项

（1）集合报到后组织者将发放竞赛编号（号码布）、检查卡片等物品，运动员撕（剪）下检查卡副卡交给工作人员。

（2）当距离触发时间还剩10～15分钟时（根据报到处与出发处之间的距离而定），即可在工作人员（或标志）的指引下前往出发区。

（3）进入出发区后，检查自己的着装和基本装备并及时向起点裁判员交验检查卡和检查点说明表等参赛凭证及竞赛用品。

（4）明确出发区的方位，并仔细观察周围地形、地貌，把握好出发方向。若终点设在附近，还应观察终点周围的环境。

（5）运动员从出发区进入待发区后就会得到竞赛地图（不要进错通道、拿错地图），应迅速阅读，分析各检查点标志周围的地形、地貌。

（6）初次参赛的选手特别要把握好到达第一个检查点的方向和路线。顺利到达第一个检查点有利于提高运动员的自信心，为下面的竞赛打下良好的基础。

（7）如果竞赛图上没有标示竞赛路线，就需要参赛者自己到标图区按照基本图进行描绘。标图区一般设在出发线前方30～100米处。在标图区描绘竞赛路线时要细心谨慎，防止绘错检查点的位置。描绘完毕后应将尺子、圆珠笔等留在原处，以便后面的运动员使用。

（8）运动员听到出发指令后应快速向第一目标点出发，尽快离开出发区，并应避免为他人引路。

（9）在检查点打卡时，要仔细核对检查点的代码是否与自己所要寻找的检查点代码相符。使用检查卡计时应注意打印要清楚、位置要正确；使用电子打卡器，电子器会发出打击成功的信号。

（10）抵达终点后应立即将检查卡、地图、检查点说明卡等交给终点裁判员。

（11）当竞赛起点与终点位于同一处时，禁止已完成的队员同未出发的队员交流。

二、定向运动的裁判工作

下面以接力赛为例，探讨裁判工作及裁判规则。定向运动接力赛是定向运动竞赛的主要团体竞赛项目之一。定向运动接力赛是每个接力队的运动员均按预先安排的顺序一个接一个地完成各自赛段，竞赛的成绩取决于完成全部检查点的准确性及全队所用的总时间。

接力赛要求参加竞赛项目的各队力量均等，参加人数相同，运动员由条件相同的成员组成。

（1）以性别、年龄段分组，可以单项定向运动竞赛各年龄段分为男子组、女子组；也可以学龄段分为小学男子组、小学女子组，初中男子组、初中女子组，高中男子组、高中女子组，大学男子组、大女子组等。每队成员数可为2人、3人、4人等。

（2）以年龄段分组的混合组在同一年龄段组成男女混合组。如，1男1女的2人混合组、2男2女的4人混合组等。

（3）精英接力赛只按性别分组可以分为男子组、女子组、男女混合组等。男子组、女子组每队成员可为3人、4人等。男女混合组每队成员可为1男1女2人混合组、2男1女3人混合组、1男2女3人混合组、2男2女4人混合组等。

（一）出发区及起点裁判工作

（1）定向运动接力赛出发区。定向运动接力竞赛参加队不太多时，可以分时分批出发。同批出发运动员也不太多时，竞赛出发区可采用定向运动的单项项目竞赛出发区的形式，根据每批出发运动员的多少，只需横向增加几条通道即可。定向运动接力竞赛参加队较多，同批出发安排运动员较多时，则可采用以出发线按一字排列方式，多队同批同时出发。获取地图则可采用悬挂式取图。地图悬挂方式是将地图反面悬挂，背面为各队顺序号，或将各队图悬挂于各队顺序号下方。地图悬挂高度为运动员举手可触的高度。

（2）定向运动接力竞赛的起点裁判工作。定向运动接力竞赛的起点裁判工作基本上与单项项目竞赛相同。同批出发运动员较多时，采用将各参赛队按顺序编号，以出发线按顺序编号排列出发。为便于竞赛组织，各参赛队运动员号码与本队顺序号相同。必要时，还可增加小号码显示各队接力队员的顺序号。定向运动接力赛必须在出发指令发出后方可取图。

（二）换段区及接力区裁判工作

（1）定向运动接力竞赛换段区裁判工作。定向运动接力赛换段区与定向运动接力赛终点一般设置于同处，定向运动接力赛不但要记录各参赛队的总成绩，还须记录公告各段运动员完成各段的运动成绩。定向运动接力赛换段区一半为终点区，由终点通道与终点线、交接通道组成。另一半为接力区，由运动员进入接力区通道与交接区、出发通道组成。

（2）定向运动接力区接力规则及裁判工作。换段运动员必须经过接力区裁判员检录后，经裁判员安排才能进入换段区。接力交接采用触手方式，换段运动员完成触手交接后方可取图出发，换段运动员不得错取地图。未完成触手交接或错取地图，判处竞赛成绩无效。

换段区设检录裁判员，检查裁判员，地图管理裁判员，换段监察裁判员，记录、计时裁判员等。检录裁判员负责换段区参赛队运动员的检录工作。检查裁判员负责检查换段区参赛队运动员的衣着、号码佩戴、检查卡的准备等检查工作，根据竞赛进程组织引导换段区参赛运动员进入换段区交接区。地图管理裁判员负责换段区的地图准备工作：地图分组编号，按编组号放置于各接力队编号对应位置（可采用将地图按编号反贴于取图板上，也可采用悬挂式放置地图）。竞赛中，地图管理裁判员监督运动员按各队的编号取图。换段监察裁判员专门监督终点到达运动员与换段运动员完成接力触手交接方式情况及其裁判工作。记录、计时裁判员记录抵达换段区终点运动员的成绩，并负责公告抵达换段区终点运动员完成运动路线段的成绩。

（三）终点区及成绩裁判工作

（1）定向运动接力竞赛终点区。定向运动接力竞赛终点区一般与换段区设置于同处。重大的定向运动接力竞赛或参赛队较多时，也可专门设置终点区。

（2）定向运动接力竞赛终点区裁判工作。定向运动接力竞赛终点区裁判工作与一般单项竞赛基本相同，裁判、记录各参赛队最后抵达终点运动员的成绩，并根据全队完成全场接力竞赛的成绩确定成绩、名次以及负责公告工作。

三、定向运动员的体质保障

良好的营养是运动员取得优异成绩的重要保障。营养不当，会使运动员的生理功能和运动能力下降，影响训练效果和运动成绩的提高。

（一）运动员日常训练的体质保障

1. 运动员的膳食要求

（1）热量需要保持平衡。定向运动员的能量消耗方向包括：①满足机体的正常需要；②维持运动所需的能量，保持充沛的运动能力，并有一定的热能贮备，当然，热量也不宜过多，过多的热量将引起体脂增多，身体发胖，所以膳食要科学、合理。

（2）注意热量物质的比例适当。运动员的热量物质以糖为主，脂肪量最少，要做到高糖、低脂肪。

（3）充足的维生素。运动员均代谢旺盛，激素分泌增加，大量排汗，因而维生素的损失较多，所以要补充充足的维生素。同时，合理增加维生素还可提高运动成绩。定向运动员对维生素B_1和维生素C的需要量很大。

维生素需要量与运动量、机能状态及营养水平有关。高强度训练对维生素的需要量增加，可使维生素缺乏症提前出现，而运动员对维生素缺乏的耐受性又比一般人差，尤其是运动早期需要特别注意。但是长期过多服用维生素会使机体维生素代谢水平提高，一旦维生素摄入量较少时，就更容易出现缺乏。各种维生素摄入量应保持适宜比例，才能使各种维生素在体内发挥良好作用。

2. 运动员的食物分配

（1）三餐的食物分配。

1）运动员三餐食物分配要合理。运动员的早餐应富含蛋白质和维生素，因为运动员早晨要进行训练，势必消耗一定的热量，同时运动也会影响消化功能的正常进行。

2）食物和烹饪加工方法的选择正确。选择易消化、易吸收的营养丰富的食物，同时注意酸碱性食物的搭配，烹调时尽量保留食物的营养成分，还要注意食物的色、香、味，增进运动员的食欲。

3）饮料及其特点。定向运动员热量消耗较大，特别是标准的距离竞赛，机体在运动过程中失去大量水分及能量，若不及时补充，不仅有损于健康，而且直接影响运动成绩的提高。因此，为了维持机体的正常循环，调节体温，竞赛途中补充饮料和饮食，是十分必要的。

（2）季节训练期的食物分配。

1）夏季训练期的食物营养特点。夏季训练期气温较高，因此，水、盐、维生素及蛋白质的代谢都很旺盛。同时，由于高温的影响，运动员的食欲下降，这势必造成体内热量的收支不平衡，从而影响运动能力以及身体健康。为了避免这些不良的影响，在饮食方面要特别加以注意。

夏季训练期，因高温使蛋白质分解代谢加强，排汗量增加，一些水溶性维生素损失也增加，所以要额外补充维生素，特别是维生素C。由于气候炎热，加上运动量大，排汗量就会明显增大，水分损失较多时，无机盐也随之损失较多。

夏季训练期有关膳食具体安排应当注意：①食物要调配好，多样化，清淡可口，促进食欲；②适当地吃些凉拼盘，但要注意卫生，防止污染，黄瓜、番茄、萝卜可以凉拌生吃；③主、副食要注意含丰富的B族维生素，维生素C和矿物质；④可配制含盐分的清凉饮料，放在运动场供运动员随时饮用，但不能在饭前或饭后暴饮；⑤主餐可放在早、晚冰爽的时间，也可采用一日四餐的办法，以增加热能的补充。

2）冬季训练期的食物营养特点。冬季训练期正处在寒冷季节，由于气温低，机体的散热量大，基础代谢相应升高，加上运动量较大，所以热能消耗比较多，因此运动员一天的总热能较高。脂肪的摄入量也应增加，以保温御寒。北方地区冬季为补充体内维生素的不足，可以补充维生素制剂。运动员冬训时膳食要注意的内容包括：①食物要温热、丰富、利于消化吸收；②食物应保证充足的热能，可适当增加脂肪或肉类，缩小食物体积。

（二）运动员竞赛期间的体质保障

在定向运动竞赛期间，体力消耗很大，极易给机体带来一些不利的影响，因此，做好竞赛期间（包括赛前、赛中和赛后）的保健工作，对保护身体健康，保证竞赛的顺利进行有着十分重要的意义。

1. 基本体质保障

（1）赛前健康检查。竞赛前，应进行必要的健康审查和体格检查。身体发育正常，健康状况良好、有一定训练基础、体育健康分组中属基本组的学生，一般可参加竞赛。属准备组和保健组的学生，或有伤病者，一律不许参加竞赛，以免发生意外。

（2）合理的组织安排。场地选择和路线设计应符合安全条件；检查运动员的服装、鞋子是否符合竞赛的要求；做好竞赛期的伙食管理和膳食供应。

（3）现场救护。根据场地准备充足的医疗药物，认真组织和实施竞赛现场的救护工作。而且，竞赛期间要进行安全教育、遵守组织纪律教育和文明新风的宣传教育。

（4）赛前的准备活动。参加竞赛的学生，赛前必须做好充分的准备活动，尤其是气温较低时，肌肉关节僵硬，做好准备活动可以预防运动损伤。准备活动强度和时间，应根据运动员赛前状态和气候等因素而定。

（5）赛中保健要求。赛中运动员的神经处于高度的紧张状态，各器官、系统的功能处于较高的水平，运动员的机体要消耗很大的体力和能量。场地裁判和工作人员要关注竞赛现场的一切情况，对竞赛中出现的伤病，要及时处理和向医务人员报告，以保证竞赛的顺利进行。要做好竞赛中的饮品供应工作。

（6）赛后保健要求和措施。竞赛结束后，对参加竞赛的运动员的保健指导仍应继续。赛前应及时了解运动员的疲劳程度、伤病的发生和发展情况，以及生理功能有无异常变化，为安排下一阶段的训练和竞赛提供依据。赛后及时采取恢复措施，如按摩、放松肌肉等，尽快消除运动员的疲劳，促进体力恢复。对带伤病参加竞赛的运动员，赛后要仔细检查。赛中新发生的运动损伤，赛后要抓紧治疗，并做好对损伤的随访安排。

2. 时差反应与高原反应

（1）时差反应。由于地球自西向东自转，人体产生了与之相适应的一种与昼夜周期相适应的节奏——生物钟。人类生物钟的现象能使人对变化作出反应，影响人的活动能力。随着国际体育交流的增加，运动员会跨越时区到国外去参加竞赛，如乘坐飞机，可以将人们在很短的时间内从一个国家载往另一个国家。时差在3小时内一般不会产生很大的影响，时差变化越大，机体的反应也越强烈，因为人们迅速转移有较大东西向位移的新环境后，由于生物钟存在的误差，就会产生生理干扰，时差适应差的人就会出现时差反应：疲倦乏力、精神萎靡不振、情绪容易激动、注意力不集中等。若运动员没有及时调整，就会导致在竞赛中无法发挥正常水平。针对时差反应，运动员要注意多休息，提前到达竞赛地区，进行适应性训练。

（2）高原反应。克服高原反应的方法，可以采取提前适应法，运动员一般应在1周之前到达竞赛地进行适应性训练。

第五节　高校定向运动的安全与科学研究

一、高校定向运动课程的安全与救助

在定向运动课程教学中，不免发生一些突发事件，给学生的身体和心理造成伤害，同时也给同学们的学习、生活带来了极大影响。因此，以下介绍高校定向运动课程中的主要安全问题，提出预防措施，从而避免突发事件发生，同时再次强调定向运动课程的安全。

由于定向运动场所的不确定性，因此在进行定向运动时经常由于没有树立安全意识、准备工作不充分、没能做恰当的处理使自己陷入危险中。定向运动对体力与智力都有很大的考验，在高校定向运动课程中经常会有由于平时练习不到位（体力、技术欠缺）而使自己受伤的事情发生。

很多突发事件发生的原因主要由于学生没有树立良好的安全意识、准备工作不充分、课上未领会老师的授课要点、考试时心急、发生突发事件后不能做恰当的处置以及教师掉以轻心。因此每一个同学在进行体育运动时都要树立安全意识、掌握适当的处理方法，认真对待准备工作，及时消除所有的隐患。考试时调整好心态，同时一定要注重平时定向运动实践练习，积极提高自己的技战术能力。课后进行体能的练习，教师要始终注意安全问题。

（一）高校定向运动课程的安全处理

定向运动大多是在户外进行的，野外运动，不确定因素多，突发情况常有发生，遇到情况，关键是要沉着、冷静、不慌张，惊惶失措往往可能会铸成大错。当突发事故发生时，人们只有极短的反应时间。但是只要运用员掌握了科学知识和自救技能，在短短的几分钟甚至是几秒钟内作出正确的反应，采取应急的安全措施，就可以将危害降至最低，保证自己的人身安全。

1. **人身攻击的安全处理**

在定向运动课程中可能遇见的人为伤害主要有：车祸、猎人的圈套等。对这类伤害的预防主要靠学生的自我保护意识，如横穿马路时要注意看清左右有无车辆再通过，还要加强自身修养，爱护农民的庄稼。碰到陌生人时，不要理睬，并尽量回避。

在定向运动课程中可能会遇到不法之人的攻击，这时可以用以下方法进行处理：

（1）喊：通常喊声带来的威慑力量可阻止犯罪者的恶性动机。假如犯罪分子正处于犯罪初始阶段，应当大声呼救，以求救助。

（2）撒：可以就地取材，抓一把泥沙撒向犯罪者面部，这样做可以争取时间，逃脱后再去寻求他人帮助。

（3）抓：猛抓犯罪嫌疑人的面部、要害，将其抓破以达到制服犯罪分子的目的。

2. **自然伤害的安全处理**

（1）深水区域的安全处理。在野外运动，会经常遇到水库、池塘、河流、沟渠等水域，南方地区尤甚。在前进道路上遇有水域，运动员不能涉水，即使是捷径、运动员水性好也不能涉水，这是保证定向运动安全的基本原则。因为野外水情复杂，运动员在运动中全身发热、血管膨胀，突然进入水中，血管收缩，肌肉极易抽搐，常会出现险情。在历次全国比赛中，都明确规定运动员不许下水。

（2）深坑与沼泽区域的安全处理。身处险境一般是指落入深坑和陷入泥潭或沼泽地等情况。如果落入深坑，自己爬不上来，须发出求救信号，获得帮助。如果陷入泥潭或沼泽地，自己挣扎不上来或有下陷情况，就要立即呼救，以等待救援，或者呈"大"字形趴下，爬行出沼泽地。此外，对长有水生植物（如芦苇、荷叶）的地方，也不要进入，这些地方往往是沼泽地，容易下陷，十分危险。在晴朗的天气里，看到湿地也不要进入，以防陷入泥沼之中。

（3）雷电情况的安全处理。夏天雷阵雨、暴雨较多，且往往变化莫测，说变就变。野外运动在夏天进行时要注意对雷电的防护，其要领是：一不上最高点；二不靠近最高物体。出现乌云、闪电时，别让自身成为最高点。应观察周围地形，离开山顶、丘顶等地势高的地方，转向地势较低的地方；也不要在空旷地的独立树、旗杆、塔状建筑物等制高点地物附近；更要迅速离开高压输电线地带。当雷雨降临时，若有地方避雨（居民屋、农舍、空屋、草棚等），则可先进屋，等雨停了之后再走（雷阵雨来得快，去得也快）。若没地方避雨，又没有雨衣时，将身上的手机关闭，金属物品要用塑料袋包好，沿着较低的地势走，速度慢一些，并远离水塘等水域。如遇到家畜尽量绕行。

针对以上来自自然界的伤害，主要应以预防为主：第一，教练员在选择场地和设计路线时应予以回避；第二，应在天气良好的情况下进行野外教学；第三，学生应加强自我保护意识。

3. 自身避险的安全要领

在野外进行定向运动训练，能量消耗大，体内水分流失大且没有卫生的水源，在训练前，应准备一些饮用水和巧克力糖。在夏季，一般应带一些含盐量0.9%的生理盐水，以防钠流失过多。如果训练时间较长或训练地区较远，赶不上正常吃饭时间，还应带些食品。

对于野外运动的着装，颜色选择鲜艳醒目的为好。有条件的可购买专门的定向运动服装，它质地轻、透气性好、散热快、不粘皮肤。穿普通长袖长裤的运动服也可以，但要透气、吸汗。不宜穿短裤从事定向运动，南方地区尤应如此。因为南方的灌木丛荆棘多，穿长裤可以减轻不必要的伤害，如果戴上专用绑腿，防护效果就更好了。

鞋要牢固、轻便、舒适，穿专用越野鞋最好，可封严鞋口。鞋底纹路应深，可防滑。袜子应该是棉袜，可吸汗、防滑、跟脚，不宜穿尼龙袜，它容易造成脚在鞋内打滑而站立不稳。

应戴有帽檐的帽子。在丛林中穿行，帽檐对树枝可起防护作用，在夏天阳光下，还能起遮阴作用，便于运动者观察。选择棒球帽、作训帽、太阳帽都是适宜的。

（二）高校定向运动安全的救助方法

运动中受伤（跌伤、扭伤、撞伤、划伤、刺伤等），应根据伤情灵活处置。如果伤情较轻，功能没有障碍，稍加休息，可以继续完成训练，但是速度要比原来慢一些，或改为行走。如果跌伤、扭伤较重，功能有障碍，可先行休息，再试着做功能动作，若仍不能做，甚至有剧痛，应立即停止动作并呼救。如果出现伤口，伤口又不大，出血也不多，可清洗伤口，然后用创可贴盖住伤口或用手帕包扎，以防细菌侵入，走回终点。如果伤口较大，流血较多，应立即抬高伤肢，包扎止血，并呼救。呼救时，应充分利用随身通信工具，先与带队老师取得联系；如没有通信工具，呼救应有一定的间隙，不要拼命不停地叫喊，以减少体力的消耗，并注意听周围的动静。其他队员听到呼救声，应停止训练，寻声找到受伤同伴，帮助他，并设法与带队的教练与老师取得联系，或与当地老百姓取得联系，争取他们的帮助。

急救技术是野外出现意外伤病情况而采取的紧急抢救措施，主要有以下技术：

1. 止血

止血是指压迫出血动脉血管向心端，减弱或阻断心脏向伤口部位的供血，避免血液流失。人体受了外伤后就会出血，失血达到人体总血量的20%以上时，人会出现头晕、脉搏增快、血压降低、出冷汗、脸色苍白等症状。因此，止血是急救中一项重要的措施。

出血分为内出血与外出血，若运动员没有外伤却出现面色苍白、出冷汗、四肢发冷、脉搏较弱，以及胸腹部有肿块疼痛等，这是内脏如肝、脾、胃等出血的症状，应立即送医院救治。外出血分为三种，即动脉出血、静脉出血和毛细血管出血。动脉出血，因外伤所致动脉破裂时，血液呈鲜红色、喷射状流出，失血量多，危险性大，必须立即止血。静脉出血，因外伤所致静脉破裂时，血液呈暗红色、涌状流出，如不及时止血，时间长，出血量大，危险性也大，也应及时止血。毛细血管出血，血液从创面向外渗出，颜色从鲜红变为暗红。

外出血主要有以下止血方法：

（1）指压止血法。用手指将出血动脉向心端用力压向骨头方向，达到止血的目的。指压止血法适用于头部、颈部和四肢的浅表动脉出血。

（2）屈肢加垫止血法。当前臂或小腿出血时，可在肘窝内放纱布卷、毛巾等，弯曲关节，用绷带或三角巾等做"8"字形紧紧缠住，但若有骨折或关节损伤则不能使用此法，以免造成骨折错位和剧烈疼痛。

（3）止血带止血法。常用的止血带是长约一米的橡皮管。在出血处的近心端选择适宜部位（如上臂的上1/3处，大腿的中下1/3处），用布垫、纱布、毛巾等做衬垫，再用止血带。

（4）绞紧止血法。用三角巾、绷带、手帕、头巾等就便材料，折叠成带状，缠绕在伤口的近心端（需用衬垫垫好），并勒紧至伤口无出血，打个蝴蝶结，取小木棒、钢笔等插入其中绞紧，再将绞棒穿在两个小圈内固定。

2. 包扎

伤口包扎在急救中应用最广，具有止血、减痛、保护伤口免受污染，以及托扶伤肢和固定骨折等作用。为确保包扎的效果，包扎的要求是：伤口封闭要严密，防止污染，松紧适宜，固定牢靠。其动作要领是：快——动作要快；准——敷料盖准后不要移动；轻——动作要轻，不要碰撞伤口；牢——包扎要牢靠，打结时避开伤口。

目前常用的包扎材料有制式三角中急救包和绷带，急救包是预先用橡皮布包好压缩、消毒，每包中还有纱布垫大小各一块。使用时，橡皮布可打开盖在敷料的外面以防雨水污染。在没有制式包扎材料的情况下，干净的毛巾、手帕、头巾均可作为临时包扎材料。

绷带的基本缠绕方法分为以下四种：

（1）环绕法：将绷带在身体的一部分环绕数圈，层层相压。此法多用于颈部，在其他各种绷带法开始时，亦常常用此法包扎1～2圈固定。

（2）蛇形法：用绷带斜形缠绕，每圈之间保持一定距离而不重叠。此法常用在夹板。

（3）螺旋回反法：用于肢体粗细不均的部位，由细处向粗处缠，每缠一圈即反折一次。回反时，以左手拇指按住绷带上的回反处，右手将卷带反折向下，然后绕肢体拉紧。返回处不可在伤口或骨突处。

（4）八字形法：有"8"字形和"人"字形两种绕法，常用于关节处。先用环绕法，斜过关节时上下交替，于关节处交叉，并覆盖前圈的1/3或1/2。如关节上下粗细相近，则用"8"字法；粗细相差较大时，则用"人"字法。"人"字法多用于在关节深侧交叉，如先缠绕躯干或肢体周径大的部位时，为降带法；先缠绕肢体周径小的部位，为升带法。

应用绷带包扎的注意事项包括：①防止滑脱，先环绕两圈固定，将绷带头折回一角，在绕第2圈时将其压住，再继续沿肢体缠绕，包扎终了时必须环绕两圈固定；②包扎四肢时，由末端开始，指（趾）端应露在外边，以便观察血液循环情况；③不要用潮湿的绷带；④绷带各圈中，皮肤不可外露，每圈应重叠1/3或1/2，最后在肢体不易受压处打结；⑤包扎出血伤口时，应用无菌敷料或干净布类覆盖伤口，再加适当压力包扎。

3. 固定

骨头受到外力打击，发生完全或不完全断裂时，称为骨折。骨折固定可以减轻疼痛，避免骨折端移动导致血管神经损伤，减少出血，防止感染。按骨折是否与外界相通，可分为闭合性骨折（骨折端未刺出皮肤）和开放性骨折（骨折端刺出皮肤）。对骨折伤，可根据伤员疼痛或压痛、伤部肿胀、畸形和功能障碍来诊断。

（1）骨折固定的原则。

1）先止血、包扎，再固定。

2）就地固定。

3）固定的目的只是制动，不是整复。

4）夹板与皮肤之间要垫些棉花、毛巾、纱布等软物，尤其是夹板两端、骨隆突处和空隙等部位，以防止夹板擦伤、压伤皮肤和压迫浅表神经。

5）固定必须牢固可靠，夹板长度应超过骨折部的上下两个关节。除固定骨折上下两端外，必须把上下两个关节固定住，并将伤肢固定在功能位置。

6）固定松紧要适度。固定四肢时，要露出指（趾）尖，以便观察血运和感觉，如发现指（趾）苍白、麻木、疼痛、肿胀和青紫，应及时松解，重新固定。

7）固定后，应挂标志，迅速送医院。通常用木制、塑料制的夹板，在野外可就地取材，如木板、木棍、树枝、竹竿、纸板等。

（2）骨折固定方法。

1）前臂骨折固定法：在骨折位外侧置夹板，然后固定骨折上下两端及腕部关节，再用三角中将前臂悬吊胸前。如无夹板或其他硬质材料，可取两块三角巾，让伤臂屈肘90°，用第一块三角巾将上臂悬吊于胸前，于颈后打结，用第二块三角中将伤肢固定于胸前。

2）上臂骨折固定法：在上臂外侧置夹板，以绷带固定上下两端，用三角巾将上臂悬吊在胸前，再用绷带或三角巾将伤肢固定在胸廓。如无夹板或其他硬质材料，方法同前臂骨折三角巾固定法。

3）小腿骨折固定法：将两块长度相同的夹板分别放置伤肢内外两侧，加垫，用三角巾于骨折的上下端、大腿的中部、膝下和足部打结固定。

4）股骨骨折固定法：用夹板或扁担、竹竿等置于大腿外侧，关节及空隙部位加棉垫，再用三角巾或绷带、腰带、毛巾、衣服等分别在骨折上下两端、腋下、腰部及膝、踝关节处固定。

5）脊椎骨折固定法：3~4人应同时蹲于伤员一侧，一人托伤员肩胛部，一人托腰部和臀部，一人托伸直并拢的两下肢，动作一致地把伤员挪到硬质担架或木板上。伤员仰卧，腰部垫5~10厘米高的垫子，保持腰的过伸性。用三角巾或绷带将伤员胸、腹、胯、踝部固定在担架或木板上。

4. 搬运

伤员得到初步的救护后，须迅速安全地送到医院进一步治疗，这就是搬运。搬运中为避免再次受伤，有一定的技术要求。搬运前应尽可能做好伤员的初步急救处理，如止血、包扎、骨折固定等。根据伤情、地形、受伤地区等情况，灵活选择不同的搬运工具和方法，注意搬运的体位和方式。搬运动作要轻快，避免震动（尤其是骨折伤员），争取在最短时间内将伤员送到医院。

搬运伤员分为单人搬运和双人搬运。

（1）单人搬运。

1）扶持法。搬运者以伤员健康肢体侧靠着自己，将其健康上肢搭在自己肩上，左手或右手在胸前拉着伤员同侧手，另一只手扶在伤员腰部行走。

2）抱持法。搬运者一手放在伤员的肋部，另一只手抱住伤员的大腿下部行走，伤员一手抱住搬运者的颈部。

3）背负法。让伤员伏在搬运者的背上，搬运者双手抓住伤员的双腿行走。

（2）双人搬运。

1）椅托式。两名搬运者面对面站着，互相拉着手（一名搬运者的左手拉着另一名搬运者的右手），各用另一只手做成一个靠背。伤员坐在搬运者用手做成的座位上，并以两手扶着搬运者的肩膀。也可以三手结成环扣，做成座位，搬运者闲着的另一只手搭在另一搬运者的肩上，做成伤员的靠背。

2）轿扛式。两名搬运者用四手结成环扣，做成伤员的座位，伤员需两手扶着搬运者的肩膀。

3）担架搬运法。往担架上放伤员时，要把担架打开放在伤员的伤侧，搬运者走到伤员健侧，一名搬运者一手捧着伤员的头和肩，一手托住伤员的腰，另一搬运者在同侧一手托住伤员的臀部，另一手托着伤员的小腿，两人同时将伤员抬起，轻轻放在担架上并固定。还有一种方法是托头颈部，抓住伤员的腰带、胯部、大腿、膝部的裤子中央线，2～3人协力将伤员放到担架上并固定，此方法尤其适用于股骨骨折的伤员。抬担架行进时，走步要交叉，即先出左脚后出右脚。上坡（车）时伤员头部应在前，下坡（车）时头部应在后。冬季要保暖，夏季要防暑，经常观察伤员情况。

4）就便器材搬运法。在没有担架的情况下，可用门板、竹竿、扁担、衣服、绳子、布带等做临时担架。搬运方法同担架搬运。汽车运送时，应注意车要行驶得平稳，躺在担架上的伤员应被平放在车厢地板上，不可让伤员坐在车座上。

二、高校定向运动的科学研究

（一）科学研究工作的方法

1. 调查法

调查法是通过口头或书面等方式，对事物进行直接接触、询问或现场观察，收集研究课题所需资料的一种方法。在体育科学研究中，调查法是最基本和运用最广泛的方法之一，其主要特点是重视信息的接收与积累，研究问题需要重点明确。

（1）访问法。采用访问法时应注意的内容包括：①明确调查目的，确定调查对象，拟定调查提纲，选择调查方法；②要尊重客观事实，倾听不同观点、不同意见；③要做好记录，访问结束后要及时整理所获得的资料。

（2）问卷法。问卷法是指用书面函询形式进行调查的一种方法。具体分为3种方式：印有答案供被调查者选择的定案式；不印答案，由被调查者根据个人的情况和认识作如实回答的不定案式；由两种方式相结合的半定案式。采用问卷法时应注意：①确定被调查者时，尽量选择那些对所调查问题十分熟悉，并愿意反映真实情况的人；②拟定的问题不宜过多，凡与研究任务无直接关系的问题，需要花费很多时间、精力才能回答的问题，一般不愿回答的问题，最好不问；③提出的问题应力求明确、具体，文字通俗易懂。在用语上要谦虚、诚恳。

（3）观察法。科学观察是与解决一定的科学问题相联系的。因此，它不仅能获取第一手资料，而且具有组织性、计划性和目的性的特点。观察途径有临场观摩、参加会议和活动等。

科学观察可分为定性观察和定置观察两大类，定性观察是通过观察来确定客观事物发展过程中的本质特性，定向运动训练中，观察到有的运动员是概略走向，有的运动员是精确定向，这两种定向技能就有质的差别。定置观察是通过观察来确定客观事物在发展过程中数量的变化，如定向运动训练观察运动员停下读图次数、失误次数等。

采用观察法时应注意：①观察要有针对性，要明确观察任务、内容、对象和时间，人员分工要合理，记录方法应统一；②观察时要客观、系统，忌带主观性与片面性，应坚持实事求是的态度。观察中尽量不要更换操作者和仪器；③记录资料应及时、准确、可靠，要有一定的数量和重复次数。在实施过程中尽量采用先进的测试手段、科学仪器和音像设备等，以提高观察的精确度。

2. 逻辑法

逻辑法是指运用比较、归纳、演绎、分析、综合等方法，对事实材料进行整理加工，从中概括出定律、定理和原理的一种思维方法。

（1）比较与分类法。

1）比较法。比较法是指通过对照各个对象，揭示他们的共同点和差异点的一种逻辑方法。比较可以是时间上的比较（纵比），也可以是空间上的比较（横比）。纵向比较可探索事物前后不同发展阶段的变化特点，横向比较可以对事物的性质及量的变化加以判断与分析。例如，比较男、女运动员在各个发展阶段的特点；比较中国运动员与世界运动员的差异等，在定向运动教学中，通过不同技术的比较和教学手段的比较，可以帮助学生更快地掌握定向技能。

2）分类法。分类是在比较的基础上进行的。通过比较分辨出对象之间的共同点和差异点，然后根据共同点将对象归合为较大的类，或根据对象内部的差异点将对象划分为较小的类，从而将对象分成不同的类别。分类法在科研工作中有着重要意义，它可以把一些杂乱的技术资料分理成各自的系统，从中发现其间的联系，以探索事物内部的规律性。

（2）分析与综合法。分析法就是将对象的整体分解为各个部分加以研究，从而能够更深入地了解对象的性质和结构的一种逻辑思维方法。综合法就是将对象的各个部分、各个方面、各个因素的认识重新联结起来，从整体上加以考察的一种逻辑思维方法。在定向运动教学研究中，通过对定向技术不断进行分析与综合，从而获得对该项技能完整而正确的认识。

（3）归纳与演绎法。归纳法是指依据对一些典型的个别对象的分析和研究，推导出一般性结论或原理的逻辑思维方法，这是由个别到一般的推理方法。演绎法是指依据一般性原理去论证个别的事物，从而推导出新结论的逻辑思维方法，这是由一般到个别的推理方法。在辩证的思维过程中：归纳是演绎的基础，为演绎提供根据；演绎是归纳的指导，为归纳提供前提。这两种相反的方法是相互依存、相互渗透、相互转化的。

（4）具体与抽象法。具体法是指客观事物的完整统一的多方具性、特点、关系等的一种思维方法。抽象法是指从具体事物中被抽取出来的相对独立的各个方面、属性、关系等的一种思维方法。从具体到抽象，再从抽象上升到具体，这是认识的一般规律，也是一种由认识对象开始，到确定科学的最新概念，再上升到建立科学理论的辩证方法。

3. 数学法

数学法是指运用数学所提供的概念、理论和方法对所研究的对象进行定量的分析、描述、推导和计算的一种方法。数理统计法是数学法的一个分支，是研究如何收集、整理、分析由实验或调查所得的数据资料，以及根据这些资料所传递的信息进行科学推论原理的一种方法。

运用数理统计时要掌握准确、完整的数据，这是进行数理统计研究的有效依据。

4. 实验法

实验法是指根据研究课题的内容，利用专门的仪器和设备，人为地对研究对象通过控制、模拟、变革等手段进行观察，从而取得研究对象特征及变化规律的方法。

定向运动教学训练实验方法可以采取多种形式和手段，常用的对照实验方法有：个人实验和两人一组实验，采用实验法时应注意：

实验设计所选的受试对象，必须坚持随机抽样的原则。使所选择的研究对象都得到相等的实验机会，或使每个人群中每个人都得到受试机会。

选择受试对象要有代表性。除性别、年龄等一般条件外，还需考虑社会因素、家庭情况及心理状态等。

实验的设计要采用统计方法。实验样本数和实验次数要满足统计学的要求。有些实验效果不一定立即就能显示出研究问题的本质，可通过重复实验，逐步从点上的实验走向面上的实验，最后走向推广应用。对一些误差，也可采用重复实验方法逐步去除。

做好实验器材的准备工作，要熟悉器材的收集管理和使用方法。实验过程中要有详细、准确的记录。

（二）科研工作的步骤

1. 选题

选题是研究工作的起点，是整个研究工作最关键的一步。选题既确定着研究的主攻方向，又决定着研究的内容和价值，并与研究方法、研究范围密切相关。选题前先要查阅文献资料，访问有关专家、学者，了解前人对该问题研究的成果和本学科的现状，明确课题研究达到的程度与今后要解决的问题，从而确定研究的题目。对于同一选题，可以从不同角度，运用不同方法去论证，即使前人已研究过的题目，也可以从新的角度去探索、开拓，从而挖掘出本课题中的新内容。选题时注意的事项如下：

（1）考虑课题的价值。选择的课题要具有一定的社会价值，即指研究成果的实用价值和理论价值，要对教学、训练工作的提高有促进作用。

（2）考虑主、客观条件的可行性。主观条件是指研究者的理论水平和研究能力。客观条件是指课题研究所要求的实验对象、研究方法、实验仪器、科研经费等。选题时，也要考虑到自己的兴趣、爱好和特长。

（3）考虑课题的研究任务、内容及范围。同样内容的课程，研究范围大小有很大差别，选题时要明确具体研究的内容及范围。例如，选择研究定向技能课程时，要确定是研究运动员方向感还是距离感、识图能力；是研究识图的教学还是训练等。确定研究题目时要紧扣研究的中心任务，要具有准确性，避免词不达意，文不对题。

2. 确定研究对象、方法与手段

选题后，就应确定研究对象和选择研究方法。根据研究任务（即要解决的问题）和内容选用一种或多种研究的方法和研究的手段。一般来说，可先从总结经验开始，就某一个具体问题进行一些调查，通过调查来的资料进行

分析研究，从而初步掌握基本的科班方法，在此基础上逐步提高研究方法的水平。确定研究方法时，要论证所选用的方法能否获得所需要的研究结果。

3. 制订研究计划

研究计划是开展科研工作的基本依据，是课题任务的具体落实，研究计划的内容包括：研究工作的阶段划分、各阶段的起止时间、任务和完成的主要措施，人员分工及协作；资料准备、研究仪器设备及其他物质保证，经费预算，研究工作进展情况的检查时间及要求等。根据准备阶段任务的轻重、主次做全面筹划，列出具体工作计划进度表。

4. 查阅、收集文献资料与调查、实验

查阅文献资料在定向运动科研中具有重要作用。

（1）通过收集和查阅与选题有关的文献资料，可以了解目前国内外已进行过的一些研究，达到何种程度，取得什么成果，有待研究的问题等，从而在借鉴和应用前人研究成果的基础上获得新的成果，同时也可避免无效的重复劳动。

（2）通过收集和查阅与本课题有关的参考资料，可以为本课程提供客观数据和事实依据，提高课题的研究质量，获得更大的成果，计算机文献检索的运用，已成为今后文献检索的发展方向和主要手段，因此，检索文献时，除了使用手工检索外，应尽量使用计算机检索。

在查到有关资料后，就应认真阅读。阅读应讲究方法，一般可采用先粗读，后精读；先读提要、序言，后读全文；先读新资料，后读旧资料等方法。在阅读过程中，要边阅读，边思考，边记录。记录资料的方法有读书笔记、文摘卡片、剪贴等。

记录资料的内容有五个方面：①记录有创新观点、独特见解的有价值的意见和方法，包括虽有争议却令人耳目一新的观点；②记录典型论证的过程、文献构成的逻辑体系、某篇书文的严谨构思等；③记录新颖、典型、有说服力的事实证据和数据；④记录通过阅读对某个问题所产生的联想、构思及假说；⑤记录能有助于自己阅读、思考、分析和表达等能力的有关内容。

记录应尽量做到准确、完整，不仅着重记录文献中的基本观点和论述的主要问题，还应记录文献中所提供的数据、公式、图表；定理、结论及意见，同时还应记录研究方法、实验过程与尚未解决的问题，以及书文名称、作者、出版单位与时间。另外，还可以记录阅读时的感受和想法等。

5. **数据资料整理与分析**

整理、分析资料数据是完成科研工作中极其重要的一环，目的在于选优汰劣，常用的方法有逻辑推理、数理统计等。整理资料时，要认真细致，实事求是，根据研究需要，将资料中代表性强、可靠性大的加以选用，并作为分析问题的主要依据。整理统计资料，一般采用分组归类、计算机特征量和绘制图表等方法进行科学概括。通过计算得到平均数、标准差、相关系数等统计数字，从而反映研究对象的客观数量特征，并以此进行各种比较，最后得出研究结论。

定向运动中的许多现象都是不确定性的、随机性的，因此对数据的处理，可采用数学统计的方法，综合、分析观察或实验所得的资料，验证观察或实验的假设，对观察或实验的结果进行量化处理；也可采用对观察或实验资料分析归类的定性处理。

6. **撰写论文**

在收集了大量的资料、数据后，又运用各种科学的方法对资料进行整理、分析、概括、论证，并形成了相应的结论之后，便可以撰写学术论文。在写作之前，必须编拟论文的提纲，它是论文写作的设计图，是论文的基本框架。拟提纲时要根据论文的目的和主旨；对全文的内容做通盘安排，对文章的结构、段落、标题做统一布局，对写作的程序做严密的规划，避免撰写时重复或遗漏。

定向运动科研学术论文一般的结构如下：

（1）前言。前言是论文的绪论部分。前言中一般要对选择课题的思路、缘由、目的、动机做简单说明；对该课题研究历史、现状的回顾，以及论文的贡献；论文的内容、宗旨、研究方法：研究该课题的价值、意义等。在写定向运动文献综述时，可先介绍本课题国内外定向界研究的现状，前人已经解决的问题和亟待解决的问题等，然后简单说明本课题的研究方法、预期结果及研究中的新发现等。前言的字数不宜太多，要做到简练明确、恰如其分，中心论点要用词准确。

（2）研究对象与方法。研究对象包括事物的现象与具体的人，要写清楚对象的一般情况和特征。如写具体的人，要写清楚其年龄、性别、身份、身高、体重、运动等级水平，以及样本量大小和代表性如何等。

研究方法中应说明研究对象的取样与选择，研究因素的实施与控制，文献资料的收集与处理等方面所采用的方法和手段。根据研究的不同问题采用不同的研究方法，如用观察统计法，应写明统计尺度的概念；如采用实验法，要写清楚实验设计与步骤。采用实验法时还应对测试用的仪器、材料做简明的介绍，注明型号规格，若是自制的仪器要写明其可靠程度，目的就是使人了解实验的可靠性和准确性。

（3）研究结果与分析。结果与分析部分是论文的主体，是作者对研究结果在理论上做的解释。阐述结果与分析时，可利用图像、图表、照片的直观功能，表示出结果的数据特征及差异。同时，要充分论证结果所说明的现象、规律及解决的问题。结果与分析的内容应来自研究的成果。同时也可引用该领域中已得到承认的观点和资料。总之，内容要紧扣主题，充分反映研究成果。

（4）结论与建议。结论是论文的结束部分，是论证得到的结果。它对结果与分析的问题加以综合概括，引出基本观点，这是课题的答案。写作结论时要简明扼要，能表达研究者独到的见解。结论应是前言中提出的，并经过周密论证后自然得出的结果。同时结论还可强调对课题进一步研究的意义和可能产生的影响及其展望。在撰写结论与参考文献之间，有些论文还应加上致谢部分的内容。

（5）参考文献。在论文的最后应列出主要的参考文献，一方面表明论文作者的研究依据，另一方面表明作者对他人研究成果的尊重，同时也为读者阅读时提供必要的文献资料。参考文献写法应列出作者（或译者）、书名（或篇名）、页码、出版单位、出版时间、版次等。参考文献的排列可按照国家标准与规定编写。论文写作中还涉及一些技术细节，如插图、表格、数字、公式、计量单位、外文写法、脚注形式、缩写以及书写格式，标点符号使用等问题可参阅国家规定的标准书写。

7. 论文报告与答辩

论文报告，也称宣读论文。答辩即回答答辩委员和听众对论文提出的问题。论文报告与答辩是学生再学习、再提高的过程。论文报告答辩时间一般安排20～30分钟。为了在较短时间内把论文的主要内容报告清楚，要求学生事先拟好论文摘要，做好图表、幻灯片、多媒体的绘制工作，并进行论文报告试讲，对试讲过程中发现的问题应及时进行修改。

论文报告开始时，先报告论文题目及论文所包括的几个部分，而后从前言开始并引到正文。报告时要着重阐述选题的目的、依据以及课题研究的实验价值和理论意义。同时讲清楚的问题涉及：①该课题在国内外的研究现状；②前人做过哪些研究工作；③其主要成果和主要论点；④本论文从哪些方面研究；⑤解决了哪些问题；⑥有何新发展和创见；⑦采用何种方法解决本课题存在的问题；⑧本文还有哪些涉及或解决的问题；⑨但因力所不及而未触及，对此有什么打算和设想等。为了说明论文立论及主要观点的理论依据和事实依据，可以列出典型的材料和数据加以引证。

论文报告过程中，可用图表、幻灯、投影、多媒体等手段，帮助听众了解论文的内容，从而使论文的论点、论据、论证更为清楚。论文报告时，神态自然，充满信心，语言精练，吐字清楚，必要时应加以重复或加重语气。

答辩时要抓住关键，突出重点，简要清晰，逻辑性强，以流畅扼要的语言，回答提出的问题，说明自己所做科研的成果和意义，这样可以获得良好的答辩效果。

答辩时应注意的内容包括：

（1）答辩前要充分做好准备工作，考虑好与本课题有关的一些问题，如选题背景，取得的成果，新的见解与突破，论文的中心论点、分论点，使用的典型资料，论证方法等。另外，还需要准备随身携带的论文底稿、主要资料、笔记本、卡片和笔等。

（2）思想要集中，揣摩答辩委员的心理与所提出的问题可以笔记。如果没听清楚或不理解，应有礼貌地请他重复一遍，切不可贸然回答。

（3）回答问题时，要精神饱满，思维敏捷，口齿伶俐，条理清晰，不要故弄玄虚、东拉西扯。辩驳时语气要肯定，能自圆其说。对于自己回答不出的问题，要如实表示，不可牵强附会或支吾搪塞。

（4）答辩结束后，应对答辩委员和听众表示感谢，有礼貌退场。针对答辩的指导性原则、评价性原则，学生对答辩委员们对论文的评价和意见均要如实记录下，为进一步修改论文做参考。

（三）高校定向运动科学研究的内容与形式

高校定向运动的科学研究是一项综合性的研究，它运用各学科的理论、方法和手段，研究定向运动发展中诸因素之间的关系，从而取得各种数据并运用系统的方法对各种数据进行综合运算，以得出比较全面的结论。在研究中，主要运用地图学、心理学、医学、社会学、管理学、教育学和训练学等学科的理论与方法，并利用各学科之间相互交叉、相互渗透的优势，研究和探索定向运动的本质和规律，形成定向运动科研内容和科研成果。

尽管定向运动传入我国已有多年的历史，并且在推广和普及上取得了显著成绩，运动技术水平也有了很大的提高，但在理论研究上却相对滞后，近年来才陆陆续续有一些关于定向运动研究的文章公之于报纸、杂志，并显得肤浅、杂乱，没有形成体系。

我国定向运动科学研究工作经历了从无到有，由浅入深，从低级到高级的发展阶段，并具有明显上升趋势。

1. 高校定向运动科研的内容

高校定向运动的科研内容十分广泛，体育专业的学生应根据专业特点，以及研究对象和任务的不同，着重对改进定向教学、训练、竞赛方法和手段等问题进行研究，一般有以下方面的内容：

（1）定向科学理论基础的研究。主要是吸收其他学科领域的知识和方法，发挥多学科渗透、交叉的优势，研究定向运动的本质和规律。研究的方法除采取常用的问卷法、调查法、数理统计法外，还可运用各门学科的专门研究方法。例如，运用地图学理论与方法来阐明定向运动地图制作，为提高定向运动地图的制作水平提供理论和技术支持。如运用运动训练学的理论和方法来说明定向运动的体能训练方法和手法，为体能训练提供依据。

（2）定向运动的历史演变及其发展趋势的研究。此类研究主要通过对定向运动历史发展情况的认识和观察，阐述该项运动的社会现象与本质的关系及其发展的原因，从而探索定向运动的演变规律与发展趋向。常用的研究方法有文献资料法、访问调查法等，如"中国定向运动的发展现状与对策""定向运动如何走向市场"等。

（3）定向运动技能训练的研究。此类研究应以实践为基础，以探讨定向运动的定向技能训练的原理、方法和手段，有针对性地解决定向技能发展中存在的问题，不断创建新的技能方法与战术，不断提高定向运动的技术水平。常用的研究方法有调查法、类比归纳法等，例如，"定向运动技能训练中如何培养运动员的距离感""数步测距法在定向运动技能训练的作用"等。

（4）定向运动规则与裁判法的研究。此类研究是根据定向运动的特点及市场发展的需要，研究规则，促使定向运动比赛更精彩、激烈。同时，根据规则修订后对定向运动所产生的不同影响与变化，研究制定策略，将定向技能提高到一个新的高度。另外，还可进行有关道德作风、组织纪律、竞赛管理和赛事营销以及裁判工作等方面的研究。

（5）定向运动教学训练理论与方法的研究。此类研究是指在定向运动教学训练中，对不同对象在不同阶段具体安排的教学方法、训练手段、运动负荷、实际效果所进行的各种实验性研究，也可对教材内容、教学器具等方面进行研究。定向运动教学训练理论与方法研究是从事定向运动实践的学生、教师、教练员选题最多的研究领域，常用的研究方法有调查法、实验法、文献资料法等。

（6）定向运动员身体、心理训练理论与方法的研究。此项研究主要根据定向运动员的特点及不同对象的生理、心理状态和训练任务，研究如何有效地发展运动员专项所需要的各种特殊的身体素质和心理功能，为促进定向运动技术的提高和发展创造条件。研究中可引用运动医学、运动生理学和运动心理学中某些获取数据的方法，防止发生某些伤病等方面所起的作用，例如："定向运动员的注意力培养研究优秀定向运动员比赛中心理评价"等。

（7）定向运动员选材的研究。此研究主要通过对青少年定向运动员识图能力、定向能力和心理等方面的观察和测试，探索科学选材的指标和方法。其研究方法类似于身体、心理训练研究领域中某些获取数据的方法，如身高、体重、肺活量的测量，选择反应时的测试，心理测试的各种表，身体素质、定向技能评定的方法等，例如："定向运动员选材指标体系的研究""距离感与定向运动员选材"和"方向感与定向运动选材"。

2. **高校定向运动科研的形式**

定向运动科研的形式有很多，如何选择科学研究的形式，应根据研究者的条件和研究的任务而定。一般采用由易到难，由低级到高级的科研形式，具体如下：

（1）读书报告。读书报告是科研的一种较简单的形式。科研者在阅读文章和书籍后，对文中的理论及观点进行归纳分析，然后根据所选择课题的内容提出自己的见解体会，写出分析意见。

（2）书报评论。书报评论也是一种较初级的科研形式，是在阅读著作或报刊文章后，对书或文章的内容进行全面、系统的评论。评论时要做到实事求是、观点明确、论证充分、条理清楚。撰写书报评论时要多核查思考、多验证，做到公正、准确、客观、全面。

（3）专题作业。专题作业是根据研究任务的需要，由指导教师拟题或由自己发现问题后，通过对教学、训练和竞赛的试验或调研，针对某一个问题写出文字作业，提出如何解决问题的看法和意见。

（4）学年论文。学年论文是在具备了一些基础知识之后，初步掌握并运用分析和解决某个问题的能力时写的学术论文。

（5）毕业论文。毕业论文是学生在撰写学年论文取得初步经验的基础上写作的学术论文。毕业论文合格者可取得国家授予的学士学位。毕业论文的题目，应是定向教学训练专业中带有基本性的某个重要问题或当前疑难问题。毕业论文写作的主要目的是：在教师指导之下，结合运用已有知识，独立进行研究活动，掌握分析和解决某一学术或实际问题的科研方法，培养、锻炼通过撰写论文解决某一学术问题或报告科研成果的能力。

第五章　极限飞盘运动项目在高校的发展

第一节　极限飞盘运动的起源

一、极限飞盘运动的起源

极限飞盘运动起源于美国，最早是耶鲁大学的学生把锡纸做的圆盘叠合在一起，相互抛接，慢慢有些同学发现抛接这些包装盒时，只要使它们旋转，它们就能够平稳地在空中飞行，因为是金属做的，边角不是很平滑，为了不伤到人，大家在抛接的时候会大喊一声"frisbie!"慢慢地，这项新奇的运动就被称为frisbie了。由于极限飞盘运动简单易学，趣味性强，在短短的几十年间就在世界各地推广开来，形成了全球性的极限飞盘文化。

世界飞盘联合会是极限飞盘、飞盘高尔夫和勇气飞盘赛等飞盘运动的国际管理机构。现在该机构获得了国际奥委会的正式承认，这一决定让世界飞盘联合会有了得到赞助以及被国际奥委会批准为奥运会比赛项目的机会。

极限飞盘运动何时流传到我国已无从考证，2012年，网上出现了一个以普及和教学为主的飞盘教室网，该网站的出现填补了国内的极限飞盘教学空白，让更多飞盘爱好者可以通过网络自学极限飞盘。而后，国内多所高校联合发起中国大学生极限飞盘联盟（CUUA），其目的是联合高校的飞盘爱好者，更好地开展和推广极限飞盘运动。国内极限飞盘运动的路还很长，相信在极限飞盘爱好者的努力下，极限飞盘运动的精神长盛不衰，终将会成为国内的主流运动之一。

第二节　极限飞盘运动的特点与规则

一、极限飞盘运动的特点

（1）操作简单，容易上手。飞盘运动的基本技术包括传盘和接盘，与其他体育项目相比，技术简单且操作容易，没有基础也可以通过简单练习开展一些趣味活动及简单比赛，这与篮球、足球、排球等项目技术复杂、需要经过长时间练习才能参与到比赛中的项目特点截然不同。容易上手也就能更好地吸引到大量的学生参与其中。同时，有一定篮球、足球等运动基础的人更有利于飞盘项目的开展，飞盘的意识、手法和跑位等与其他项目有一定的共同之处。

（2）项目新颖，观赏性强。飞盘作为一个新兴的体育项目，同时兼具一定的娱乐性。飞盘通过手法动作依靠空气的支撑在空中飞行，根据手法不同，飞盘的飞行路线也不同，飞盘的旋转越多，飞行越稳定，这种飞盘的飞行对人的视觉冲击力较大，具有极强的观赏性，能够满足人们对于观赏和休闲的需求，也能够通过视觉冲击力吸引高校学生的参加。

（3）男女混合，参与面广。极限飞盘运动男女混合共同参加比赛，这样也就吸引了高校女生参与到飞盘运动中来，增加了受众面，这种男女搭配的集体项目是极为少见的，也是极限飞盘运动的一大特色，是极限飞盘多元性和包容性的体现，这一特色也能够吸引更多的人参与其中。

（4）选手自裁，崇尚精神。极限飞盘与其他竞技项目最大的一个区别就是没有裁判，崇尚"体育精神"。比赛当中的争议、犯规完全依靠场上选手自我裁定，遇到争议的依靠2名"当事人"商量解决，这是对高校学生体育精神以及"规则意识"的一个极好的锻炼和提升。通过比赛，比赛队员在和谐、公平、友爱、文明的氛围中提升和约束自己，这与社会主义核心价值观相一致，对于高校学生发现问题解决问题也是较好的锻炼和提升。

（5）场地简单，器材便宜。极限飞盘的比赛场地十分简单，只需要一块空场地即可，人数可以根据场地大小调整，这样的条件对于每个高校来说都比较容易解决，也就是场地因素对极限飞盘运动的影响较小。同时，一个飞盘的价格远远低于篮球、足球等器材的价格，经济负担较小，也更容易让学生接受。

（6）强度适中，安全性高。极限飞盘的比赛场地不大，但在比赛过程中需要队员不停地跑动，参与者根据自己的体力情况调节，避免出现过度劳累的状况，每得1分即可换人，强度自己掌握。同时在比赛中明确规定，禁止运动员在比赛中有身体接触，这就避免了因激烈对抗的身体接触造成的损伤，相对于篮球、橄榄球、足球等体育项目激烈的身体对抗，极限飞盘的规定对运动员的身体是一种较好的保护，在比赛中更具安全性和人文关怀。因此，极限飞盘是一项安全性较高的体育运动。

二、极限飞盘运动的规则

（1）极限飞盘的场地要求。极限飞盘的场地大小为100米长，37米宽。场地的周围由两条等长和两条等宽的底线构成边界线，分界线的宽度在75毫米与120毫米之间。场地分为3个区域，分别是中间的64米长、37米宽的正式比赛区域和两端的18米长、37米宽的得分区。得分线划分了比赛区和得分区，但是得分线属于正式比赛场地。比赛区与得分区的8个边角有8个质地柔软、色彩鲜艳的物体标注（比如塑料角标）。

（2）极限飞盘的参赛队伍和比赛时间。极限飞盘参赛队伍最少有5名队员，最多7名队员，在发盘之前和得1分之后，各参赛队可以随便无数次更换场上队员。全场的比赛时间为任何一个队伍首先获得17分，比赛就算结束。比赛分为上、下半场，当一支队伍得到9分时，中场休息，比赛中可以有无数个回合；当一支队伍得1分时，回合结束，开始下一个回合，并且由得分方发盘。比赛中有队员受伤或者有意外情况发生可以暂停比赛。

极限飞盘运动是一项不允许身体冲撞的运动。因此，运动员之间的接触都可以被视为犯规。比赛由队员自判，也就是说由队员决定比赛中的争议，判断是否犯规，并解决纠纷。犯规出现后，由对方发盘。

第三节 极限飞盘运动的价值与可行性

"极限飞盘运动是凝聚了足球、篮球、橄榄球等运动项目的精华，经过不断完善而形成的一项新兴体育运动，能有效地锻炼人们的身体体质和意志品质，从而提高人们的健康水平。"①

一、极限飞盘运动的价值

（1）丰富高校学生课余生活。高校开展极限飞盘不仅使学校的体育课程更加丰富，实现高校体育的可持续发展，同时也增加了学生在课余时间参与和选择的体育项目，极限飞盘的趣味性和休闲性以及男女共同参加的特殊性都对高校学生有着极强的吸引力。高校学生花费在手机、电脑上的时间多，主要是由于没有课余活动，而飞盘运动对参与者的身体要求并不高，飞盘的诸多特点对学生的吸引力能够让他们参与到体育锻炼中来，这在一定程度上能够减少学生花费在网络游戏等方面的时间，丰富学生的课余生活。

（2）培养学生的团队意识。极限飞盘运动是一个集体项目，跑动、传接盘等都需要团队的配合，一个人再优秀也不可能独自完成得分，最终是在得分区里接到队友的转盘为得分，传接盘是比赛的基础，团队成员之间必须相互信任、相互配合，这是取胜的关键。因此，极限飞盘运动对于学生的团队意识和凝聚力是一个绝佳的锻炼。

（3）增强学生体质及身心健康。队员在场地上进行比赛，攻防的转换非常迅速，来回奔跑，无论攻守都要消耗大量的体能，尤其需要队员的折返跑能力和突然爆发力，为了能更好地完成比赛，队员势必要经过一定的身体素质锻炼，同时，比赛的过程也是对学生体能和身体素质、体育精神提高的

---

① 原颜东，张志豪.极限飞盘运动进入高校体育课堂的可行性研究 [J].当代体育科技，2018，8（06）：133-134.

过程。

极限飞盘运动是一个崇尚"体育精神""飞盘精神"的体育项目，所有队员都必须公平公正、诚实友爱，这些正能量对学生的影响是积极向上的，有利于学生形成良好的人生观价值观，从而以积极的心态去面对一切。

二、极限飞盘运动的可行性

（1）大学体育改革为极限飞盘运动进入高校提供了契机。自20世纪90年代以来，关于大学体育改革的呼声就日益强烈，近些年来也进行了一些有益探索。但从实践来看，这种改革的效果还不够明显，大学体育在很大程度上仍不能满足大学生身心发展的需求，主要表现为体育课程设置单一，缺乏针对性；教学手段过于简单、教学效果低下；大学生对于体育课满意度较低等。这为极限飞盘等新兴运动项目进入大学校园提供了机会。

（2）大学校园文化建设为极限飞盘运动进入高校创造了条件。高校的校园文化建设是一个系统而庞杂的过程，是高校建设中的重要一环。体育，由于具有特殊的作用和功能，已日益成为高校文化建设中的重要力量，在很多时候，富有特色的体育文化甚至成为一所学校的名片，对于塑造和提升校园文化影响巨大。极限飞盘运动不仅具有时尚动感的外在，而且具有深厚的文化内涵，这种文化内涵与高校的价值理念和发展方向是契合的，由此也为极限飞盘运动在大学的推广创造了积极的内部条件。

（3）大学生群体对于新事物的接纳能力有助于极限飞盘运动在高校推广。大学生群体有着活跃的思想，对于新鲜事物有着超出其他群体的感知和接纳能力，在体育领域更是如此。回顾我国近代体育发展史，大部分体育运动项目都是在大学萌芽或经由大学发展起来的，大学生一直以来都是新兴运动项目的积极响应者和推广者。极限飞盘运动如果要在国内推广，大学生群体无疑是最佳的参与者和推广者。

（4）极限飞盘运动自身特点适合在高校落地生根。极限飞盘运动最早诞生于美国的耶鲁大学，这就使得这项运动与大学校园之间有着先天的亲和性。此外，由于极限飞盘运动具有竞技性、观赏性、时尚性、文化性、便于参与性等特点，它能很好地满足大学生群体在身心两方面的特殊需求。

（5）高校丰富的场地资源为极限飞盘运动的推广提供了必要的硬件支持。虽然极限飞盘运动不像羽毛球、乒乓球等对于场地有着较高的要求，但必要的场地保障是这项运动得以开展的重要条件。相较于其他社会部门，大学校园有着丰富的场地资源，这也为极限飞盘运动的开展和推广提供了重要的硬件保障。

第四节　极限飞盘运动融入高校体育的策略

一、飞盘作为器材在准备活动、游戏、课堂中的使用

学校对体育教师先进行培训，让教师对该项目了解，然后在教师中开展飞盘的一些运动或极限飞盘比赛，激发体育教师对该项目的喜爱，以便教师在今后教学当中对飞盘的利用。比如用追逐飞盘的游戏代替传统的绕操场跑圈的热身活动，在利用飞盘进行活动时，有效地锻炼了上肢力量，灵敏性，以及在跑动过程中有效地提高了学生的速度素质和运动能力。在正常的准备热身活动之后，体育教师通常会带领学生进行一个小游戏，在游戏中可以使用飞盘，比如在跑动中传递飞盘。在课堂中也可以使用飞盘，比如可以使用飞盘当作障碍物等。飞盘本身质量较轻，不容易变形，变形之后可以很快恢复，有利于飞盘作为器材在准备活动、游戏、课堂中的使用。

二、成立飞盘社团并在学校大型活动中参加表演

当学生接触到飞盘之后，会激发一部分学生对飞盘感兴趣或者玩得非常好的学生想要进一步学习飞盘，想了解它的规则，想了解它的持盘方法，想知道如何将飞盘扔得更远。学校成立飞盘社团无疑给这些学生提供了进一步学习的机会，并且在学习过程中有利于促进社团成员的人际交往能力，促进学生的社会适应能力。社团的成立培养了一部分飞盘精英，当学校举办一些大型活动时，比如运动会，他们就可以参加运动会开幕式的表演，让没有

接触过飞盘的同学认识飞盘、让接触过飞盘的学生看到飞盘的各种玩法，激发他们学习飞盘的兴趣。进行飞盘表演，有利于飞盘的宣传，更是表演中的一大特色，尤其是行动中接盘、接多盘等难度动作，既考验了表演者的心理素质，也是对他们技术的一种考核。成功的表演能够提高表演者的自我效能感、成就感，同时提高观看者的参与积极性。

三、在固定时间、固定地点由专门体育教师进行开放式教学，学生可自由参加课程学习

开放式教学是指以知识教学为载体，把关注人的发展作为首要目标，通过创造一个有利于学生生动活泼、自主的教学环境，提供给学生充分发展的空间，从而促使学生在积极主动的探索过程中，各方面素质得到全面发展。学校安排在固定时间、固定地点由专门体育教师进行飞盘运动的开放式教学，根据学生的兴趣爱好自由选择是否参加课程学习，这种相对自由可选择的课程是学生接触较少的，反而能够吸引更多的学生积极主动的参与，期待学习的课程。

四、开设极限飞盘选修课程，开展极限飞盘运动项目的比赛

当学生对飞盘有一些了解并且感兴趣时，学校开设极限飞盘课程作为体育课程的选修课，由专门教师进行系统的、有计划的教学，让学生对飞盘运动有进一步、更全面的学习。并开展极限飞盘运动项目的比赛，极限飞盘强调团队的配合，进攻方通过传递不同的飞盘路径，尽力躲避防守方，最后到达得分区域，队友接到飞盘，才算得分。在比赛中，要躲开防守方，还要在飞盘快速旋转时接住飞盘，并通过理想的飞行路线，准确送到队友手中，除提高了学生的身体素质外，还提高了学生的智力水平，在发展学生体力的同时发展学生的智力。

五、将极限飞盘作为校本课程，参与校外举办的极限飞盘比赛

校本课程是指根据国家课程和地方课程开展的具有学校特色的课程。在传统体育发展良好的基础上增添极限飞盘等新兴运动项目，不仅有利于更好地增强学生体质，增进学生健康，更有利于激发学生对体育运动的兴趣，主动积极地参与到体育活动中来，新兴运动项目与传统运动项目相结合共同提高学生的运动能力，为终身体育奠定良好基础。学校大力支持极限飞盘运动，对体育教师进行专业性的培训，并且根据每个年级发育的特点配备相应型号的飞盘，还要根据学校的条件及特色，从实际出发，制订不同的教学计划、活动计划。需要注意的是，设立新兴运动项目是对传统体育运动项目的补充，要分清主次，合理分配教学资源。当极限飞盘成功建设成为校本课程之后，要不断地进行技术交流，提高竞技水平，积极参与极限飞盘的各大赛事，不仅飞盘技术能够不断地进步，而且能够让更多的学生积极主动参与飞盘运动中。

将极限飞盘融入高校体育，不仅促进了飞盘运动项目的发展，更为高校体育课程增添新内容、新活力，有效促进了高校体育的发展。在竞赛中不仅培养了学生团结协作的精神以及竞争精神，还锻炼了学生的心理素质。在比赛过程中无裁判，自己判罚，要求学生具备良好的体育道德，互相尊重，遵守规则，享受乐趣，文明对抗，公平竞赛，维护体育精神，靠诚信和实力取胜。

第六章　其他新兴体育运动项目在高校的发展

第一节　帆船运动项目在高校的发展

帆船是指利用风力前进的船。帆船运动是一项依靠自然风力作用于船帆上，由人操作船只行驶的一项集竞技、娱乐、休闲、观赏、探险等多种功能于一体的水上运动项目。

帆船运动历史悠久，是一项集竞技、娱乐和探险于一体的水上运动，在部分沿海高校开展较早、普及较好，受到高校学生的喜爱。

帆船比赛的最突出特点是比赛时间、比赛成绩的不确定性。风力适合就开始比赛，不适合就等待、延迟甚至取消，每场比赛需要1~5小时不等。不断变化的气象、水文等环境因素对每艘船的影响都不一样，再加上常态化的抗议、审理、裁决，都可能导致成绩的不确定，这也是帆船竞赛的独特魅力。

一、帆船运动文化

中国帆船运动的发展经历了从国家政策支持到民间资本助力的发展过程。2008年以前，在国家体育总局的组织实施以及各级体育部门的支持下，中国帆船协会以发展高水平竞技体育为主要任务，为国家培养了一大批优秀的帆船竞技体育人才。

竞技体育对大众体育的促进有目共睹。近年，中国民间帆船比赛的兴起已成燎原之势，帆船俱乐部、帆船协会的活动更是在全国范围内此起彼伏，从东部到西部、从北方到南方，青岛、大连、厦门、三亚、深圳等都是帆船运动开展得较好的城市。随着中国经济的快速发展，热爱帆船运动并愿意出资购买帆船的人越来越多，帆船运动逐渐成为家庭休闲的重要选项之一。而随着国家体育政策的逐渐调整，给各帆船俱乐部、帆船协会里的优秀青少年提供了更多的机会登上更大、更专业的舞台。

从横向来看，帆船运动包括了奥林匹克文化、航海文化和商业文化。不畏艰难、勇于拼搏、敢于冒险、大胆创新的精神就是对奥林匹克宗旨最好的诠释；在漫长、曲折和充满风险的航海实践过程中，帆船运动不断创造了丰富的物质财富和精神财富；作为耗资高、赛程长、科技含量高、国际化交流广泛的时尚运动，以帆船竞赛为核心的产业链产生了巨大的经济价值。

从纵向来看，帆船运动文化包括三个层面：①物质层面。器材装备种类繁多，建筑、场地、服饰、风帆图案在不同的国家显现出对帆船运动不同的理解，以及衍生出各种工艺品、时装、家庭装饰品；②制度层面。各种机构、赛事、规则、礼仪反映出人们对帆船运动发展方向的诉求；③精神层面。包括其秉持的理念、倡导的精神、推崇的价值观等。追求风、水、人、船的和谐，应对气象、水文、风浪的变化，挑战耐力和意志的极限；海纳百川，有容乃大的开放且包容的眼光与胸怀，不安于现状、勇于开拓进取的精神；海上环境亘古常新，不能抱残守缺，必须时刻以创新的精神面对风浪洗礼。

二、高校开展帆船运动的策略

（一）发展帆船运动社团

在学校可利用的场地设施非常有限的前提下，可以充分利用校内现有的人工湖泊和众多天然海湾作为教学场地，抓住推广帆船运动的政策优势，寻求有关部门的积极配合。还可以通过采用灵活多样的教学手段，丰富帆船教学内容，增加帆船教学的趣味性和情境性，吸引更多的学生参与到帆船运动中。教师要利用自身的教学智慧，根据学生实际情况改造或变更帆船器材和规则，让多数学生能够参与到这项运动中，在帆船运动中体验快乐、收获成功，将帆船运动发展成一项终身运动项目。

社团是大学生参加体育锻炼的重要途径之一，高校帆船运动社团的不断发展，可以让更多的学生参与到帆船运动中，在社团中普及帆船运动知识，组织帆船运动活动。相对于传统体育课的教学，大学生们更喜欢丰富多彩的帆船运动社团活动，社团可经常性地组织帆船运动知识讲座，传播帆船文化，介绍帆船运动概论、讲授帆船运动技巧，让理论与实际联系起来，让学生对帆船运动有系统的了解，为参与帆船运动奠定理论基础和技能保证，在促进大学生个性发展的同时，推动帆船运动在高校的传播与普及。

（二）促进校企合作模式

高校开展帆船运动所能利用的资源非常有限，仅凭学校的专项经费支撑是远远不够的，因此需要尽可能地利用社会的资源，与校外帆船俱乐部等社会团体进行合作。俱乐部用最优惠的价格提供训练基地和船只器械及指导教练，学校提供学生进行训练和参加帆船比赛，把俱乐部的广告效应引进高校，提高俱乐部在高校的知名度，俱乐部由此可获得良好的广告效应，以达到互利共赢的目的。

例如，厦门海洋职业技术学院瞄准帆船行业前景，大力开展帆船运动，将帆船运动纳入人才培养方案，与相关机构签订校企合作协议，引进帆船教师，定期安排学生到帆船企业实践，为企业推荐优秀毕业生，在与企业共建帆船队等方面做出了表率。校企合作符合企业培养人才的内在需求，有利于企业实施人才战略。

帆船企业"需求侧"提供学生帆船训练所需硬件设施设备，如船只、泊位、教练等。高校"供给侧"制订人才培养方案，改善课程设置，加强教学手段的创新，提供科研团队等，这样能不断提高学生帆船专业化水平，让学生更好地适应市场需求。校企合作能有效解决学生就业难、帆船经费少、师资力量不够等问题。高校应该顺应旅游时代发展，抓住机遇进行"供给侧"改革，培养帆船旅游人才，保持帆船旅游人才供需平衡，为社会贡献力量。

（三）普及帆船运动课程

帆船运动的开展不仅需要体现竞技水平和宣传帆船文化，更重要的是体现帆船育人成效，在帆船运动中培育学生不惧困难、迎难而上、团结互助的优秀品质。

海洋知识和文化仅靠帆船协会的宣传是不够的，这样会让协会受众面受限，效果不佳。因此应该开设帆船课程，引进优秀教师，在课程中植入海洋文化教育，让每位同学都能获取丰富的海洋知识。开设帆船课程有以下方式：

第一，将帆船课程纳入人才培养方案，每位新生进校必须学习，并获得实践学分。

第二，开设帆船选修课，将帆船课设置为体育选修课供学生选修，如厦门大学、厦门城市职业学院等开设了公共体育帆船选修课。

第三，将帆船课程植入军训教育，让每位新生在军训期间都能接受训练，以海洋文化理论及帆船实践相结合的方式，让学生对帆船运动有系统的了解。

第四，将海洋知识和文化培养植入"形式与政策"课程，结合"形式与政策"课程性质特点，通过形式多样的课堂形式，形成宽松活跃的课堂气氛，增强大学生开发、建设海洋的信心。

第二节　击剑运动项目在高校的发展

剑，作为冷兵器时代的"短兵器之王"，从古至今都是勇气、荣誉的象征符号。在古今中外的历史舞台上，在很多文学作品、影视作品中，都可以看到人们对英雄主义以及侠客、骑士等题材十分推崇。时至今日，击剑运动成为全球最受欢迎的室内格斗项目和奥运锦标项目，其独有的优雅、安全、老少皆宜等特性备受当代人群的喜爱。"人们在击剑中感悟勇气，学会坚韧，懂得坦然与豁达，并且全力以赴追逐目标，在其中享受运动的过程。"[1]

---

① 刘业霞.我国高校开展击剑运动的现状分析 [J]. 产业与科技论坛，2018，17（13）：106-107.

现代击剑运动起源于欧洲，是一项历史悠久的格斗类竞技体育项目，这项运动是由两名运动员各自手持钢剑，头戴面罩，身着击剑保护服，在规定的场地上，根据规则，相互进行交锋得分的竞技运动。

一、击剑运动的分类

击剑运动分为花剑、重剑、佩剑3个剑种，各剑种又分为男子和女子两个组别，另外比赛形式又分为个人赛和团体赛。因此，当今的正式击剑比赛会进行12个单项的角逐。

（1）花剑。比赛分男子和女子组别，均有个人赛和团体赛。比赛时，只准刺对方躯干有效部位，不可劈打。正式比赛使用电动花剑，运动员有效部位穿金属背心，当击中金属背心时，电动裁判器显示彩灯；击中无效部位显示白灯。互相击中时，主裁判按优先裁判权原则进行判决。若双方同时进攻，并同时击中（或一方击中）无效部位，不做判决，比赛继续。由于花剑轻巧，有效击中面积小，对技术、战术尤为讲究。

（2）重剑。比赛分男子和女子组别，均有个人赛和团体赛。比赛时，运动员全身都是有效部位，只准刺，不准劈打。重剑是最早采用电动裁判器的击剑运动项目。双方在1/4秒内同时击中为"互中"，一方超过1/4秒以后击中，电动裁判器只显示先被击中一方的灯光。现代五项运动比赛中，击剑项目为重剑，并以击中一剑决胜负。由于有效部位大，无优先裁判权规则，运动员比赛时都比较谨慎，重视时机的选择。

（3）佩剑。比赛分男子和女子组别，均有个人赛和团体赛。比赛时，以劈为主，也可刺，腰部以上（包括头部和上肢）为有效部位。有效部位穿金属衣和戴金属面罩。击中有效部位时，电动裁判器显示彩灯；击中无效部位时不显示灯。互相击中时，主裁判按优先裁判权原则进行判决。若双方同时进攻，并同时击中，不做判决，在原地重新开始比赛。由于动作幅度较大，进攻速度快，威胁力强，对运动员步法的灵活性和战术快速应变能力等要求高。

二、击剑运动的锻炼价值

击剑比赛中使用的武器是由冷兵器时代常用的剑变革而来，保持着武器的特点和外形，又具有作为体育运动器材必备的安全、轻便等特点。

击剑运动在国际赛场上是传统的竞技项目，在奥运会、世界大学生运动会、世界锦标赛、世界杯赛、世界青少年锦标赛、亚运会上均常设击剑为正式比赛项目，同时在我国，它也是全运会的正式比赛项目。目前，国内大学生击剑比赛主要为一年一度的全国大学生击剑锦标赛以及全国击剑冠军赛总决赛大学生组的比赛，暂时还没有成为全国大学生运动会的常设项目。

击剑运动具有动作快速、行动敏捷、举止文雅，运用技战术错综复杂，对抗激烈，善于随机应变，强调临场反应等特点。因此，击剑运动享有"勇者的游戏""速度与智慧的竞赛"的美誉。

击剑运动有利于发展人的速度、力量、灵敏度、耐力、柔韧性和协调性等身体素质，能够培养练习者勇敢、顽强、灵敏、机智、独立、沉着等品质。同时，长期的击剑训练还能够使人获得敏锐的观察能力和肌肉感觉能力；善于迅速分析对手行动，在第一时间作出应对反应，及时正确地采取应对措施独立工作的能力可以得到加强。所以，这项运动十分适合在青少年学生中开展。目前，击剑运动已经逐渐在我国各高校开展起来，社会上的击剑俱乐部也如雨后春笋一般涌现，呈现一种蓬勃发展的态势。

（1）增强自信。击剑是一项格斗竞技类运动，从练习到实战和比赛，人们会通过项目本身获得的优越感和练习过程中的艰辛，逐步提高面对困难和挑战时的自信，长时间的练习更能将这种自信带入日常的工作和学习中去。

（2）提高修养。击剑运动起源于欧洲骑士阶层和上流社会，练习过程中强调修养、气质、风度、尊重等各方面素质的体现。以比赛过程中的礼仪为例，击剑手每次将剑指向对手之前都必须持剑行礼；无论比赛最终胜负如何，都要坦然接受并向对手敬礼、相互握手，最后向观众持剑行礼方可离开比赛场地。此类种种不胜枚举，击剑运动会潜移默化地影响学生，最终使他们变得沉着、谦逊、大方、自信，在各种场合表现得礼貌得体，不卑不亢。

（3）锻炼身体素质。击剑运动攻防之间将运动员的力量、速度、敏捷、反应等素质展现无遗，练习击剑对这些素质都有非常好的锻炼效果。

（4）培养意志品质。击剑运动的特点决定了它在提高人的身体素质的同时，还能够培养练习者勇敢、顽强、机敏、沉着等特质，练习击剑能够使人获得敏锐的观察力和灵活的肌肉感觉，从而迅速分析对手的行动，及时、正确地判断并执行自己的战术意图，有利于加强人在计划、执行、工作等方面的能力，同时提高沟通与辨别的能力。综合这些特点，击剑运动十分适合在高校开展。

三、高校开展击剑运动的策略

（一）创建更多的竞技平台

击剑运动除了扎实的基本功以外，实战对于提升击剑运动员的水平也是一个很大因素。面对不同技术特点的对手，教练要更好地帮助队员完善自身的技术特点，取长补短。在各项比赛过程中，除了更多地积累经验外，还能够提高学生对于击剑运动的兴趣。无论击剑管理机构还是开展击剑运动的高校领导，都应该积极组织和开展击剑比赛。扩大比赛的参赛范围，吸引更多的队员参加比赛，加大击剑的影响力。然而，经过多年的努力，击剑项目仍未能加入全国大学生运动会。在高校中，击剑赛事多为单独设定的，关注度和影响力都有很大的不足。击剑一直是世界大学生运动会中的重要项目，在奥运会上也广受关注，因此，要积极争取，将击剑纳入全国大学生运动会。

（二）夯实击剑的群众基础

对于高校击剑推广的诸多问题，追溯源头，很多原因都是由于击剑认知度不高造成的。例如击剑运动加入大运会屡屡受挫，很大原因是击剑运动的影响力不够。近年，由于国家队好成绩的取得，媒体对于击剑的报道也不断增多，更多的人对开展这项运动有了浓厚的兴趣。另外，也需要击剑分会与教育局、体育局、大学生体育协会等相关部门的积极组织和广泛宣传，高校领导、教师在高校大力推广。只要加强宣传，扩大击剑的影响力，增加全国击剑的群众基础，在不久的将来，击剑项目一定可以加入中国大运会，同时在世界大运会上也会取得好的成绩。

（三）加强对击剑运动的重视

只要有充足的支持，高度的重视，认真的训练，击剑在高校中是能够有效开展的。要把击剑运动介绍给中国高校的管理者，使他们认识开展击剑运动的积极意义，提高其开展击剑运动的兴趣。如果高校领导积极支持，引进专业的击剑教师开展教学和训练，投入资金购置设备，建立队伍，高校击剑的发展将会走上更高的台阶。

（四）加强击剑教师队伍建立

一个好的教练对于队伍的发展有着很大的意义，只要自身积极努力，加上优秀的技术指导，就可以创造优异的成绩。因此，相关专业院校应该扩大对击剑学生的招收和培养，给一些专业的击剑运动员和教练提供更多学习深造的平台，培养更多技术过关、学历合格的击剑体育教育人才。同时，为在高校从事击剑教育的老师提供更多的学习机会，提高教师的业务素质。相信在更多高校击剑工作者的带领和推动下，击剑运动将会受到更多人的喜爱。

（五）加强管理制度建设，发挥击剑协会作用

良好的制度建设可以更好地指引各个高校开展击剑运动。我国许多高校都引进了高水平的运动员做教练，通过高水平教练员的带动，提高大学生运动员的击剑水平。大学生击剑协会虽然在推动高校击剑运动方面发挥了重要的作用，但是，其职能化的管理还不够明确，协会的管理还需要更好的发展。无论在比赛的组织，还是在制度建设上，都需要在大学生击剑协会的牵头下进行。应当更多地组织大学生的击剑比赛，拓宽击剑运动在大学校园的影响力。

随着国内击剑俱乐部的良好发展，许多省市纷纷举行各种击剑比赛。在中国，开展击剑运动的高校日渐增多，大学生们对击剑运动也产生了浓厚的兴趣，积极参与到击剑的学习和训练中。在全国大学生击剑比赛中，也涌现出了许多优秀的大学生击剑运动员。基于击剑运动本身所具备的魅力，加上人们对击剑项目的关注和大学击剑协会的积极协调管理，越来越多的人投身到击剑教育事业上，中国高校击剑运动的前景非常广阔，击剑运动将会在高

校体育运动发展中成为一项流行于大众的运动项目。

第三节　轮滑运动项目在高校的发展

一、轮滑运动的基础知识

轮滑运动是指使用各种带轮子的器材，进行滑行运动的体育项目。可以在不同场所进行速度轮滑、花样轮滑、自由式轮滑、轮滑球、轮滑阻拦、滑板、极限轮滑、高山速降、障碍赛、轮滑马拉松、轮滑游戏以及各类与滑行有关项目的练习，也可以竞赛、训练、表演、培训、交流和娱乐等形式进行活动。它们是社会体育和学校体育中的重要组成部分，也是竞技体育成员之一。轮滑曾经有很多汉化版本叫法，如旱冰、溜冰、滑冰、滚轴溜冰，为了规范和促进其发展，现统一称为轮滑。

"轮滑运动在高校体育教学中占有重要的地位，其发挥着强身健体，缓解心理压力，促进身心全面发展等作用"。[1]

（一）轮滑运动装备穿戴

护具这种重要的轮滑运动装备通常会在人们进行轮滑运动时忽视。根据轮滑形式的不同，人们通常会应用不同的护具，普通的护具包括护掌、护膝、护肘和头盔。在购买护具时，一方面要买自己轮滑形式的特定护具，另一方面，还要考虑它的安全性能。对护具的正确佩戴能让自己在运动时更有挑战的信心，保障自己的安全。

（1）轮滑鞋的种类和选择。轮滑鞋按照不同轮滑项目特点和功能可分为速度轮滑鞋、休闲轮滑鞋、极限轮滑鞋和轮滑球鞋等。目前国内大学校园流行自由式轮滑鞋（也称平花鞋），此类轮滑鞋简便实用、灵活轻便、场地要求低，既适合入门选手学习掌握，也可以进行一些高难度绕桩技巧动作练习。大学生在选择轮滑鞋时，应选择外壳比较坚硬、一体化刀架、轮子轴承

---

① 吕慧鹏.速度轮滑在高校体育教学中的地位与作用[J].冰雪运动，2015，37（04）：34-37.

转速比较快的、中间两个轮子大两边两个轮子稍小的、鞋码跟平常鞋子基本一致的,穿起来以脚在里面不晃动为宜,轮滑鞋内套包裹性越好越能保护脚踝,运动更灵活、安全。

(2)轮滑鞋及装备的穿戴。轮滑鞋及装备的穿卸顺序遵循:穿上时,自上而下,先戴头盔,再依次佩戴护肘、护臀、护膝、轮滑鞋,最后穿戴轮滑手套;卸下时,自下而上,先脱下轮滑鞋,再依次脱下手套、护膝、护臀、护肘,最后卸下头盔。注意:学生一定要先穿戴好头盔和护具后方可穿轮滑鞋进行轮滑运动,以确保运动安全。

(二)轮滑运动安全事项

学生进行轮滑运动,一定要有高度的安全意识。学生必须穿着合格的护具,保护好头部和四肢关节。运动前要做好热身活动,防止肌肉拉伤。滑行时要降低身体重心;不要轻易模仿尝试高难度动作;不要在不明情况的场地滑行;不要轻易在坡度大的场地滑行;不要在人车拥挤的马路上滑行;避免在有水及不平坦的地面滑行;运动场上养成靠右侧滑行和圆形场地上逆时针滑行的习惯。养成穿鞋前检查轮滑鞋各零部件是否牢固的习惯,经常检查轮子、轴承是否松动,并及时紧固,避免零部件丢失造成安全隐患。滑行一段时间后,轮子内刃磨损较多,应定期左右调换轮子的方向和位置。初学者一定要接受正确的技术指导,由浅到深地进行系统学习,切不可贪图一时之快,形成错误定型动作,甚至发生安全事故。

二、轮滑运动的适应性练习

为了能够建立轮子与地面接触的良好感觉,增加对轮滑鞋的控制力,增强稳定性,克服初次穿轮滑鞋站立的恐惧心理,以便更好地学习轮滑的滑行技术,可以通过在草地等摩擦力较大的地方模仿动作练习以增强对轮滑鞋和轮滑运动特点的适应。

(一)轮滑运动的原地适应练习

(1)基本站立姿势。站立姿势可分为"V"字站立、"T"字站立和平行站立。学生需根据自身习惯和路面情况选择相应的站立姿势。站立时,轮子立直，身体稍前倾，膝关节微屈，重心控制在两脚之间，身心放松。

（2）摔倒与站立。摔倒分为向前摔倒、向侧摔倒和向后摔倒。当学生滑行时遇到危险路段和意外情况即将要摔倒或者需要降速主动摔倒时，应降低身体重心，弯腰团身，保持身体平衡，逐步减缓速度，不要站立和后仰导致摔倒。实在避免不了要摔倒时，可以采取主动摔倒的策略，降低身体重心到尽可能地低，然后使手掌、手肘、膝盖或臀部同时着地，以使运动停止时损伤最轻。摔倒方向应根据具体情况而定。

站立时可先单膝跪地、单脚支撑、双手撑地，待身体稳定后再抬起另外一只脚，慢慢起身，双脚平行站立。

（3）原地踏步。学生在基本站立姿势的基础上进行原地踏步练习。注意轮子需要直上直下，垂直于地面，避免轮子内倾或者外倒，自然放松，慢慢增加原地踏步高度和频率。

（4）原地蹲起。学生在基本站立姿势的基础上进行原地蹲起练习。上体前倾，臀部后坐，屈膝下蹲。注意保持身体稳定，不要左右晃动，轮子尽量不要来回移动。慢慢增加蹲起深度和频率。

（5）原地转身。学生在基本站立姿势的基础上进行原地转身练习。

（6）原地平行前后滑动。学生在基本站立姿势的基础上进行前后滑动练习。

（7）原地小步跑。学生在基本站立姿势的基础上进行小步跑练习。

（8）内外压刃。学生在基本站立姿势的基础上进行内外压刃练习。身体微屈，在两脚平行的基础上，重复向内、外屈膝压踝，鞋轮内、外刃着地。膝、踝关节要保持一定的紧张度。

（9）单脚支撑。学生在基本站立姿势的基础上进行单脚支撑练习。

（10）速滑基本姿势。学生上体前倾与地面平行，髋、膝、踝三个关节呈屈状，髋关节角度一般保持在35°～50°之间，膝关节在110°～120°之间，踝关节在60°～75°之间。身体外观呈半蹲的流线型姿势。上体放松，两手背后互握，头微抬起目视前方15～30米的距离。身体重心落在两脚中心位置。

（二）轮滑运动的移动适应练习

（1）正向行走。学生在基本站立姿势的基础上正向踏步向前行走，速度由慢到快，注意轮子垂直于地面，不能出现明显的内扣和外倒的情况。

（2）侧向行走。学生在基本站立姿势的基础上向左、右进行侧向行走练习。要求动作连贯舒展，重心移动平稳。

（3）大跨步行走。学生在基本站立姿势的基础上向前进行大跨步行走练习，进一步提升脚对轮滑鞋和轮滑运动的适应和掌握程度。

（4）交叉步行走。学生在基本站立姿势的基础上向左、右进行交叉步行走练习，进一步提升脚对轮滑鞋和轮滑运动的适应和掌握程度。

（5）绕"八"字行走。学生在基本站立姿势的基础上向前进行绕"八"字行走练习，进一步提升脚对轮滑鞋和轮滑运动的适应和掌握程度。

（6）速滑陆地模仿动作。速滑陆地模仿动作练习包括蹬地动作、单脚支撑、收腿动作和摆臂动作等。

三、高校开展轮滑运动的策略

大部分大学生并没有参与过轮滑运动，这与学生对轮滑运动的兴趣、了解程度、轮滑运动的宣传力度等因素有关，但他们大部分都希望高校轮滑运动得以普及与发展。

高校轮滑社团的成员绝大多数都支持并希望轮滑运动在高校广泛开展，只要在硬件设施上逐渐地改进与完善，再加上他们对轮滑运动的热情和坚持，相信高校轮滑运动有着良好的发展前景。但由于高校里绝大部分的学生并非轮滑社团成员，轮滑运动想要在高校中得以普及与发展，需要得到他们的大力支持。而对于他们来说，轮滑运动在高校的开展还存在着很多的不确定因素。一部分学生表示只是希望轮滑运动面向轮滑爱好者开展，说明还是有一部分学生对轮滑运动并不感兴趣，而兴趣爱好作为一个非常重要的主观性指标，在很大程度上影响他们参与轮滑运动意愿，也有部分学生对轮滑运动持反对意见。

大学生对轮滑运动的顾虑主要为轮滑运动的安全性与技术难度，为了更好地开展轮滑运动，让更多的大学生了解并接受轮滑运动，需着重在运动损伤与安全防范上加强教育与保障，从而降低轮滑运动的受伤频率；而在轮滑课程上，应先大力发展难度低的、偏休闲健身的大众化项目，面对非专业的轮滑运动参与者，应先让轮滑运动朝大众化的方向发展，无须强调动作与技巧的难度与精湛，发展以基本滑行为主的休闲健身类轮滑项目，以休闲娱乐和强身健体为主要目标，打造可让学生放松身心、丰富校园生活的轮滑项目，逐渐增加他们对轮滑运动体验的满意度。

相关部门在大众体育锻炼这方面应该给予高度重视，在提高民众身体素质、体育产业发展、体育用地建设等方面给予更多支持。例如促进群众健身消费；建设城市社区多功能运动场；利用城市社区空间建设符合不同人群特别是青少年特点的室外公共健身场地设施；大力开展全民健身活动，丰富并完善其活动体系；将轮滑运动与体育教学相结合，普及轮滑知识；设定适宜的轮滑项目，针对轮滑课程编写相关教材；建设轮滑场地，提供技术力量，将轮滑打造成为学校可以长期开展的特色课外体育活动等。

第四节　高尔夫球运动项目在高校的发展

高尔夫运动是世界上最古老的运动之一。这项古老的运动，从苏格兰传到英格兰，再从欧洲传到美洲，继而传到非洲、亚洲，以其绅士的文化内涵得到世界民众的强烈欢迎。

高尔夫运动有别于其他运动项目，美丽而惬意的休闲场地环境，老少皆宜的运动形式，自我调节控制的比赛方式成为吸引高尔夫人的最大特点。在经济发展方面，中国作为高尔夫器械的主要生产大国，在世界高尔夫产业方面也做出了积极的贡献，形成了以珠三角为主要生产基地的世界级制造产业链结构。再加上越来越多的高尔夫顶级赛事落户中国，越来越多的体育明星面对面地让观众欣赏，越来越多的高尔夫文化传入中国，这些，无疑给我国高尔夫运动带来了重大的历史转机和机遇。

我国高尔夫运动整体运动发展势头迅猛，在这样的大背景下，中国的高尔夫教育发展前景形势也非常乐观。

一、高校开展高尔夫运动的前提

高校开设新兴专业的前提是此专业是社会急需的热门专业，社会需求什么样的人才，高校就会根据这个需求培养什么专业的人才。高尔夫运动近年来在国内的兴起，形成了社会专业高尔夫人才短缺的局面，高尔夫专业随即成为一个热门专业。国内各大高校纷纷抛出橄榄枝，高尔夫已经开始渐渐走进我国高校，也充分说明高尔夫运动的快速发展对我国高校高尔夫专业教育的发展有着积极的影响。

（1）高尔夫场地建设发展有利于高校开展高尔夫专业教育。高尔夫球场的一个特点是绿色植物多，覆盖面积在90%以上，因此，高尔夫球场又被称为"天然氧吧"。越来越多的人喜爱在这里休闲娱乐，除了高尔夫运动本身给人带来的文化、素质等精神方面的愉悦，在健身、康乐等身体方面也给予人们极大的享受。高尔夫球场通常是建设在城市周边，为美化城市建设、净化空气、绿化环境、改善人民生活质量等起到了积极的作用。对城市的经济建设、改善投资环境、扩大城市人口就业、发展旅游等带动城市经济发展也起到了不可忽视的作用。因此，近年来，高尔夫球场在全国各城市的建设，如雨后春笋般层出不穷，球场数目呈梯形结构不断增长。高校办学，开设高尔夫专业教育的场地问题可以得到适当的解决。如深圳大学高尔夫学院与社会力量共同打造的公众高尔夫公园式球场得到了社会的认可，并为高校的教学提供了场地。现在越来越多的高校也在不断尝试新型的合作办法，高尔夫场地建设的发展在一定层面上助推了高校高尔夫专业教育的发展。

（2）高尔夫专业人才培训有利于高校开展高尔夫专业教育。作为具有独立法人资格的全国性群众体育社会团体，中国高尔夫球协会与苏格兰高尔夫球协会、澳大利亚高尔夫球协会项目组联合，在全国范围内进行高尔夫专业教练员及裁判员的培训和考试。这为我国高尔夫运动培养专业人才方面提供了强有力的支持。我国高校开设高尔夫专业教育，师资力量一直困扰着办学者。而现在，全国中级以上职称资格的专业教师也越来越多。这为我国高校高尔夫专业教育在师资力量方面提供了有力保障。

二、高校开展高尔夫运动的策略

（一）利用资源，完善场地

在现有的情况下，我国开设高尔夫教育的高校中普遍存在教学场地缺乏的现象，教育基础设施的不完善必然会影响到教学功能的实施，成为教学过程中最大的困难和障碍。高校应该利用现有的资源条件来解决这个问题。要在高校开展高尔夫教学，首先也是最重要的就是要解决高尔夫运动场地问题。

（1）租用社会上的练习场或球场。目前很多学校都采取了租用社会场地的方法来满足教学的需要，不只是高尔夫场地，还有游泳馆等。这是一种很值得推广的方式，既满足了学校教学需要，降低了教学成本，又提高了社会场地的利用率，在一定程度上防止了重复建设与资源浪费，也在一定程度上使学生接触到了社会上相应运动项目的消费者，了解了社会场馆的经营状况。

（2）利用学校现有条件，建临时性简易挥杆场。很多开设高尔夫选修课的普通高校都采取了这样的方法。学校仅需购置一批高尔夫击球垫、球、球杆、击球目标靶和保护网，将其布置在体育馆，即可满足基本高尔夫挥杆教学的需要。随装随用，用完即撤，简单方便，不影响体育馆的正常使用，花费也最少。再有一种，就是同样的设备，将其布置在周围有较高看台的学校体育场或足球场，场地的长度和宽度就基本达到了正规练习场的要求，只需要放置几个打击垫和间隔板就可以进行正常教学和练习了，教学和打球的效果比较好，但是如果看台不够高，危险性就相对较大；只能满足高尔夫技术动作的教学和练习，不能很好地体现高尔夫的礼仪与文化。

（3）有条件的学校，可建设自己的练习场。因为球场和练习场的建设费用较高，且系非常态的运动场地，所以很少会有学校投资建设自己的高尔夫场地。

（二）完善教材体系

我国对于高尔夫运动方面的科研材料非常缺少，没有专业的机构进行总体的规划和研究。高校高尔夫教育教材方面也非常稀缺，发展比较好的学校都是由学科带头人进行编纂，但不系统、不全面，影响了高尔夫高校教育的开展。

（1）有关组织机构应该成立相应的专业技术科研小组，对高尔夫运动方面有关科研内容进行研究。目前，我国还没有独立高尔夫专业方向的论文期刊，对此，可以请有关机构对高尔夫未来研究方向做整体规划，从多方面进行研究，这样可以使高尔夫有关研究人员有的放矢，不盲目造成文献泛滥的情况。

有关组织可以和国外合作，或者与国内知名学者专家交流，完善现行的高尔夫教材，避免教材多样化，没有统一的全国权威及各高校普遍认可的教材现象。

（3）开设高尔夫专业教育的高校应该鼓励在校教师进行学术活动，在职师资是目前国内高尔夫研究方面的重要学术人才，要加以激励，加强团队合作，为我国高尔夫教育事业做出应有的贡献。

应该吸收国外优秀的专业书籍及论文等有关文献资料，请研究人员进行翻译及整理、出版，使国内学者能够第一时间阅读资料，便于了解世界高尔夫运动发展趋势，并可以有效地调整和完善我国高校高尔夫教育理论体系。

（三）完善课程设置

高校应根据市场需求，根据社会需要创办专业，其目的是为学生就业提供机遇。作为一个新兴的专业，高尔夫方向的高校毕业生呈现出供不应求的局面。但学生就业后，无法直接上岗，只能在球会或者高尔夫有关产业的公司进行再培训才能工作。对此，可以从以下方面进行优化：

（1）学习国外优秀高校高尔夫教育的经验，将学生运动技术水平作为毕业、获得学位证等的重要依据。应该督促学生在高尔夫运动技能上多下苦功夫。学校可以适当地调整课程设置，将运动技术课程的课时增加，有利于学生掌握高尔夫运动技能。

（2）高尔夫产业具有多样化的特点，针对这个特点，高校可以开设有关球场设计、球具制造、电瓶车管理、高尔夫运动参与者的开发等课程。通过完善课程设置，使毕业生有全面的知识储备，胜任未来的工作岗位。

（3）丰富教学内容及教学手段，培养学生实际操作能力。有条件的高校可以联系有关企业单位，进行实地操作技术课程，带学生到球会和球场进行实地教学。运动多媒体技术，如视频教学的手段等，可以使学生更为直观地了解技术动作要点。可以适当调整课程中互动教学及研讨专题讲座的课时，加强学生发现问题、分析问题和解决问题的能力。

（4）对学生的实习课，可以调整到各个学期进行。高尔夫方向的几个专业，对实地工作的要求非常高。如草坪管理专业，就需要安排学生进行实地试验。再如俱乐部管理专业，应该将实习期调整到每个学期进行，这样一来可以让学生在学习理论课的同时到实地学习经验，找到现实与理论的差距，能够更好地填充自己专业的不足。

（四）保证师资力量

（1）定期出国交流，学习国外高校高尔夫教育的宝贵经验。国家有关部门或者组织机构，可以从国内高尔夫教育开展较好的高校选派部分优秀教师定期出国深造，进行交流学习，鼓励有志青年骨干教师，培养其成为国内高校高尔夫教育的脊梁。各高校在现有的对外合作交流的情况下，要加强人才引进，适量放宽政策，让有真才实学的高尔夫方面的人才补充到教师队伍当中。

（2）定期开办国内高校高尔夫教育教师培训。邀请一些国际有名的高校教师和学者或专家对我国高校教师进行培训，提高我国这方面的师资力量。

（3）加强各高校之间的校际交流合作。刚开办高尔夫教育的高校可以学习兄弟高校的办学思路和理念，加强师资队伍建设。也可以联系有关单位定期选派优秀学者或资深专家、教授来校交流，互相合作，这对提高高校高尔夫教育教师的知识储备是很有效的。

（4）加强校企联合，选派优秀职业人员来校讲座。高校培养学生，就是为了将来学生的就业。高校应该针对我国高尔夫运动发展现状及社会人才需求的各方面认真把握局势，从有影响的高尔夫球会邀请一线工作人员来校为学生开展有关高尔夫球会工作的具体事例报告等，加强学生对高尔夫运动的认识，提高学生将来就业的能力。

目前国内有关部门已经针对高校高尔夫教育师资问题进行了组织培训活动，但力度不大，需加强与各高校的联系，加大这方面的力度，这是高校教育亟待解决的问题之一。

结束语

新兴体育作为竞技体育与学校体育的一个补充，属于大众体育的一部分，亦是社会体育事业的一部分，同竞技体育一样，受到国际社会体育理论界的关注。随着现代化新兴体育运动趋于大众化和规模的庞大化，新兴体育运动在人们的社会生活中发挥着越来越重要的作用。

新兴体育运动项目是一种社会现象，是一种文化的外在表现形式，同时也是东、西方体育文化激烈碰撞的产物。新兴体育运动项目进入高校无疑是一种具有创新意识的课题，如何能让新兴体育项目在高校开展得更好，也是体育教学改革所面临的问题。本书力图让更多的新兴体育项目在高校中积极地开展起来，为丰富校园体育生活提供一些帮助。

参考文献

［1］陈蕴霞，龚博敏.高校校园定向运动教程［M］.上海：同济大学出版社，2010.

［2］崔立.极限飞盘运动在高校教学中的开展研究［J］.福建茶叶，2020，42（04）：378.

［3］董纪鹏.大众跆拳道运动发展路径探索［J］.淮南师范学院学报，2017，19（03）：107-111.

［4］樊兵.击剑运动在高校高水平运动队中开展的现状分析［J］.科技信息（科学教研），2008（13）：26-27.

［5］冯道光.攀岩运动研究［J］.体育文化导刊，2015（01）：51-54.

［6］高嵩，黎力榕.智慧体育教学环境建设发展趋势研究［J］.广州体育学院学报，2019，39（04）：121-124.

［7］郭道全，魏富民，肖勤，等.现代高校体育教学概论［M］.北京：中国商务出版社，2015.

［8］何晓知.定向运动教学与训练［M］.长沙：湖南大学出版社，2009.

［9］冀琳.跆拳道规则的演变对跆拳道运动发展的影响［J］.经贸实践，2018（21）：296-298.

［10］孔德周.马克思主义与中国传统文化的融合发展研究［J］.时代报告，2021（09）：82-84.

［11］兰涛.跆拳道训练与体育文化［M］.北京：中国政法大学出版社，2018.

［12］李成广，秦雨.新竞赛规则下跆拳道技战术训练的策略［J］.当代体育科技，2019，9（16）：247-249.

［13］李媛.马克思主义中国化与中国传统文化现代化的融合发展研究［J］.财富时代，2021（04）：95-96.

［14］刘林青.微探跆拳道运动训练特点及其发展［J］.当代体育科技，2021，11（23）：47-49.

［15］刘稳，胡毅，刘振.我国跆拳道运动发展现状与对策研究［J］.当代体育科技，2019，9（19）：231-235.

［16］刘延淼.高校击剑运动发展现状研究［J］.黑龙江科学，2018，9（08）：152-153.

［17］刘业霞.我国高校开展击剑运动的现状分析［J］.产业与科技论坛，2018，17（13）：106-107.

［18］吕慧鹏.速度轮滑在高校体育教学中的地位与作用［J］.冰雪运动，2015，37（04）：34-37.

［19］马涛，杨露露，李腾飞，等.跆拳道运动对大学生心肺适能、柔韧性及体成分的影响［J］.中国应用生理学杂志，2018，34（06）：506-509.

［20］倪红.中国高校击剑运动项目发展现状及问题研究［J］.文体用品与科技，2020（08）：49-50.

［21］牛继超.跆拳道教学与研究［M］.北京：航空工业出版社，2019.

［22］宋晶晶.马克思主义与中国传统文化发展的融合之路［J］.中共济南市委党校学报，2017（03）：42-46.

［23］孙茂君，刘卫军.我国跆拳道运动发展现状与对策分析［J］.首都体育学院学报，2005（01）：91-93.

［24］弯江伟.极限飞盘运动在大学公共体育课程教学中的开展探究［J］.当代体育科技，2019，9（12）：165-166.

［25］王军.马克思主义与中国传统文化融合发展论［J］.武汉理工大学学报（社会科学版），2017，30（02）：60-65.

［26］王培善.攀岩运动教程［M］.上海：同济大学出版社，2019.

［27］王蓉.试论马克思主义与传统文化的融合发展［J］.广西科技师范学院
学报，2019，34（01）：141-143.

［28］王晓娟.呼和浩特市普通高校跆拳道运动开展之传播学审视［J］.南京
体育学院学报，2020，19（10）：49-54.

［29］吴成亮.极限飞盘运动在大学公共体育课程教学中的开展探究［J］.新
课程（下），2016（02）：62.

［30］吴粉.推动马克思主义与中华优秀传统文化深度融合发展［J］.人文天
下，2020（Z1）：35-38.

［31］吴阳.难度攀岩项目力量训练方法探析［J］.辽宁体育科技，2019，41
（05）：120-124，128.

［32］肖随龙，黄河.奥运会背景下我国攀岩运动的可持续发展研究［J］.长
江工程职业技术学院学报，2018，35（04）：66-68.

［33］谢月.国内外攀岩运动服装的现状与发展趋势预测［J］.轻纺工业与技
术，2021，50（09）：94-95.

［34］辛静，梁建平.我国跆拳道运动发展现状及对策分析［J］.搏击·武术
科学，2007（08）：86-88.

［35］徐良.江苏高校定向运动开展现状研究［J］.安徽体育科技，2019，40
（03）：77-79，87.

［36］许敬辉.论中国传统文化与马克思主义哲学的融合发展［J］.大学，
2021（33）：49-51.

［37］叶朝忠，张雨.定向运动课程体系建设研究［J］.西安体育学院学报，
2013，30（03）：375-378.

［38］于海.互联网背景下智慧体育教学环境设计策略［J］.武汉冶金管理干
部学院学报，2021，31（02）：81-83.

［39］原颜东，张志豪.极限飞盘运动进入高校体育课堂的可行性研究［J］.
当代体育科技，2018，8（06）：133-134.

［40］翟晓英.击剑运动在陕西省高校开展的可行性分析［J］.牡丹江教育学

院学报，2012（03）：176-177.

［41］张二伟.极限飞盘运动在高校教学中开展的探究［J］.当代体育科技，
2019，9（30）：114-115.

［42］张娜.跆拳道运动对青少年身心健康发展影响的研究［J］.青少年体
育，2019（07）：44-45.

［43］张新萍，武东海，尚瑞花.大学体育新兴运动项目教程［M］.广州：
中山大学出版社，2018.

［44］赵欣.极限飞盘运动在高中体育教学中的开展探讨［J］.新课程（中
学），2017（08）：88.

［45］朱秦洁.基于普通高校开展击剑运动与可持续发展的分析［J］.知识经
济，2015（17）：146.

［46］邹洪磊.高校跆拳道体育教学对大学生思想教育的作用研究［J］.产业
与科技论坛，2021，20（23）：102-103.